イラスト授業シリーズ

ひと目でわかる　HOW PHYLOSOPHY WORKS
哲学のしくみとはたらき図鑑

ひと目でわかる
哲学のしくみとはたらき図鑑
HOW PHYLOSOPHY WORKS

川口茂雄[日本語版監修]　夏井幸子[訳]

創元社

Original Title: How Philosophy Works:
The Concepts Visually Explained
Copyright © Dorling Kindersley Limited, 2019
A Penguin Random House Company

Japanese translation rights arranged with
Dorling Kindersley Limited, London
Through Fortuna Co., Ltd. Tokyo.

For sale in Japanese territory only.

Printed and bound in China

For the curious
www.dk.com

〈イラスト授業シリーズ〉
ひと目でわかる　哲学のしくみとはたらき図鑑

2022 年 10 月 30 日第 1 版第 1 刷　発行

日本語版監修者	川口茂雄
訳　者	夏井幸子
翻訳協力	株式会社トランネット https://www.trannet.co.jp/
発行者	矢部敬一
発行所	株式会社 創元社

https://www.sogensha.co.jp/
本社　〒541-0047 大阪市中央区淡路町 4-3-6
Tel.06-6231-9010　Fax.06-6233-3111
東京支店　〒101-0051 東京都千代田区神田神保町 1-2 田辺ビル
Tel.03-6811-0662

©2022 KAWAGUCHI Shigeo & NATSUI Sachiko
ISBN978-4-422-13007-1 C0310

【著者プロフィール】

マーカス・ウィークス　Marcus Weeks（顧問編集者）
シェフィールド大学で音楽と哲学を専攻。教師、ピアノ修復士、トロンボーン奏者などの経歴を経て作家となる。ドーリング・キンダースリー社発行の『Big Idea』（教養大図鑑）シリーズをはじめ、哲学・心理学・音楽・芸術関連の書籍の執筆に多数携わる。

ロクサーナ・バイアス　Roxana Baiasu
オックスフォードやウィーン、バーミンガムなどの各大学で世界中から集まった学生たちに哲学を教えている。ヨーロッパ哲学、ルートヴィヒ・ウィトゲンシュタインの哲学、フェミニスト哲学、宗教哲学など、さまざまな哲学分野の書籍に寄稿。

ロバート・フレッチャー　Robert Fletcher
政治の発展について、ポッドキャストの『Talking Politics』や学術誌の『Politics Review』などに寄稿。オックスフォード大学で教鞭を執りながら、現在は博士号取得を目指して心の哲学を専攻中。

アンドリュー・スーデク　Andrew Szudek
作家・編集者。ケンブリッジ大学でウィトゲンシュタインと心の哲学を中心に哲学を学ぶ。旅行ガイドブックから軍事史に至るまで、多数のノンフィクション作品に従事。

マリアン・タルボット　Marianne Talbot
32 年間、オックスフォード大学で哲学を教えている。彼女が配信している哲学のポッドキャストはダウンロード回数 800 万回を突破。

CONTENTS

はじめに ………………………………… 11

第1章 哲学の創設

哲学の創設 ……………………………… 14
万物の根源 ……………………………… 16
宇宙の起源 ……………………………… 18
神聖なる幾何学 ………………………… 20
万物は流転する ………………………… 22
万物は一である ………………………… 23
ゼノンのパラドクス …………………… 24
元素とエネルギー ……………………… 26
不滅の種子 ……………………………… 28
原子論 …………………………………… 30
思想の吟味 ……………………………… 32
プラトンの二世界論 …………………… 34
洞窟の比喩 ……………………………… 36
世界はただひとつ ……………………… 38
形態は機能である ……………………… 40
天動説 …………………………………… 42
自然界の目的 …………………………… 44
スコラ哲学 ……………………………… 46
聖変化──トマス・アクィナス ……… 48
オッカムの剃刀 ………………………… 49
科学革命 ………………………………… 50
世界を疑ってみる ……………………… 52
精神と物体 ……………………………… 54
機械としての身体 ……………………… 56
ひとつだけの実体 ……………………… 58
空白の石板 ……………………………… 60
無限に多くの精神 ……………………… 62
事実と観念 ……………………………… 64
精神が世界の形をつくる ……………… 66
真理の種類 ……………………………… 68
プロセスとしての現実 ………………… 70
歴史の目的 ……………………………… 72
階級闘争としての歴史 ………………… 74
有用な真理 ……………………………… 76
真理の価値 ……………………………… 78
道具としての観念 ……………………… 80

第2章 分析哲学

分析哲学 ………………………………… 84
単語は何を意味するのか？ …………… 86
ラッセルの記述理論 …………………… 88
世界の写像としての言葉 ……………… 90
意味と観察 ……………………………… 92
形而上学なしですませる ……………… 94
私的言語は不可能 ……………………… 96
ヴィトゲンシュタインの言語ゲーム … 98
科学と反証 ……………………………… 100
科学的真理の本性 ……………………… 102
行為としての言語活動 ………………… 104
科学革命の構造 ………………………… 106
観点はひとつではない ………………… 108
フェミニスト認識論 …………………… 110

第 **3** 章

大陸哲学

大陸哲学	114
心的作用の対象	116
現象学	118
時間意識	120
人間として存在するとは どういうことか？	122
死に面する生	124
自由とアイデンティティ	126
"他者"	128
ジェンダー・アイデンティティ	130
生きられる身体	132
批判理論	134
権力はそこにもいる	136
脱構築	138
ポストモダン・フェミニズム	140

第 **4** 章

心の哲学

心の哲学	144
二元論	146
言語の限界	148
行動主義	150
心脳同一説	152
消去主義的唯物論	154
機能主義	156
生物学的自然主義	158
汎心論	160
身体の本性	162

第 **5** 章

倫理学

倫理学 —— 良いと悪い	166
ルールと原理	168
倫理学と法律	170
自由意志は存在するか？	172
道徳は知識の一種か？	174
道徳的真理は存在するか？	176
事実と価値の区別	178
アリストテレスの徳倫理学	180
ヒュームの倫理学	182
義務論	184
功利主義	186
実存主義の倫理学	188
動物の権利	190
安楽死	192
クローン作成	194

第 6 章

政治哲学

政治哲学 ……………………………… 198
どのような者が国を統治すべきか？ … 200
絶対君主制のための弁明 …………… 202
人民による政治 ………………… 204
人民主権 ………………………… 206
所有権はどのように
　　正当化されるか？ ……………… 208
同意と義務 —— 自由至上主義 ……… 210
人々はどんな権利を享受すべきか？ … 212
自由の種類 ……………………… 214
権利は制限されるべきか？ ………… 216
私たちは変化にどう対応すべきか？ 218
働くことは人間の本性 …………… 220
できるだけ客観的な政治判断とは … 222
パースペクティヴィズムと政治 …… 224
正しい戦争なんてあるのか？ ……… 226
女性と家父長制 ………………… 228

第 7 章 　論理学

論理学 …………………………… 232
理由をもって行為する理性動物 …… 234
論証を見分ける ………………… 236
論証の分析 ……………………… 238
論証を評価する ………………… 240
演繹的論証 ……………………… 242
帰納的論証 ……………………… 244
誤謬推理 ………………………… 246
形式論理学 ……………………… 248

索引 ………………………………… 250

謝辞 ………………………………… 256

はじめに

　古代文明で産声を上げた哲学を、これまでずっと突き動かしてきた力は人間の好奇心だ。私たち人間には、物事をただありのままに受け入れずに、自分をとりまく世界やそこでの自分の居場所について問い、合理的な説明を見出して——つまりは哲学して——好奇心を満たそうとする生来の傾向がある。

　哲学は、自然や宇宙のしくみにたいする古代人の驚嘆の念から生まれた。これが「形而上学」と呼ばれる哲学的部門になり、そこから数世紀後に自然科学が誕生した。しかし哲学者たちは、存在自体の本性についての問題（存在論）や知の本性とその限界についての問題（認識論）など、自然科学では解けない問題も提起した。「人間はどう生きるべきか？」「善とは何か？」「悪とは何か？」「社会をいかにしてまとめるべきか？」といった、もっと実践的な他の問題は倫理学や政治哲学のテーマとなった。

　これらは哲学の基盤というだけでなく、日常生活の話題にものぼる根本的な問いだ。本書では、こうした問いに答えを出すべく哲学者たちが提示したさまざまな理論や提案、さらにはそれらを正当化するための彼らの論証を紹介しよう。なかにはすでにおなじみの理論もあれば、あなたの考え方と新鮮にマッチして、さらなる思索の糧となる理論もあるだろう。第1章では、紀元前6世紀のタレスから19世紀末のニーチェに至る形而上学と認識論の歴史をたどる。第2、3章では20世紀の思潮を追いながら、並行して発展を遂げた分析哲学と大陸哲学に焦点を当てる。第4章では心の哲学、第5、6章では倫理学と政治哲学をそれぞれ取り上げ、最終章の第7章では、論理学を取り扱う。

哲学の創設

はじまりにおいては、哲学は科学とひとつであり、哲学者たちは事物の
ありようを自然の成り立ちから説明することを探究した。だが、重要な
のは、彼らがこんな疑問も抱いていたことだ。「自分たちの説明が正し
いかどうかは、どうやってわかるのだろう？」

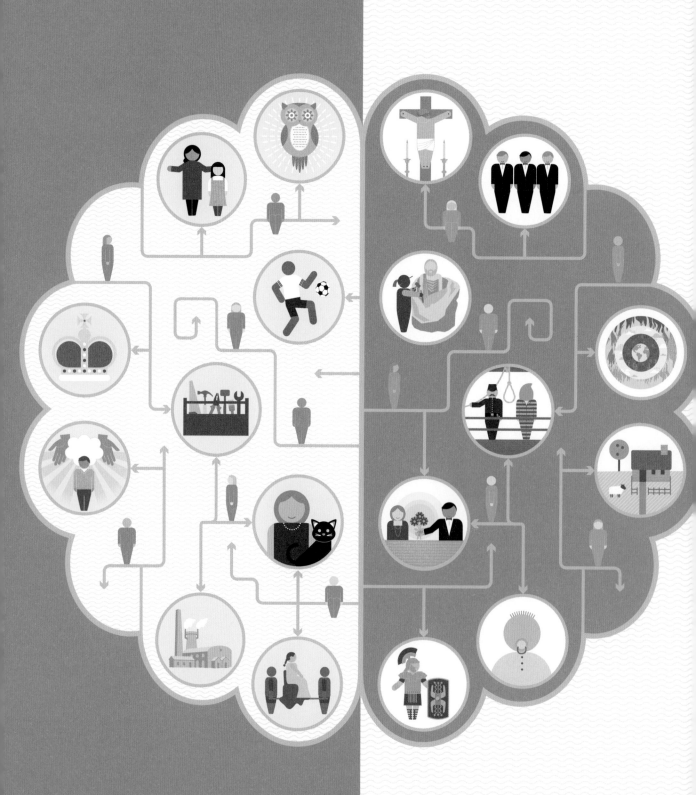

哲学の創設

　本章では、「存在する事物にはどんな本性があるのか？」という形而上学の中心課題と、「知るとはどういうことか？」という認識論の中心課題を取り上げ、哲学が誕生した時代から19世紀までの哲学者たちが、それらの課題にどんな答えを出してきたのか見ていく。続く第2、第3章では、「分析哲学」と「大陸哲学」という20世紀の2つの潮流に焦点を当てながら、この課題をめぐる物語を最新地点までたどる。

　古代ギリシアの初期の哲学者たちは、「事物は何でできているのか？」を考えた。これは、形而上学の根本の問いである。この問いが宇宙構造にかんする探求に発展し、さらには「存在とは何か」という、よりいっそう抽象的な問い――「存在論」と呼ばれる形而上学の一分野――を生んだ。哲学者たちは何世紀にもわたり、さまざまな研究手法や思想集団（学派）に影響を与えながら、多様な答えを提示してきた。たとえば、一部の哲学者は、世界はたったひとつの真に存在するもの（実体）からできているとする「一元論」を唱えた。だが、他の一部の哲学者は、ふたつの要素からできているとする「二元論」を唱えた。宇宙についても、宇宙は永遠不変だと主張する哲学者たちもいれば、宇宙とは絶えざる変化だと主張する哲学者たちもいた。

　これらの見解の対立は哲学的議論のテーマとなり、そこから「どうすれば世界の物事を理解できるのか」「知識はどうやって獲得されるのか」というさらなる問いが生まれた。こうした問いは、知識についての理論である「認識論」の根本課題だ。「理性主義者［合理主義者］」と呼ばれる哲学者たちは、知識は第一には私たちの思考する能力から獲得できると言った。他方で「経験主義者」の哲学者たちは、知識は観察という源泉から獲得できると言った。すると今度は、このふたつの理論から、人間の知性の本質や思考そ

のものにかんするさまざまな問いが立ち上がってきた。

　歴史をたどれば、理性主義哲学のはじまりは古代ギリシアのプラトンに遡る。プラトンは、人間の感覚は当てにならないが、真理は理性的省察を通じて獲得できると主張した。理性主義哲学は17世紀にルネ・デカルト、バルーフ・デ・スピノザ、ゴットフリート・ライプニッツらによって再び息を吹き返す。一方、経験主義哲学は、信頼できるのは人間の感覚のみと説いたアリストテレスに遡り、近代ではジョン・ロック、ジョージ・バークリー、デイヴィッド・ヒュームらの手でよみがえった。たとえばヒュームは、自然界の因果関係（因果性）を私たちは信じているけれども、その信念には根拠がない、としている。こうしたヒュームの考えは懐疑主義を極端に拡大しすぎている、とイマヌエル・カントは考えた。カントは、知識は経験を通じて得られるが、ただし私たちが知覚する世界は、人間が生まれつきもっている概念によってあらかじめ整えられていると説いたのだ。この理性主義と経験主義を融合させたカントの考え［超越論的哲学］は、歴史は人間の思考の進化によって突き動かされると唱えた一元論者、ヘーゲルの観念論に大きな影響を与えた。

　カール・マルクスはヘーゲルの心酔者だったが、ヘーゲルの説をひっくり返し、歴史の推進力は思考の進化ではなく経済の進化だと主張した。同じ頃、フリードリヒ・ニーチェは、客観的真理自体が幻想だとするはるかに急進的な見解を説いた。ニーチェは、「真理」という概念自体、信仰が道徳基準だった過去の遺物にすぎず、真理を失ったいま、存在するのは個人的な「視点［パースペクティブ］」や価値観だけだと主張した。「神は死んだ」というニーチェの言葉は、後続の哲学者たちに、自分自身で新たな価値基盤をつくり出すべきか、あるいは基盤なしで生きるのに慣れるべきか、という新たな課題を提示した。

万物の根源

西洋哲学の起源には、古代ギリシアのイオニア地方（現在のトルコの一部）でミレトスのタレスがリーダーであった思想家たちのグループ、ミレトス学派のさまざまな思想がある。

理性的説明の探究

大昔の人間は宇宙の本質を神話的に解釈していたが、タレス（紀元前624年頃〜546年頃）が率い、アナクシマンドロス（18-19頁参照）やアナクシメネス（紀元前585年頃〜528年頃）も一員だったミレトス学派は、その解釈に疑問を投げかけた最初の思想家たちだと言われている。彼らは自然そのものに目を向け、理性と観察を通して自然界を理解しようと努め、未来の科学・哲学思想への道を開いた。

「西洋哲学の父」とも呼ばれるタレスは天文学・工学・政治の分野でも活躍したが、そのあくなき探求心によって、世界のすべてのもの、自然界そのものはたったひとつのものからできているという考えにいたった——この万物の根源的な本性ないし原理を、のちにアリストテレスは「アルケー［原因］」という語で記述する。タレスは、万物の根源はたったひとつの物質に違いないと推論し、最終的にはそれを水だと判断した。水はどんな種類の生き物にも欠かせない重要な資源であり、すべての生き物に水分が含まれている。水は液体から固体、気体へと変化できることから、どんな物質も移行段階のどこかで水になるに違いない。大地も海という水の上に浮いている（当時はそう思われていた）。水分を含む物質は乾燥すると空気や土になる——これらのことを、タレスは観察を通して考えたのだった。タレスは、「万物は水だ」と述べたとよく言われるが、万物は水を源泉としてできていると考えていたと言ったほうが正確だろう。

> 「**思考ほど活発なもの**はない。なぜなら、思考は宇宙を**縦横無尽に飛び回れる**からだ」
>
> ミレトスのタレス（紀元前6世紀）

実用的な探求心

実用的な才能に恵まれていたタレスは、その鋭い知性を哲学と幾何学に活かした。たとえば、ピラミッドの影を測定し、その実際の高さを割り出したと言われている。人間の影は1日に1回、その人の実際の身長とまったく同じ長さになる。タレスは、ちょうどその時間にピラミッドの影の長さを測定すれば、実際の高さがわかることに気づいたのだ。

四元素

古代ギリシア人は、世界のすべての事物は土・水・空気・火の4つの元素からなると信じていた——アリストテレスはこれに第五の元素、「エーテル」を加えている（43頁参照）。これら四元素は私たち現代人が考える、固体・液体・気体・プラズマという物質の四態におおむね一致する。タレスは水こそが万物の根源で、他の元素も水から生まれると考えた。一方、アナクシメネスは空気が万物の根源だと説いた。

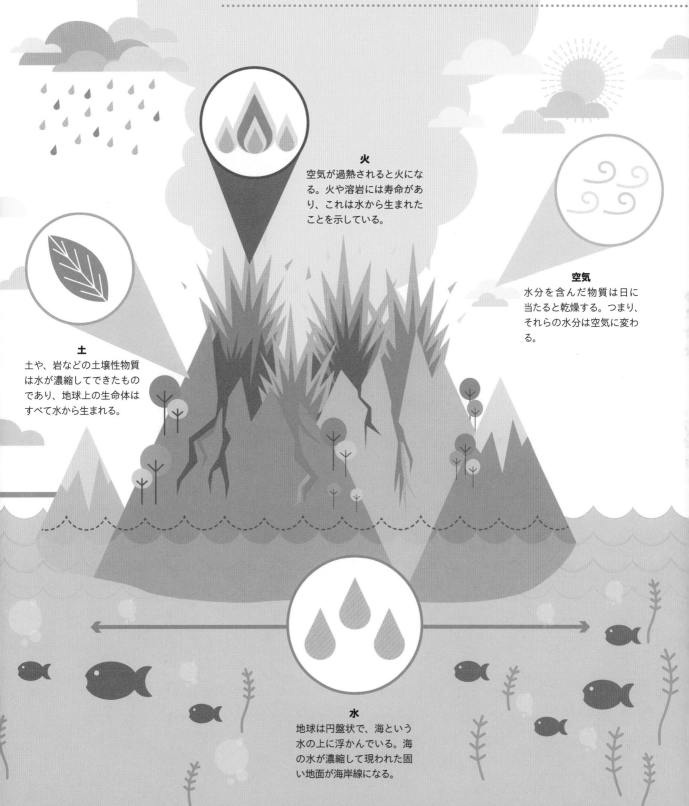

火
空気が過熱されると火にな
る。火や溶岩には寿命があ
り、これは水から生まれた
ことを示している。

空気
水分を含んだ物質は日に
当たると乾燥する。つまり、
それらの水分は空気に変わ
る。

土
土や、岩などの土壌性物質
は水が濃縮してできたもの
であり、地球上の生命体は
すべて水から生まれる。

水
地球は円盤状で、海という
水の上に浮かんでいる。海
の水が濃縮して現われた固
い地面が海岸線になる。

宇宙の起源

タレスの弟子、アナクシマンドロスは、宇宙の起源とその構造にかんする革新的な説を展開した。それは、ミレトス学派のなかでも他の者たちの思想とは根本的に異なるものだった。

無限定なもの

　古代ギリシアのミレトスという町に生まれたアナクシマンドロス（紀元前610年頃〜546年）は、タレス（16-17頁参照）の弟子でありながら、あちこち旅をしてバビロニアやエジプトの学者たちからも教えを受けた。帰郷後は、身につけた地理学や天文学の知識を活かし、万物の根源についてひときわ独創的な理論を説いた。古代ギリシアの他の哲学者たちと同様、この世界には万物の根源、「アルケ

宇宙の誕生

アナクシマンドロスは、宇宙の起源を理性的・包括的に説明した最初の思想家だ。天体の動きや地球の自然現象について、観察に基づいた理論を説いた。

ト・アペイロン ----→ 胚芽

① はじまり
「ト・アペイロン」から小さな胚芽が分離する。そこには天体や宇宙空間など、宇宙の必須要素がすべて含まれている。

熱
蒸気
冷

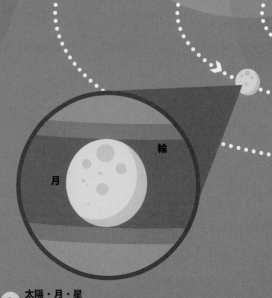

月
輪

② 対立物の分離
「ト・アペイロン」から分離した「胚芽」の内部で、熱と冷、湿と乾といった対立するエネルギーが生まれはじめる。冷の中心物が形成され、それを蒸気が取り囲み、そのすべてを球体の炎が包み込んで拡大していく。

③ 太陽・月・星
球体の炎が拡大すると、地球を中心とした同心円が分離して3つの輪ができる。これらの不透明な円環に開いた穴から漏れる光が、地上の人間に太陽と月と星として感知される。「月の輪」に開いた穴が周期的に閉じて、月の満ち欠けを発生させる。

ー」が存在するとアナクシマンドロスは信じていたが、それは（タレスが唱えたような）水などの特定の物質ではなく、あらゆる物質の由来である「ト・アペイロン」（無限定なもの）であり、宇宙そのものはこの「ト・アペイロン」から生じると主張した。

　アナクシマンドロスによれば、熱と冷などの対立物が分離し、この対立物分離のプロセスによって、車輪に似た3つの同心円状の炎が形成されて宇宙が誕生したという。そしてこの円の中心に円筒形の地球がある。最も特筆すべき

は、宇宙というものを理解する際のアナクシマンドロスの洞察力だ。天体は地球から等距離のドーム状の屋根に固定されて位置しているのではなく、宇宙という空間のなかをあちこち位置を移動しながら地球を周回しているとアナクシマンドロスは理解したのだ。さらに驚くべきことに彼は、宇宙の中心にある地球は水などの物質に支えられているのではなく、宇宙空間に浮かんでいると推察した。

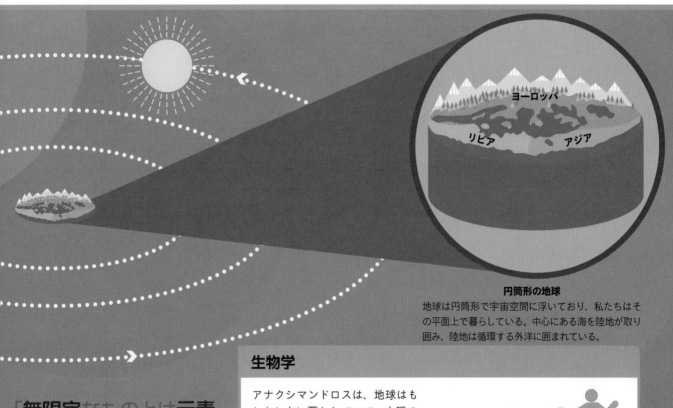

円筒形の地球
地球は円筒形で宇宙空間に浮いており、私たちはその平面上で暮らしている。中心にある海を陸地が取り囲み、陸地は循環する外洋に囲まれている。

「**無限定**なものとは**元素以外の何か**であり、そこから**元素が生まれる**」
ミレトスのアナクシマンドロス（紀元前 6 世紀）

生物学

アナクシマンドロスは、地球はもともと水に覆われていて、太陽の熱で乾いた部分が陸地になったと信じていた。最古の生命体は、頑丈な皮膚と棘をもつ魚のような生き物だった。この防御的な被膜は、その生き物の内部で育ち、やがて陸に住む脆弱な子孫である最初の人間を守るのに役立った。

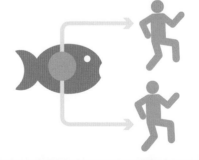

神聖なる幾何学

ソクラテス以前の最も有名な哲学者は誰かといえば、おそらくピタゴラスだろう。ピタゴラスは、科学・数学・神秘主義を追求する厳格で禁欲的な宗教的結社を立ち上げたとされる、なかば伝説的な人物だ。

数が統べる宇宙

ピタゴラス（紀元前570年頃〜495年頃）は、直角三角形の斜辺の2乗は他の2辺の2乗の和に等しいという「ピタゴラスの定理」で有名な数学者だ。しかし、生前のピタゴラスは、数学者としてよりも魂の輪廻転生の信仰者として知られていた。書かれた著作を一切残していないため、実際にどんな思想の持ち主だったのかはほとんどわかっていない。ピタゴラスの思想として伝えられているものの多くはおそらく弟子など他の者の思想だろう。だが、イタリア南部でピタゴラスが宗教的な共同体を設立し、弟子たちを率いて哲学と科学を探求する厳格な共同生活を送っていたことは間違いない。のちにアリストテレスにいわゆる「ピ

聖なる数

数学と自然界とのつながりを見出したピタゴラス学派は、数には神秘的な意味があると考え、とりわけ1から4までの整数を重要視した。1は万物の起源に関連する根源的な数、2はそこから派生した数、3ははじまりと真ん中と終わりを意味する数、4は四元素に通ずる数とみなした。そしてこれらの合計数である10を「完全数」と呼んだ。

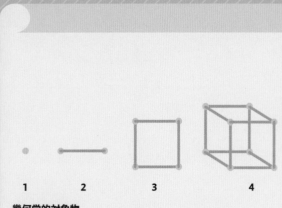

幾何学的対象物

ピタゴラス学派は、1という数字をすべての数の根源だと考えてとくに神聖視した。たとえば、幾何学的図形はひとつの点を打つことからつくれる。もうひとつ点を打つと、ふたつの点のあいだに線が生まれる。同じものを並行してつくり、点と点を縦に結べば正方形ができる。さらにその四角を平行させてまた縦に点と点を結べば立方体ができる。

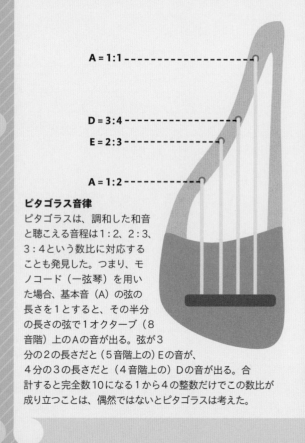

A = 1:1

D = 3:4

E = 2:3

A = 1:2

ピタゴラス音律

ピタゴラスは、調和した和音と聴こえる音程は1:2、2:3、3:4という数比に対応することも発見した。つまり、モノコード（一弦琴）を用いた場合、基本音（A）の弦の長さを1とすると、その半分の長さの弦で1オクターブ（8音階）上のAの音が出る。弦が3分の2の長さだと（5音階上の）Eの音が、4分の3の長さだと（4音階上の）Dの音が出る。合計すると完全数10になる1から4の整数だけでこの数比が成り立つことは、偶然ではないとピタゴラスは考えた。

タゴラス学派」と呼ばれた彼らは、天文学と幾何学を研究し、数や数学と自然界とのつながりを検証した。たとえばピタゴラス学派──なかでもとくにフィロラオス──は、音楽の和音は1から4の整数を用いた数比に対応することを発見した（下記参照）。

ピタゴラスは幾何学をタレス（16-17頁参照）から教わったと言われているが、くわえてミレトス学派の宇宙論や、宇宙は「無限定なもの」──無尽蔵で観測不可能な、生命の源となる実体──からなるとしたアナクシマンドロスの主要な学説（18-19頁参照）もよく知っていた。ピタゴラスの推論では、宇宙の根本的な構造は、数の法則が「無限定なもの」を限定しているに違いなかった。ピタゴラス学派は、宇宙──とその内にあるすべてのもの──は数が統べていると考え、数にはほとんど神に近い存在意義があると考えたのだった。

「ピタゴラス学派は……**数学の原理**は**万物の原理**である**と考えた」**

アリストテレス著『形而上学』（紀元前4世紀）

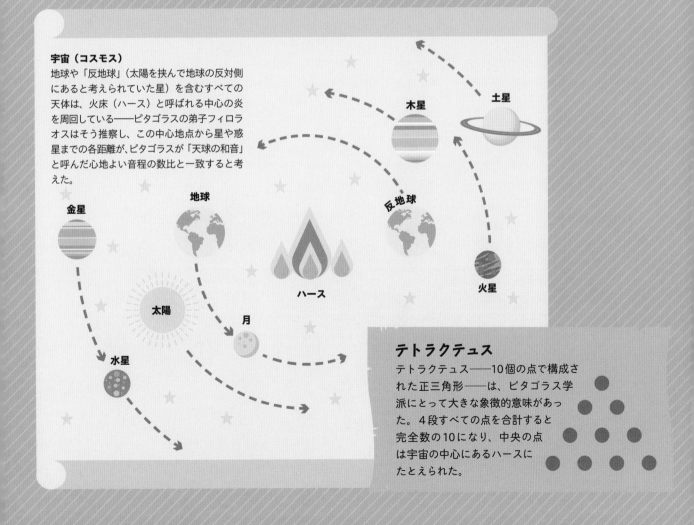

宇宙（コスモス）
地球や「反地球」（太陽を挟んで地球の反対側にあると考えられていた星）を含むすべての天体は、火床（ハース）と呼ばれる中心の炎を周回している──ピタゴラスの弟子フィロラオスはそう推察し、この中心地点から星や惑星までの各距離が、ピタゴラスが「天球の和音」と呼んだ心地よい音程の数比と一致すると考えた。

木星　土星　金星　地球　反地球　太陽　月　火星　水星　ハース

テトラクテュス
テトラクテュス──10個の点で構成された正三角形──は、ピタゴラス学派にとって大きな象徴的意味があった。4段すべての点を合計すると完全数の10になり、中央の点は宇宙の中心にあるハースにたとえられた。

万物は流転する

他の思想家たちがアルケー──宇宙の根源──は不変の実体だと信じていたのとは違い、ヘラクレイトスは、万物は絶えず変化する運命にあると考えた。

ロゴス

ヘラクレイトスの宇宙論には、彼が「ロゴス」と呼んだものが根幹にあった。「ロゴス」とはギリシア語で「理由」や「説明」の意味だが、ヘラクレイトスの「ロゴス」概念はいささか謎めいていて、宇宙を支配する自然の法則、現代でいう物理法則のようなものだろう。

ヘラクレイトス（紀元前535年頃〜475年頃）は、宇宙の根源はどの物質なのかという観点から考えるのではなく、変化という絶えず進行中のプロセスが宇宙の根本ではないかと考えた点で、当時はきわめて異色の思想家だった。時間とともに、どんなものも変化する。昼は夜になり、季節は移り変わり、生き物は生まれて死ぬ。つまり、万物はとどまることのない流動状態にある。

ヘラクレイトスは、常に変化し続けることが万物の本質であり、この変化は万物に内在する闘争によって引き起こされるとした。万物は対立し合うものでできていて、その両方の特徴を備えている。しかし、時が経つにつれて片方の力が優勢になり、当初のバランスが崩れていく。たとえば、生と死は常に対立しながら表裏一体の関係にある。そう考えたヘラクレイトスは、火を「ロゴス」の象徴とみなした。なぜなら、火は燃焼という絶えざる変化を起こしながら、しかし同じ火であり続けるからだ。

同じ川に…

ヘラクレイトスは、世界を川にたとえて「万物は流転する」と言ったと伝えられている。川の水は絶えず流れているから、ひとりの人間が同じ水の中に2度入るのは不可能だ、と。しかし、流れる川という存在は不変だとも言える。もし、流れる川が流れを止めれば、川は湖になるか、完全に干上がるかして、川ではなくなるだろう。

絶えざる戦い

万物は「ロゴス」によって生まれ、対立物の闘争として存在している、とヘラクレイトスは述べている。光と闇、生と死、熱と冷は常に主導権を求めて戦い争っている。だが、山道に上りと下りがあるように、対立自体はもともと有害ではない──実際に、その緊張関係が世界を維持している。そう考えたヘラクレイトスは、「戦いは万物の父である」と説いた。

ロゴス

万物は一である

パルメニデスはヘラクレイトスとはちょうど正反対の立場を取り、私たちが知覚している世界の諸変化は見かけ、錯覚にすぎず、実在は永遠的で不変な何かだと説いた。

変化という錯覚

観察を重視したヘラクレイトスとは対照的に、パルメニデス（紀元前515年頃〜450年頃）は論理（理性）を重視し、宇宙のあれこれの事物ではなく、存在そのものの本質のほうに注目した。

彼はまず、ある何かは存在するか存在しないかのどちらかである、とした。次いで、無（空虚）が存在するとは言えない、なぜなら存在するのは無ではなく何かだからだ、とした。そして、無がないのなら、何かが無から生まれたり、無に変化したりするのも不可能だと結論した。変化とは無から有、有から無になることだから、（種子などの）特定の物が何か別の状態（植物）に移行したときにもとの形がなくなったとしても、それは「変化」ではない。いま、存在している」ものは昔から存在し、そしてこれからもずっと存在し続け

る。厳密に言って、存在するものはすべて存在することにおいて均等である、とパルメニデスは主張した。

実在にかんするこの理性的な説明とは裏腹に、私たちには眼前の世界が変化し続ける非永続的なものに見える。

しかしパルメニデスによれば、人間の五感（感覚）は誤謬をもたらすが、人間の理性だけは事物の真の本質、つまりひとつしかない不変の存在であり、そこにおいては「すべてがひとつである」ものを明らかにできると説いた。

真理の道

パルメニデスは詩『自然について』で、私たちが世界を変化としてとらえるとらえ方を「臆見（ドクサ）の道」と呼び、それは実在でないものを実在と錯覚していると指摘した。変化は錯覚にすぎず、実在を永遠不変にして不可分の全体ととらえる「真理（アレーテイア）の道」があるのだ。

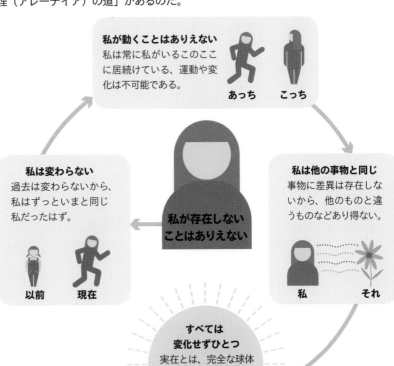

私が動くことはありえない
私は常に私がいるこのここに居続けている、運動や変化は不可能である。

あっち　こっち

私が存在しないことはありえない

私は変わらない
過去は変わらないから、私はずっといまと同じ私だったはず。

以前　現在

私は他の事物と同じ
事物に差異は存在しないから、他のものと違うものなどあり得ない。

私　それ

すべては変化せずひとつ
実在とは、完全な球体のように分割できないひとつのものである。

✓ チェックポイント

▸ **パルメニデス**は「存在論の父」と呼ばれることもある（存在論とは、存在するとはどういうことか、実際に存在するものは何かを研究する学問）。

▸ **世界**は——錯覚と実在の——2つの世界に分かれるという発想は、プラトン（36-37頁参照）に大きな影響を与えた。

▸ **実在**は不可分にして不変という見解は、パルメニデスの一元論と呼ばれている。

ゼノンのパラドクス

パルメニデスの弟子のひとりとして、エレアのゼノンもあらゆる変化を単なる錯覚と信じた。運動・変化の不可能性を証明するために、ゼノンはいくつかの論証をつくり上げた。

変化しない実在

エレアのゼノン（紀元前490年頃～430年頃）は師のパルメニデス同様、私たちの目には一見突飛な思想（23頁参照）をも、論理学的な主張で正当化を試みた先駆者だった。たとえば、実在を永遠不変とみなすパルメニデスの説は、私たちが五感から得た証拠と矛盾するが、ゼノンは、世界で起きているように見える諸変化は論理的に不可能な、単なる錯覚にすぎないことを証明しようと試みた。そして、その手段として、いくつかのパラドクス——一見、不条理な結論に到達する論理的な主張——を提示したのだ。

なかでもとくに有名なのは、運動にかんするパラドクスだ。物体がある場所から別の場所へ移動する運動を一種の変化とみなし、二分法のパラドクスと呼ばれる次のような説を唱えた。ある有限な距離を歩いて移動するだけのことのうちにも、じつは（有限ではなく）不可能なほど無際限な数のことを実行しなければならないことがわかる（下記参照）。アキレスと亀のレースのパラドクスでは、足の速いアキレスがのろまな亀を追いかけて亀がもともといた位置にたどり着いたとしても、亀はその先に進んでいるために決して追いつけない。彼はこれを順序立てて説明し、速さと運動にかんする従来の考え方を否定した（右記参照）。

飛んでいる矢は静止している——これがゼノンの3つめのパラドクスだ。ゼノンによれば、時間は「瞬間」——持続をもたない点——が無数に集まったものだとすれば、

1 優先スタート
レースの開始時、亀はアキレスより先の離れた地点からスタートする。ゆっくり歩き出す亀をアキレスが急いで走り追いかける。

二分法のパラドクス

ある距離を歩くには、まず、目的地までの半分の距離まで歩かねばならない。しかし、半分の中間点に到達するには、その半分の半分まで歩を進める必要がある。したがって、どんな距離を歩くにせよ、このように分割が無限に進むため到達すべき距離が無限に続き、時間も無限に必要になる。これと同じことが運動全般に当てはまるため、運動は実際には不可能だ、と論証されたことになる。

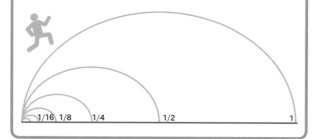

1/16 1/8 1/4 1/2 1

アキレスと亀

ゼノンの最も有名なパラドクスと言えば、おそらく足の速い英雄アキレスと亀のレースだろう。レースを公平にするために、アキレスは亀を自分の前方からスタートさせる。常識で考えれば、アキレスはどこかの地点で亀を追い抜くはずだが、ゼノンは、両者の差は縮まりはしても、アキレスは亀に永遠に追いつけない、という論理的な説を提示することに成功した。

時間からどの「瞬間」を切り取っても、飛んでいる矢はその瞬間には現在の位置にあり、ほかのどの位置にもない。つまり矢は静止している。とすると、いつも、すべての瞬間に矢は静止していることになる。ゆえに運動は不可能であり、運動したという私たちの実感は思い込みにすぎない、とゼノンは巧みに論証する。

　一見すると、ゼノンの論理は完璧で、欠点が見つけにくい。これらのパラドクスを解決するために微積分学などの近代数学の手法も用いられたが、誰もが納得する結論は現代でも得られていない。20世紀のイギリス人哲学者バートランド・ラッセルは、これらのパラドクスは「きわめて繊細で深遠」だと語り、ゼノンを数学の天才と評した。

> ## ✔ チェックポイント
>
> › **パラドクス**とは、一見正しい論理を用いて、常識的に受け入れがたい結論に達する論のこと。
>
> › **誤謬**とは、論理上欠陥がある誤った推論の仕方のこと（246-47頁参照）。パラドクスは推論の仕方に欠点が見つけにくい誤謬である。
>
> › **ゼノンのパラドクスは、**証明したいことの逆の論をいったん受け入れたうえでその問題点を指摘する、帰謬法の好例。

「私の著述はパルメニデスを認めない人たちにたいして、その主張を擁護するためのものだ」

エレアのゼノン（紀元前5世紀）

2　縮まる差
アキレスが亀のスタート地点に到着したとき、亀はそれより先に進んでいるため、アキレスが亀に追いつくにはまだある程度の距離を進まなければならない。両者の差は縮まっているとはいえ、亀がレースにおいて先を歩いていることに変わりはない。

3　永遠の2位
亀が以前にいた地点にアキレスが到着すると、亀はまたそれよりもいくらか先に進んでいる。レースのどの段階でもこうした状態が続くため、アキレスは亀に永遠に追いつけない。

元素とエネルギー

エンペドクレスは、宇宙は不変であるとの静的な説を唱えたパルメニデス
とは対照的に、4つの元素が結合ないし分離することで世界の多様な調和
が動的に保たれていると主張した。

宇宙の構成単位

エンペドクレス（紀元前490年頃～430年頃）は、無からは何も生まれず、存在は破壊されえないと説いたパルメニデスを支持していたが、パルメニデスの世界は不変にして不可分（23頁参照）という考えには賛同せず、世界はさまざまな結合と分離によって構成されていると考えた。そして、自説とパルメニデスの説を両立させるために、それ以前の哲学者たちがそれぞれ万物の根源とみなした土・水・空気・火の4つの元素（彼は「四つの根」と呼んだ）を土台にした説を提示した。それ自体は不変のこの四元素

が結合ないし分離することで万物が生成されるという彼の学説は、パルメニデスの思想と矛盾しない。エンペドクレスは、この四元素が宇宙の「構成単位」であり、万物はそこから生まれると語った。これらの元素がさまざまな割合で結合することで、多様な事物が生成される。ただし、生成された事物は、元素と違って不変ではないという。

このようにエンペドクレスは、四元素が物質の分解のように分離したり、さまざまな割合で結合したりすることで新たな事物が生成されると主張し、世界の諸変化が錯覚でないことを説明した。宇宙には変化の持続的なプロセスが

愛と争い

変化という宇宙の性質は、「愛」と「争い」という対立する2つの宇宙エネルギーによって形成されている、とエンペドクレスは主張した。「愛」は諸元素を引き合わせ、さまざまな形に結合させる創造エネルギー、「争い」は諸元素が反発し合うように仕向けて分離させ、ひいては万物に崩壊をもたらす破壊エネルギーである。元素自体は創造されることも破壊されることもないが、常に調和と支配という変化を繰り返している。

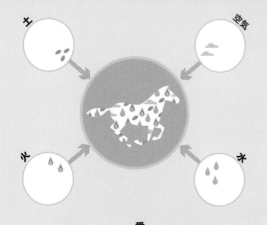

愛

「愛」は、さまざまな割合や組み合わせで元素同士をくっつけ、多様な事物を生成する創造エネルギー。たとえば、「火」の元素は特定の事物に命をもたらす性質がある。

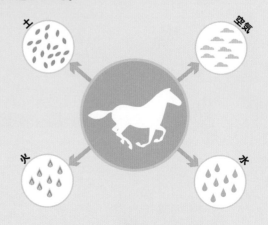

争い

事物はいつまでも同じ状態を保てず、元素同士を反発・分離させる「争い」のエネルギーによって崩壊のプロセスをたどる。分離した元素は別の組み合わせで再結合し、新たな事物を生成する。

存在する、宇宙は諸元素の絶え間ない結合・分離を特徴とする動的システムだと考えたのだ。さらに、この四元素のはたらきを説明するために、対立物の葛藤（22頁参照）というヘラクレイトスの説を活用し、万物の調和を保つ

「対立」という宇宙エネルギーが諸元素の結合・分離を司る、と述べた。つまり、宇宙に内在する絶えざる変化は、対立するエネルギーのバランスと優劣との、時間における変動によって生じるのだ。

宇宙のサイクル

「愛」と「争い」という2つのエネルギーは、支配権をめぐって常に対立しながら永遠の宇宙サイクルを形成している。「愛」が「争い」を完全支配すると、諸元素は分離できなくなるため新たな事物が生成されない。両エネルギーが拮抗しているあいだは、諸元素の分離と結合のバランスがとれて万物の生成が可能になる。しかし、「争い」が支配すると、生成された事物すべてが分解されバラバラの元素に戻り、その状態は「愛」が勢力を盛り返して再び諸元素を結合させるまで続く。

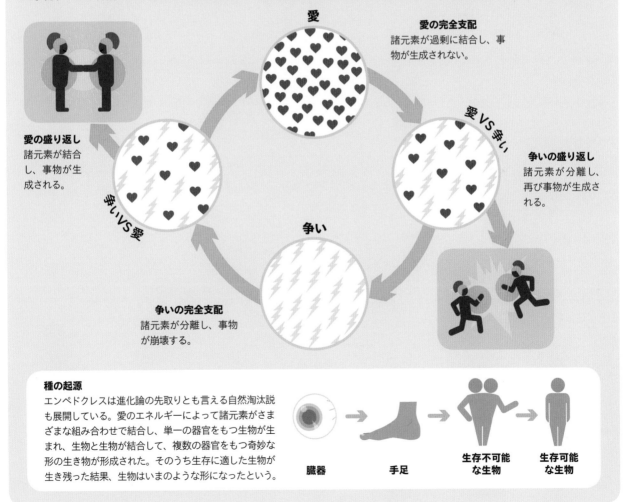

愛

愛の完全支配
諸元素が過剰に結合し、事物が生成されない。

愛VS争い

争いの盛り返し
諸元素が分離し、再び事物が生成される。

愛の盛り返し
諸元素が結合し、事物が生成される。

争いVS愛

争い

争いの完全支配
諸元素が分離し、事物が崩壊する。

種の起源
エンペドクレスは進化論の先取りとも言える自然淘汰説も展開している。愛のエネルギーによって諸元素がさまざまな組み合わせで結合し、単一の器官をもつ生物が生まれ、生物と生物が結合して、複数の器官をもつ奇妙な形の生き物が形成された。そのうち生存に適した生物が生き残った結果、生物はいまのような形になったという。

臓器　→　手足　→　**生存不可能な生物**　→　**生存可能な生物**

不滅の種子

アナクサゴラスは、ひとつの原初の実体から万物は由来するため、物質的
宇宙の一切は他の一切の一部を含んでいる、という斬新な宇宙論を唱えた。

一切のなかの一切

　アナクサゴラス（紀元前510年頃〜428年頃）は当時の
ほとんどの哲学者と同様、パルメニデスの世界永遠不変説
（23頁参照）を支持していたが、しかしアナクサゴラスは、
変化と多様性もまた存在しうると主張した。アナクサゴラ
スによれば、宇宙は初め、「塊」の状態であった。それは
永遠不滅でそれ以上分割できない多様な極小微粒子が密接
に結びついてできた「塊」だったという。すべての事物の「種
子」であるそれらの微粒子は、原初状態では混然一体とな

って互いに混ざり合っていて、性質ごとにまとまったりは
しておらず、明確な形をなさなかった。しかし、この「塊」
がある時点で遠心分離機のような旋回運動をはじめて分離
し、さまざまな形に配置された。こうして生まれた個物は、
無限小粒子がそれぞれ一定量集まってできたものだ。そし
て、すべての実体に全種類の種子が含まれているが、同質
の種子の数によってその実体の個性が決まる。ゆえに、「一
切のなかに一切の部分がある」と言えるのだ。

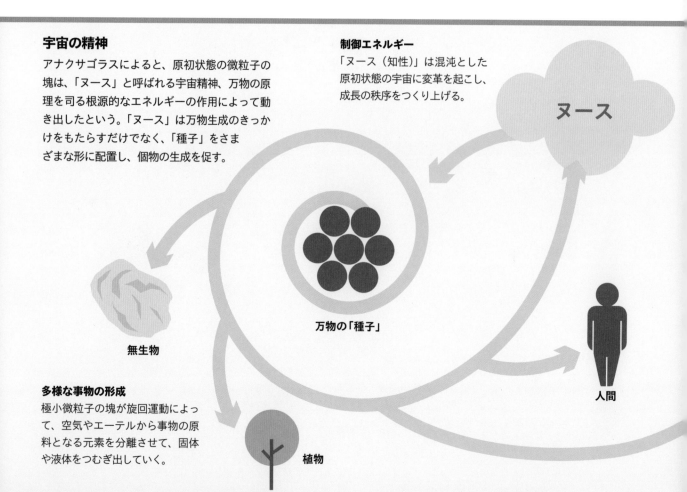

宇宙の精神

アナクサゴラスによると、原初状態の微粒子の
塊は、「ヌース」と呼ばれる宇宙精神、万物の原
理を司る根源的なエネルギーの作用によって動
き出したという。「ヌース」は万物生成のきっか
けをもたらすだけでなく、「種子」をさま
ざまな形に配置し、個物の生成を促す。

制御エネルギー

「ヌース（知性）」は混沌とした
原初状態の宇宙に変革を起こし、
成長の秩序をつくり上げる。

ヌース

万物の「種子」

無生物

多様な事物の形成

極小微粒子の塊が旋回運動によっ
て、空気やエーテルから事物の原
料となる元素を分離させて、固体
や液体をつむぎ出していく。

植物

人間

無限に分割可能

アナクサゴラスによると、どんな事物も、その事物を構成している諸要素の割合によって個性が定まっている。事物を分割しても、要素の割合が同じなら、さらに無際限に分割して、どんなに小さくなっても本質は変わらない。

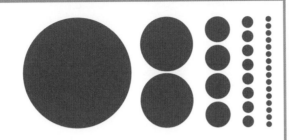

変わらない本質
分割しても本質が変わらないものは、分割を重ねて限りなく小さくしてもその本質は変わらない。

✓ チェックポイント

> **アナクサゴラス**が使ったギリシア語の「ヌース」は「知性」と翻訳されること多いが、「理性」や「思考」の意味もある。

> **アナクサゴラス**は、紀元前460年頃に哲学をアテナイにもたらし、ソクラテスやプラトン、アリストテレスに影響を与えた人物だと言われている。

> **アナクサゴラス**は晩年、身の安全のためにアテナイを離れた。一説によると、異端的な説を唱えたとして不敬罪に問われたという。

「一切のなかに一切の種子がある」

アナクサゴラス（紀元前5世紀）

食べたものが体をつくる

動物

食べ物の性質
アナクサゴラスは、動物はたいてい自分と似ても似つかぬ実体を食すると述べている。たとえば、ヤギが食べる葉っぱはヤギと似たところが少しもない。

葉っぱから毛皮へ
ヤギは、筋肉や骨や毛皮の痕跡が一切ない葉っぱしか食べないのに、葉っぱがヤギの筋肉と骨と毛皮をつくっている。

実体の一部
アナクサゴラスは、ヤギが食べる葉っぱには、微量とはいえ筋肉と骨と毛皮が含まれており、ヤギは微量なこれらを定期的に食べることで健康を保てるのだと考えた。

原子論

紀元前5世紀の哲学者、レウキッポスと弟子のデモクリトスは、万物は何もない空間を浮遊する、それ以上の分割が不可能な粒子からできているという革新的な概念を提唱した。

原子と空虚な空間

のちに原子論者と呼ばれる哲学者たちは、他の多くの哲学者と同様、万物の運動と変化の実態の説明に努めた。前述したパルメニデスの説は、運動には、論理的にあり得ない無の状態が必要になることから、世界の諸変化は錯覚にすぎないというものだった（23頁参照）。

しかし、原子論者たちはこの見解に真っ向から異を唱え、運動は明らかに可能であり、ゆえに真空（空虚）が存在し、粒子がそのなかを自由に浮遊しているのだと主張した。この物質の運動は極小レベルのため、人間の目には見えない。物質は、レウキッポスが「原子（アトム）」と名づけた、空虚のうちに存在する極小微粒子からなり、目に見える世界の諸変化は、空虚に浮遊するこの原子の運動に起因する。それぞれの原子は永遠不変で、分割不可能で破壊不可能であるが、他の原子とくっつき合ってさまざまな物や生き物を形成する。

パルメニデスは世界を永遠不変と断定したが、原子論者たちは、無限の多様性をもった永遠不変の微粒子の集合離散によって、世界は変化し続けると主張した。

究極の構成単位

原子論者たちに言わせれば、原子はすべての物質の根本的な構成単位だ。この構成単位が何もない真空を浮遊しながら、互いに反応し合って反発したり結合したりしている。原子の種類は無数にあり、さまざまな組み合わせで結合しては多様な個物を生成する。個物が死を迎えて崩壊すると、原子もバラバラに分離する。原子自体は不死で、本質は永遠に変わらないが、真空を運動しながら絶えず結合・分離・再構成を繰り返している。

空虚

原子

目に見えない原子
樹木などの物体はどんどん細かく分割できるが、無限に小さくできるわけではない——根本的なレベルの原子自体は分割できないのだ。

✓ **チェックポイント**

> **原子論者**たちの言う「空虚」とは、「何もない空間」以上の意味がある——真空空間のように、いかなる物質も存在しない絶対的な無の状態を指す。

> 「原子（atom）」という言葉は、ギリシア語で「分割できない」「切ることができない」を意味する「atomon」から生まれた。

原子の種類

デモクリトスは、原子にはさまざまなサイズと形があり、その性質や組み合わせによって、生成される個物の特徴が決定されると主張した。また、液体の原子はなめらかで、互いにくっつくことなく自由に運動する一方で、固体の硬い原子はほとんど運動せず、強く結合していると推論した。

空気

空気の原子は軽くて薄く、それぞれ独立して自由に運動している。

水

水のなめらかで丸い原子が、水に流動的な特徴を与えている。

鉄

鉄の原子にあるフックが互いにがっちり噛み合わさり、金属としての硬さをなす。

塩

塩をしょっぱいと感じるのは、ギザギザのついた塩の原子が舌を刺激するため。

「**原子**と**空虚**以外は**何も存在しない。**他の一切は**臆見**である」

デモクリトス（紀元前5世紀）

物体

すべての物体は知覚してもらえるように、「イメージ粒子」を放出する。

イメージ

デモクリトスが「写像」と呼ぶ、このイメージ粒子は空中を縦横無尽に移動する。

知覚

イメージは、感覚を生み出す感覚器官の原子に印象を与える。

プシュケー

「プシュケー(魂)」は「火の原子」からなり、感覚器官を通して得た情報を解釈する。

思想の吟味

市民や弟子たちを相手に問答を繰り広げているソクラテスの姿は、アテナイの広場のおなじみの光景だった。人々がもっている先入見に問いを投げかけ続けつつ、ソクラテスは知識を追求した。

自分では思想を一切書き残していないソクラテス（紀元前469〜399年）には、「私が知っているのは、自分が無知だということだけだ」という有名な言葉がある。彼の思想として伝えられているもののほとんどは、弟子のプラトンが著作に書いたものだ。プラトンは一連の著作のなかでソクラテスを主人公にして、観念を引き出し分析することの達人として描いたのだ。ソクラテスが実践した「論駁」と呼ばれる問答法 —— ギリシア語で「反対尋問」「調査」を意味する「エレンコス」—— での、議論を吟味し誘い導く仕方は、ソクラテスにアテナイ第一の哲学者との評判を与えた。

プラトンによればソクラテスは、自分は他人のひらめきが生まれるのを手伝う、いわば知性の「助産師」だと述べたという。ソクラテスが用いたのは、見解が対立する者との対話を通じて議論のテーマを徐々に掘り下げていく「弁証法」と呼ばれる手法だ。一見、シンプルな問いからスタートすることが多く、たいていソクラテスは「勇気とは何か？」「善とは何か？」と概念の定義をたずねることから

はじめた。そして返ってきた答えを吟味してその矛盾点を指摘し、対話相手に答えの再吟味を要求した。吟味されていない前提や先入見を浮き彫りにするこの問答法によって、相手は議論のテーマのより深い意味に気づき、最も根本的な事柄に近づいていく。

ソクラテスは相手から意見や主張を引き出しては反論し、最後に相手が真理に到達できるような道筋をつくった。このように、ソクラテスは口元だけのものではない、しっかり情報のつまった議論を構築するために弁証法を用いたのだ。この種の議論は結論に到達せずに終わることもしばしばあるが、ソクラテスの最大の貢献は、存在を吟味する新たな道を提示し、物質世界の事柄のみならず、道徳や正義の問題にまで哲学することの範囲を広げたことだった。

「吟味されていない人生など、生きるに値しない」

ソクラテス（紀元前5世紀）

ソクラテスの遺産（レガシー）

弁証法の先駆者でもあったソクラテスは、考察を重ねて得た知識と五感を通して得た知識とを区別した。彼自身はその差異をあまり強調しなかったが、弟子たちは「理性主義（合理主義）」と「経験主義」の2つの学派に分かれて意見を対立させた。

理性主義の原型は、ソクラテスの最大の弟子プラトンによって形成された。プラトンは、五感でとらえた情報は独断的な思い込みにすぎず、真の知識は理性的な考察を通してのみ得られる（34-37頁参照）と説いた。そのプラトンの一番弟子だったアリストテレス（38-45頁参照）は、師と反対の立場を取って、観察によってのみ知識に到達できると主張した。このアリストテレスの考えは経験主義の中心的信条となった。近代において、理性主義はデカルト（52-55頁参照）が、経験主義はロック（60-61頁参照）が復興した。

ソクラテス的アイロニー

言い伝えでは、ソクラテスは、デルフォイ神殿で「ソクラテスは世界一の知者である」という神託を受けてから、議論に明け暮れるようになったという。当初は神託が誤りだと証明することが目的だったが、実際に、ほとんどの人間が自分より物事を知らないことに気づいた。ソクラテスは、無知を装って対話相手に問答を仕掛け、相手の答えの矛盾点を突き、相手に無知を自覚させた。ここから、無知を主張して返答を引き出し、相手を真の知識に導くことを「ソクラテス的アイロニー」と呼ぶようになった。

1　「勇気」とは何か?

2　「忍耐力」のことでは?

3　では、「勇気」は称賛に値する資質だろうか?

4　おおいに賞賛に値する。

5　では、「頑固さ」のような「愚かしい忍耐力」はどうか?これも賞賛に値するだろうか?

6　それは称賛に値しない。

7　ということは、称賛に値しない「愚かしい忍耐力」は「勇気」とは別のものであり、「勇気」の条件は「忍耐力」だけではない。つまり「勇気」とは、良識を踏まえた「忍耐力」でなければならない。

プラトンの二世界論

プラトンの哲学の核心にあるのは、私たちが住んでいる世界（現象界）は見せかけのものであり、人間の感覚は当てにならないという考え方だ。プラトンにとって、私たちのいる世界は、「イデア界」という高次の世界が投じた影にすぎない。

イデア界

　彼以前・以後の多くの哲学者たちと同様、数学への造詣が深く、幾何学に心酔していたプラトンは、世の中にはたとえば丸い形や輪の形のものがいろいろあるけれども、人々はそれらを共通して「円」と認識していることに気づいた。そし

て、そんなことができるのは、私たちが丸い形の個物の背後に円とは何であるのかの観念——円の「イデア」——を見てとっているからだと考えた。円の「イデア」は個々の丸っこい物ではなく、完全無欠の理想の円である。たしかに、私たちは自分の見るもの・経験するものを——たとえば馬にして

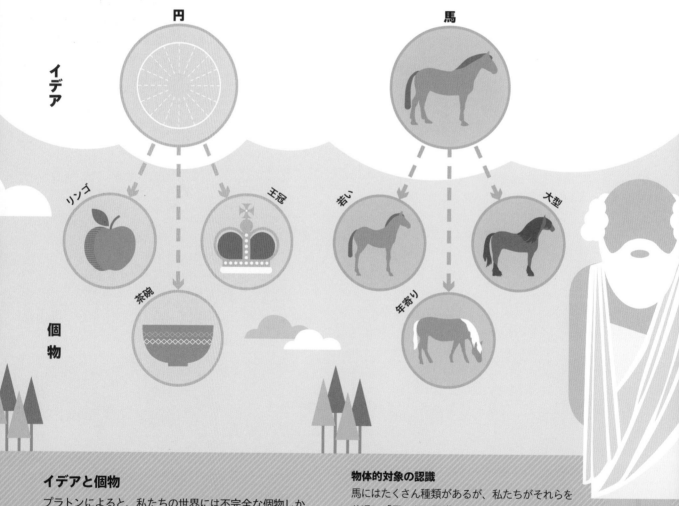

イデア

円　　　　　　　　　馬

個物

リンゴ　　　　　　王冠　　　　　　若い　　　　　　大型

茶碗　　　　　　　　　　　年寄り

イデアと個物

プラトンによると、私たちの世界には不完全な個物しか存在せず、たとえば理想的な円形はイデア界にだけ存在する。イデアとは、個物の設計図のようなものだ。

物体的対象の認識

馬にはたくさん種類があるが、私たちがそれらを共通に「馬」だと認識できるのは、それらが等しく馬のイデアに当てはまるからだ。私たちが考える「馬らしさ」は、馬のイデアから由来している。

も、正義の行いにしても——自分の心のなかにある関連する
イデアと比較して、そうだと認識している。さらにプラトンは、
イデアは目に見えないので人間の感覚を超えた世界に存在し、
その世界は「プシュケー（魂）」や知性によってのみ認識で
きる、と主張した。この認識プロセスは主に直感的なものだ
が、プラトンに言わせれば、イデアを正しく理解するには哲
学者が必要な場合があるという。プラトンは哲人政治の必要
性を説いた。王である哲学者たちが社会をまとめ、倫理的な
助言をする政治である（200-201頁参照）。

善

正義

美

真

2 + 2 = 4

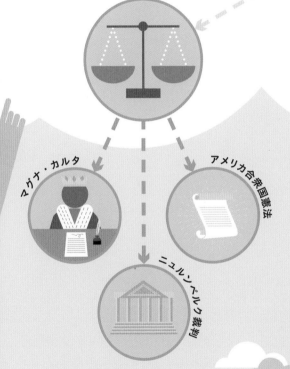

マグナ・カルタ

アメリカ合衆国憲法

ニュルンベルク裁判

「**個物が意味をもつには、
普遍が存在しなければな
らない**」

プラトン（紀元前4世紀）

抽象的概念
イデアのなかには、真、美、善な
どの抽象的な概念もある。たとえ
ば、現象界の正義は「正義」とい
う概念の形相を投影したもの。

二元論

プラトンは、感覚器官を通し
て認識される現象界と、「プ
シュケー」——魂や知性
——を通して認識されるイデ
ア界という、2つの世界が存
在すると述べている。

洞窟の比喩

プラトンは『国家』のなかで、私たちが現実だと思っているものは、じつは私たちが五感から得た見せかけの情報にとらわれて狭く限定されてしまったものにすぎないことを、洞窟の比喩を用いて説明した。

影の世界

プラトンは、無知な囚人たちが暗い洞窟のなかで鎖につながれているところを想像してほしい、と私たち読者に語りかける。囚人たちはみな手足を縛られて壁のほうを向き、振り返ることさえできない。見えるのは目の前の壁だけ。その壁には動く影が映し出されている。

彼らの背後には低い壁があり、その壁の向こう側では炎の前を、さまざまな物品が運ばれていく。でも、彼らに見えるのは目の前の壁に映ったそれら物品の影だけだ。影し

か見えないので、囚人たちは影を実在と思い込む。それが物品の影とは少しも知らず、もし知らされても彼らは信じないだろう。囚人たちは自分たちの住む世界の本質が、文字通り、何も見えない状態にいる。プラトンはこの比喩を用いて、私たちがもつ世界観は狭く縛られたものであり、私たちが真実だと思い込んでいる物事は、イデア界という理想の世界に存在する物事の影にすぎないと指摘したのだ（34-35頁参照）。

洞窟からの脱出

もし、洞窟の囚人のひとりが解放されたとしたらどうなるだろうか？　後ろを振り向いたその人物はギラギラした炎に一瞬、目がくらむが、実在と思い込んでいたものが実際には影だったことに徐々に気づく。洞窟を出た囚人は、太陽がまぶしくて最初のうちは何も見えないが、だんだん目が慣れるにしたがって外の現実の世界がどういうものかわかってくる。その後、この囚人は洞窟に戻り、他の囚人たちに自分たちが実在と思っていたものが実は影だったことを教えようとするが、しかし、他の囚人たちはまったく信じようとしない。

1　限られた感覚に頼る
囚人たちには洞窟の壁しか見えない。壁に映るものを見ることが囚人たちの知覚の限界だ。

2　幻影を信じる
囚人たちには壁に映る影しか見えないので、それらの影が実在だと思い込む。後ろを振り向けないため、それらが物品の影にすぎないのだと気づかない。

「この世の知識は、影にすぎない」

プラトン（紀元前4世紀）

6 高次の世界に向かう
こうして囚人は実在の世界を発見する。プラトンが考える哲学者の役割は、人々を暗い洞窟から出るように促すこと——すなわち、人間の感覚経験の限界を理解させることだった。

5 暗闇から抜け出す
洞窟から引っ張り出された囚人は、目が太陽の明るさに慣れると、いままで存在するとは知らなかったさまざまな事物に気づく。

4 炎の光を見る
自由の身になった囚人は最初のうちは炎の光に目がくらむ。しかしその後、真の実在と、それが影を投じていた事実を理解する。

3 真実に気づく
解放されたひとりの囚人は後ろを振り返り、自分が見せかけにだまされていたことや、壁に映った影以外の世界があることを知る。

生得的な知識

プラトンは、イデアについての私たちの知識は経験を通じて獲得したものではなく、生得的なものだとした。この世に生まれる前の魂はイデア界にあったため、理性を使えばイデアにアクセスできるのだという。人々の生来の知恵を呼び覚ます哲学者の役割は助産師に似ているとも語った。

イデア

世界はただひとつ

プラトンの一番弟子だったアリストテレスは、師のイデア論には賛同せず、
世界の物事は経験によってのみ認識しうるとの説を提示した。

経験主義

アリストテレスは、イデアという理想世界の存在（34-37頁参照）を受け入れられなかった。別の世界に——たとえば円や善、正義などの——イデアが存在すると説いたプラトンの二世界論を否定し、人間が経験を通じて認識できるひとつの世界しか存在しないと主張した。個物には（「赤い」などの）「普遍的な」本質があることは認めたが、その本質はどこか別の次元に存在するのではなく、この世界のなかでそれぞれの個物に内在すると考えた。

たとえば、「円」一般の観念と言えば、誰もが完璧な円を思い浮かべる。アリストテレスはその理由について、私たちに完璧な円（のイデア）にかんする生得的な知識があるからではなく、丸い形の物体をいろいろ見て、その共通点を認識した結果、円とはこういうものだと一般化を行ったからだと説明した。アリストテレスによれば、私たちは五感を通じて物事についての情報を収集し、知性や理性を用いてそれを理解しているという。人間はこのようにしてさまざまな概念を構築し、それらにラベルを貼って、区別を整えていくのだ。この哲学的スタンスは、プラトンの「理性主義」とは対照的な、「経験主義」と呼ばれている。

経験の活用

人間は個別事例の体験から一般概念を学んでいる、とアリストテレスは考えた。さまざまな種類のネコを知覚してネコと他の生き物を区別し、理性を用いて「ネコ」一般の概念を構築する。

1　まっさらな石板
アリストテレスに言わせれば、人間には生得的な知識などない。生まれたときの私たちの心は「まだ文字が刻まれていない石板」に等しい。人間は経験から学ぶことで知識を構築する。

2　対象物
人間は感覚器官を通じて世界の物事についての知識を得る。たとえば、さまざまな対象物を見て、目から収集した情報を心に伝達している。

本質的特性と偶有的特性

アリストテレスは、世界のすべての事物には必然的な「本質的特性」と偶然的な「偶有的特性」があると唱えた。

> リンゴの偶有的特性には色・形・重さが含まれる。たまたま緑色でも赤色でも、丸くても楕円でも、大きくても小さくても、リンゴであることに変わりはない。
> リンゴの本質的特性とは、リンゴの素材を意味する。
> しかし、ボールの本質的特性はその形であり、素材は偶有的特性にあたる。

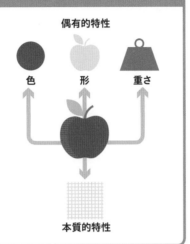

偶有的特性

色　形　重さ

本質的特性

✓ チェックポイント

> **認識論**は、知識（認識）や人間が知識を獲得する方法について研究する、哲学の一分野。
> **帰納法**は、さまざまな個別的事例から普遍的な法則を見出そうとする論理的推論のプロセス。
> **経験知**は、理性の推論によってではなく、観察や経験を通じて獲得される種類の知識。

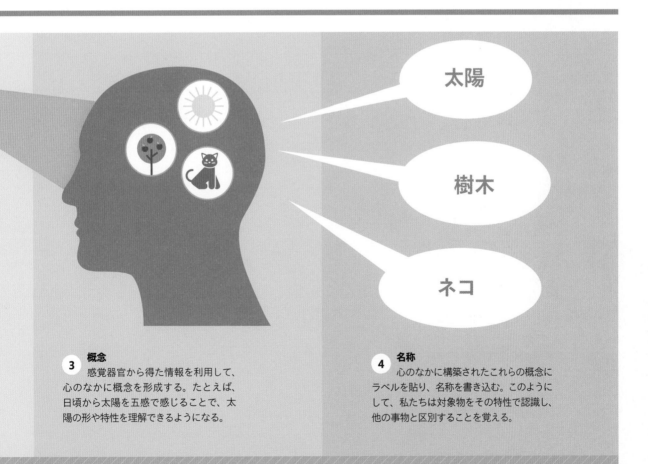

太陽

樹木

ネコ

3 概念
感覚器官から得た情報を利用して、心のなかに概念を形成する。たとえば、日頃から太陽を五感で感じることで、太陽の形や特性を理解できるようになる。

4 名称
心のなかに構築されたこれらの概念にラベルを貼り、名称を書き込む。このようにして、私たちは対象物をその特性で認識し、他の事物と区別することを覚える。

形態は機能である

アリストテレスは、事物の本質を理解するには、その事物を成り立たせている
4つの要因、すなわち「その素材（質料因）」「その形（形相因）」「それを存在
させる動因（動力因）」「それが果たす目的（目的因）」を知る必要があると説いた。

質料と形相（けいそう）

事物の本質の理解に努めていたソクラテス以前の哲学者たちは、事物を構成する「材料」——宇宙の素材——に注目した。

しかし、アリストテレスは、他にも重要なものがあることに気づく。事物の本質を知るには、材料だけでなく、その事物を存在させた動因、それがとる形、それが果たす目的も知らなくてはならない。彼はこれらを「四原因」と名づけ、事物の本質はその四原因を知って初めて理解できると唱えた。この説は、原子論者たちの教えとは根本的に異なる。原子論者たちは、アリストテレスが「動力因」と呼ぶものだけを支持してい

て（下記参照）、自然界の事物は目的をもたないとみなした。

粘土を使えば、レンガも茶碗も排水管も、塑像さえもつくれる。これらの材料はすべて同じだが、形はそれぞれ異なる。たとえば塑像が茶碗と異なるのは、茶碗の（食べ物を入れる）機能と塑像の（人物を称える）機能が異なるからだ。しかし、まだ何の形にもなっていない粘土にさえ、「さまざまな形になる」という機能がある。アリストテレスは、すべての物や生き物は「形相」と「質料」の2つから成り立っていると説いた。また彼は一番最初の質料とは、純粋な「可能性」であるとした。

四原因

アリストテレスは事物の本質を、「材料」「形状」「その事物を存在させた状況」「目的もしくは機能」という観点から説明し、この4つの要因をすべて理解すれば、その事物について知るべきことがすべてわかると主張した。この説は、事物が成り立つ原因は物理的事象しかないと唱えた原子論者たちの説（30-31頁参照）よりはるかに先進的だった。だが、その原子論者たちの見解は、「動力因」だけが近代科学にのっとった概念だとみなすガリレオの登場によって、のちに支持を取り戻した。

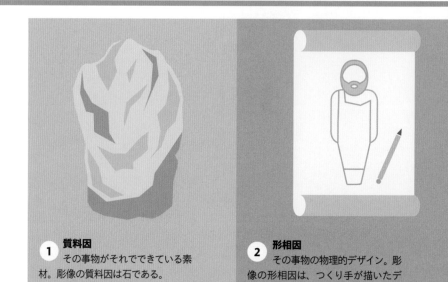

1 質料因
その事物がそれでできている素材。彫像の質料因は石である。

2 形相因
その事物の物理的デザイン。彫像の形相因は、つくり手が描いたデザイン画である。

個物の実体

アリストテレスによれば、個物の実体——いわゆる本質——はその材料だけではないという。たとえば、どんなものでもつくれる粘土という材料は、形相をもつことで茶碗などになる。つまり、個物の実体は、その質料と形相の結合体のことなのである。のちに中世の哲学者たちは、個物の実体がその物理的性質の土台となるため、聖変化もありうると説いた（48頁参照）。

実体
茶碗の実体は、「食べ物を入れる器」という本質。

質料
茶碗の質料は、その材料である粘土。

形相
茶碗の形相は、食べ物を入れられる形をしていること。

「**芸術の目的**とは、**事物の外見**ではなく、その**内的な意義**を表現することだ」

アリストテレス著『詩学』（紀元前４世紀）

3　動力用因
その事物を存在させた物理的動因のプロセス。彫像の動力因は彫刻家の存在である。

4　目的因
その事物が果たすべき目的。たとえば、アリストテレスの彫像の目的因は、その彫像が描いているアリストテレスを称えることである。

天動説

地球は宇宙の中心にあり、いくつもの天球がその地球を周回していると唱えたアリストテレスの宇宙論は、およそ1900年ものあいだ、天文学の常識だった。

地上界と天上界

　アリストテレスは、宇宙は月の軌道を境にして地上界と天上界の2つに分かれていると主張した。月下の地上界では、万物は土・水・空気・火の四元素からなる。アリストテレスによると、これらの四元素には、本来の居場所を求めて上昇ないし下降運動する性質がある。たとえば、土の元素は地球の中心目指して下へ下へと移動し、水の元素は地表面を覆い、空気はその上に浮かび、一番外側には層をなした火がすべてを包む、と考えた。

天球

当時の他の哲学者たちと同様に、円を完全調和が実現された幾何学的図形とみなしていたアリストテレスは、月から上の天体は円軌道を描いているとごく当然に信じていた。天体が完全な円を描きながら永遠に地球を周回しているという概念モデルは、1543年にニコラウス・コペルニクスが地動説（49-51頁参照）を唱えるまで、その後の天文学的考察に多大な影響を与えた。

地球（土）
水
空気
火

魂の種類

アリストテレスは、すべての事物は質料と形相の両方からなると考えた。生物の質量は元素からなるが、その形相は生物に命をもたらす「プシュケー（魂）」であり、その魂の種類によって、植物・動物・人間などの本質が決まるとした。

栄養を摂取する魂
植物には、成長・繁殖の能力を備えた「栄養を摂取する魂」しかない。

感覚する魂
運動や知覚が可能な動物には、「感覚する魂」がある。

思考する魂
優れた生物である人間には、物事を論理的に考え推論する「思考する魂」がある。

天動説的宇宙

　月の軌道の外側には、太陽・惑星・恒星が地球からバラバラの距離を取って周回している天上界が存在する。天上界は、アリストテレスが「第五元素（エーテル）」と呼んだ、地上界にはない、腐敗しない物質から成り立っている。アリストテレスによると、地上界の四元素は地球の中心を目指して下へ移動するか、もしくは地球の中心から離れようとして上へ移動する性質があるという。つまり、諸元素は本来の居場所を求めて運動し続ける。そして地球は不完全ながらも宇宙の中心に固定されている、とアリストテレスは推論した。

　さらに、天上界では恒星が張りついた55の同心円が地球を取り囲んでおり、外側の天球は完全な円運動を描きながら、物質的存在が何もない霊的領域にまで広がっていると考えた。アリストテレスは宇宙を、地上界では存在しえない完全形をなす永遠不変のものとみなしたのだ。

合成物

アリストテレスは、地上界のすべてのものは四元素をさまざまな割合で組み合わせてできていて、その割合によって個物の特徴が決定すると主張した。適切な割合を求めようとする元素固有の性質によって、植物を土に根づかせたり動物を動かしたりする、上向きや下向きの力がはたらく。

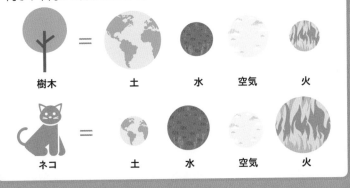

樹木　＝　土　水　空気　火

ネコ　＝　土　水　空気　火

月

太陽

自然界の目的

アリストテレスは、すべての事物に目的があると考えた。これを「目的因」、ギリシア語で「テロス」という。つまり、自然界のあらゆるものにはそれぞれ果たすべき目的があるのだ。

目的論

伝統的なギリシア哲学者たちにとって、事物の本質を目的という観点から説明するのは珍しいことではなかったが、いま私たちがなじんでいる近代的自然科学の世界観とは食い違っているように感じられるだろう（50-51頁参照）。私たち現代人も、道具などの人工物であれば機能や目的という観点から説明するのは納得できる。たとえば、ハンマーは釘を打つという目的のために存在する。しかし、これは物に外側から押しつけられた、いわば外因的な目的だ。アリストテレスが提唱したのは、自然界をも含めた万物には内因的な目的がある、ということだった。つ

まり、個物は自らの目的——内在する目的——を果たすために存在する。たとえば、種子の存在目的は発芽して植物になることであり、樹木の存在目的は実をつけることだ。

アリストテレスにとって、目的のために存在するのは生物だけではなかった。雨は、地面を湿らせて植物が育つ環境を整えるために降る。つまり、雨の「テロス」は地面を湿らすことであり、植物の「テロス」は成長すること。個物の存在理由がその目的・目標なのだ。

しかし私たち現代人には、自然界の事物には内因的な目的、「目的因」などないとする原子論者たちの考え（30-31頁参照）のほうがよりし

っくりくる。雨は植物に水分を補給するために降るのではなく、むしろ、植物のほうが降雨によってたまたまもたらされた水分を取り込むのだと。原子論者たちは、ある個物の存在が他の個物の原因になると考えたのだ。

1 動力因
この例の動力因は、岩を押している女性。岩が動くのは彼女が押しているから。

可能性を展開する世界

アリストテレスによれば、種子の本質的な特性は成長力だ。それは同時に、種子の内因的な目的でもある。種子は植物になるために存在し、植物は種子をつくるために存在する。このように、生物には運動・変化し繁殖するという特徴がある。しかし、地上界のすべての事物は不完全で非永久的なため、成長するだけでなく、最終的には死んで腐敗もする。

因果性

アリストテレスの因果説は、四原因説（40-41頁参照）が土台になっている。私たちの言う——事物生成の——「原因」は、アリストテレスの言う「動力因」にあたる。たとえば、岩を押して坂道を下る人は、岩の運動の動力因だ。その岩の——坂を上るのでも横向きに進むのでもなく、下るという——運動の目的、すなわち「目的因」は、地球の中心に向かうことである（42-43頁参照）。岩を押すという「行為」の「目的因」は、岩の移動距離を確かめることだ。そしてこの岩の移動距離は、形相因と質料因によって変わる。

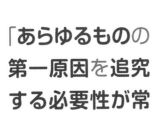

「あらゆるものの第一原因を追究する必要性が常にある」

アリストテレス著『自然学』（紀元前4世紀）

不動の動者

アリストテレスは宇宙にはじまりはないと説いたが、すべての事物の存在は他の何かに起因する以上、天体を配置し動かした何かが存在するはずだと考えた。すると今度は、「その原因の原因は何か」「宇宙を動かすものを動かしているものは何か」という2つの疑問が生じる。そこでアリストテレスは、宇宙のすべての運動の第一原因である、動かずに動かす「不動の動者」が存在すると考えた。

火
火の元素は上昇して空気より高い位置に向かう。火山の目的は、火を大地の地中から逃すこと。

2　質料因
岩の質料因はその物理的組成。土の元素の物質は地球の中心に向かう性質があるので、土からできている岩は下向きに運動する。

雨
雲という形相のなかにある空中の水分は、下向きに運動する性質があるため、地上に落下して地面を湿らす。

私の目的は考えること！

3　形相因
岩の形相因——転がりやすい形——は、その地形によって決まる。岩が転がったり弾んだりするのは、山道の傾き具合やでこぼこ具合に起因する。

4　目的因
岩は地球の中心に最も近い場所——山のふもと——に到達すると動きを止める。

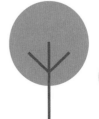

樹木
栄養を摂取する植物的魂によって決定されている樹木の本質は、実をつけて繁殖するために成長すること。

スコラ哲学

教会が文化を主導していた中世ヨーロッパでは、プラトンやアリストテレスの伝統的な哲学はキリスト教の教義に徐々に溶け込んでいった。

カトリック神学

キリスト教会の創設によって古代ギリシア・ローマ時代は幕を閉じた。哲学は初期キリスト教徒らからいくらか疑念の目を向けられた。信仰より理性を重視する哲学は、キリスト教の教義に矛盾するとみなされたからだ。ヒッポのアウグスティヌス（354〜430年）やボエティウス（477年頃〜524年頃）のように、プラトンの観念論的哲学と信仰との融和の道を探る哲学者もいたが、数世紀ものあいだ、教会が教育権を独占していたため、ヨーロッパではギリシア哲学がなかなか普及しなかった。しかし、12世紀にこの状況が変化し、中世の学者たちはギリシア古典を見直して翻訳するようになる。これらの文献の多くは、イスラム神学者たちによるアラビア語翻訳のかたちで保存されていたものだった。

観念論的で、ときに神秘主義的なプラトン思想を信仰に取り入れるのは比較的簡単だったが、当初、アリストテレスの著作はカトリック教義に反するものと感じられた。しかし、彼の体系的な学説は、スコラ哲学とのちに呼ばれる新たな学問の技法を生み出す。修道院で行われていた教育がヨーロッパの各都市に新設された大学でも行われるようになり、そこでアリストテレスの論理学的推論・弁証法的推論が、神学的議論の検証方法として、またキリスト教のさまざまな中心的信条に妥当な根拠を見出すための方法として教えられたのだった。

古代ギリシアの哲学書はイスラム世界とつながりがあった南ヨーロッパで初めて〔ラテン語に〕翻訳されたが、スコラ哲学は、9世紀のアイルランド人哲学者、ヨハネス・スコトゥス・エリウゲナをはじめとするキリスト教哲学者たちの学術研究から生まれ、12世紀にはヨーロッパ中に広まった。当時、最も有力な哲学者のなかには、カンタベリーのアンセルムス（1033/4〜1109年）、ピエール・アベラール（1079〜1142年）、ヨハネス・ドゥンス・スコトゥス（1266年頃〜1308年）、オッカムのウィリアム（1287年頃〜1347年）、そして中世ヨーロッパ哲学の巨星、トマス・アクィナス（1225年頃〜74年）がいた。

スコラ哲学教育のために設立された学校は数世紀ものあいだ発展し続け、その多くがいまも残っている。しかし、神学に重点を置いていたスコラ哲学は、ルネサンスの幕開けによって自然科学主義や人間主義に道をゆずった。

永遠の創造

アリストテレス哲学とカトリック教義との融合をはかったキリスト教哲学者たちにとって大きな障害となったのは、「世界にははじまりもなければ終わりもない」とするアリストテレスの学説であった。この見解は神が世界を創造したという聖書の記述と矛盾するからだ。しかし、人間の理性もキリスト教の教えも神からの授かりものなのだから矛盾するはずがないと考えたトマス・アクィナスは、世界は神によって創造されたが、神には世界を永遠に実在していたように創造することもまたできたはずだと結論づけることで、理性と信仰の両立をはかった。

神の存在論的証明

信仰と理性の両立を求めていたスコラ哲学者たちには、神の存在を合理的に論証するという課題があった。それにおそらく最初に挑んだアンセルムスは、神を「それよりも偉大な〔大きな〕ものが何も考えられないようなもの」と定義したうえで、実在は観念に勝る。ゆえに、私たちの心のなかに偉大なる神の観念が存在するならば、観念よりもより偉大な神そのものが実在すると考えられる。こうしてアンセルムスは「神の存在論的証明」と呼ばれる方法論を打ち立てた。のちにトマス・アクィナスは、他の4件の「神の存在証明」が、どれも「不動の動者」（45頁参照）についてのアリストテレスの説に起因していることを指摘した。

「だから、私は**信じるため
に理解しよう**とするので
はなく、**理解するために
信じるの**だ」

カンタベリーのアンセルムス（11世紀）

6

したがって、神は
実在する。

5

もし、神が私たちの想像の
なかだけに存在するなら、
それは「私たちが思考しう
るもののなかで最も偉大な
もの」にはならない。なぜ
なら、実在する神のほうが
より偉大だからだ。

4

実在する事物は私たち
の心のなかにあるだけ
の事物よりも必ずより
良いものである。

3

事物は私たちの心のな
かに存在するだけであ
るか、もしくは現実の
うちに存在する。

2

神は私たちの心のなか
に観念として存在して
いる。

1

神は私たちが思考しう
るもののなかで最も偉
大な〔大きな〕もの

聖変化——トマス・アクィナス

トマス・アクィナスは、アリストテレスの質料形相論を利用し、カトリックのミサで拝領されるパンとワインは実際にキリストの肉と血に変化すると主張した。

形相の変化

スコラ哲学（46-47頁参照）の最重要人物であるアクィナス（1225～74年）は、アリストテレス哲学をキリスト教神学に融合させた立役者だ。アリストテレスの現実的な思想（38-45頁参照）は、キリスト教の一部の教義——少なくとも神による世界創造説——と相容れないように見えたが、アクィナスは、アリストテレス哲学がカトリックの教義と両立できるだけでなく、その説明にも役立つと考えた。

なかでもとくにやっかいな課題は、教会の儀式で拝領されるパンとワインが実際にキリストの肉と血に変わるという聖変化の教義の合理的・哲学的根拠を示すことだった。そこでアクィナスは、キリスト教哲学者らにまだ徐々に受け入れられはじめているところだったアリストテレス哲学の説に注目する。

アクィナスは真の学問的なやり方で、信仰の問題にしか見えないものに合理的な理論を厳密に当てはめようとした。アリストテレスによれば、個物の実体は質料と形相の結合体だ（41頁参照）。一方、聖変化とは、とりわけパンとワインが肉と血に変わるという、ひとつの実体が別の実体に変化することだ。アクィナスはこの場合、変化するのはパンとワインの物理的材料すなわち質料ではなく、形相のほうだとみなした。司祭による聖別を受けたパンとワインの機能や目的は——「食べ物」や「飲み物」から——聖なる拝領物へと変化する。こうした本質的特性の変化によって、パンとワインの実体（質料と形相の結合体）はキリストの肉と血に変化する、とアクィナスは結論づけたのだった。

> 「**人間のうちにある理性**は、むしろ**この世のうちにある神**に似ている」
>
> 聖トマス・アクィナス（13世紀）

実体

カトリックの教義によると、ミサの会衆たちが口にするパンとワインは、司祭の祈りによってキリストの肉と血に変わるという。ただし、アリストテレスの用語でとらえるならば、この場合、変化するのは質料ではなく、形相——その事物が果たす機能と本質的特性——であり、それらパンとワインの物理的、「偶有的」特性（39頁参照）は変化しない。

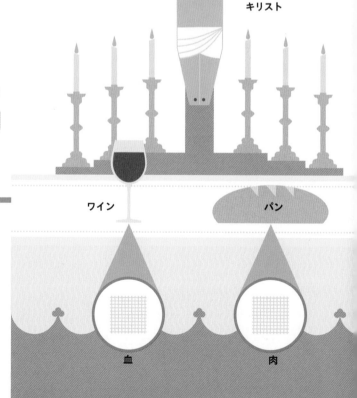

礫にされたキリスト

ワイン　　　パン

血　　　　肉

オッカムの剃刀

フランシスコ会修道士でスコラ哲学者でもあったオッカムのウィリアムの
名を最も知らしめたのは、「オッカムの剃刀」と呼ばれる原理であった。

不要な説明を剃り落とす

「オッカムの剃刀」とは、簡単に言えば、論証の構築やその妥当性の評価の際には不要な仮説をすべて「剃り落とす」べきだとする指針だ。オッカム自身の言葉で言えば、「無用に多くを立てるべきではない」。

どんな論証を述べる際にも前提が必要だけれども、論の前提とする仮説は少なければ少ないほど良い。仮説が複数ある場合、すべての条件が同じであれば、不確定要素が一番少ない仮説が最も正しい可能性が高い。この原理はのちに、「最もシンプルな解決法がたいていの場合、正しい」という意味で用いられるようになっている。ただ、オッカムの考えはそれよりやや複雑だ。立てた仮説の数が多いほど、その推論の説得力は下がる。ゆえに、不適切な、あるいは非現実的な仮説を取り除けば検証する仮説の数が狭まって最適な論証を選びやすくなるはずだ、とオッカムは考えたのだった。

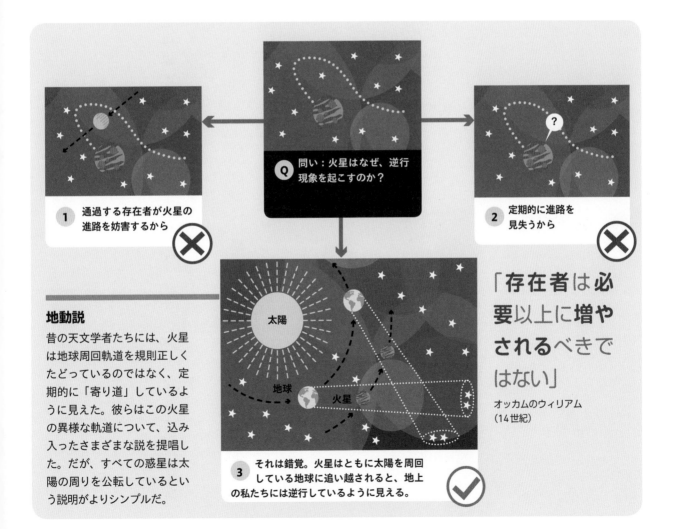

Q 問い：火星はなぜ、逆行現象を起こすのか？

1 通過する存在者が火星の進路を妨害するから ✗

2 定期的に進路を見失うから ✗

太陽

地球

火星

3 それは錯覚。火星はともに太陽を周回している地球に追い越されると、地上の私たちには逆行しているように見える。 ✓

地動説

昔の天文学者たちには、火星は地球周回軌道を規則正しくたどっているのではなく、定期的に「寄り道」しているように見えた。彼らはこの火星の異様な軌道について、込み入ったさまざまな説を提唱した。だが、すべての惑星は太陽の周りを公転しているという説明がよりシンプルだ。

> 「**存在者は必要**以上に**増やされるべき**ではない」
>
> オッカムのウィリアム
> （14世紀）

科学革命

ルネサンスは主として芸術・文化運動だったが、思考の自由が重視されるようになった結果、宗教的権威にとらわれない考え方が生まれ、それまでにない空前の科学的発見の時代へ向かう道が準備された。

伝統の衰退

「科学革命」は、1543年にニコラウス・コペルニクスが『天球回転論』を刊行し、天動説（42-43頁参照）を否定する考えを提示したことからはじまった。アンドレアス・ヴェサリウスも同年に『人体の構造』を出版し、解剖学と医学の通念をくつがえした。すると、自然界の探究手法に重大な変化が起きた。カトリック教会の教義を含む伝統的な英知がもはやそのままでは受け入れられなくなり、吟味され挑戦されるようになったのだ。さらに、体系的な観察に基づく自然哲学思想を創始したアリストテレスの著作もまた、科学的な正当性を調べ直すべき対象となったのだ。

この科学革命の先頭に立ったのが、フランシス・ベーコンをはじめとする哲学者たちだ。ベーコンの『ノヴム・オルガヌム』は、自然哲学研究の——観察を通じて証拠を系統立てて収集し、そこから自然の法則を類推するという——新たな手法を提示した。さらに、ニコラウス・コペルニクス、ヨハネス・ケプラー、ガリレオ・ガリレイなど、自然科学と哲学の両方の分野に立脚した新タイプの学者たちも現われた。ガリレオは他の人々以上に既存の考えへの挑戦を行い、地球が太陽の周りを回っているのだとする地動説を証明したことで、教会の裁判にかけられることになった。

彼らの発見とその手法は、次の17世紀に登場するアイザック・ニュートンの研究基盤をつくり、デカルトやスピノザ、ライプニッツといった、啓蒙時代の思想形成に役割を果たした哲学者たちにも影響を与えた。

唯一残った原因

アリストテレス哲学の根幹だった「四原因説」（40-41頁参照）は、16、17世紀の新たな科学的手法によって、とくに「目的因」にかんして否定され、「動力因」だけは自然界に存在すると考えられるようになった——つまり、物体の運動を引き起こす原因だけが受け入れられたのだ。これは現代人が考える原因と結果というものに近いが、この概念を最初に唱えたのは2000年ほど前の原子論者たちであった（30-31頁参照）。

質料因

動力因

形相因

目的因

自然の法則

コペルニクスをはじめとする当時の学者たちの理論は、科学的発見の新時代の先駆けとなった。教会の影響力が衰退し、アリストテレスの宇宙論と自然哲学を土台にした宇宙法則についての伝統的な考え方も支持を失った。科学的探究というこの新たな風潮のなかで、伝統的な想定は、観察や体験といった経験的証拠から推論される自然法則に取って代わられたのだ。

「科学では、**1000人の権威**は一個人の謙虚な推論ほどの価値はない」

ガリレオ・ガリレイ

新たな手法

帰納法

ベーコンは、個々の具体的事実から一般的な法則を推論する「帰納法」という科学的手法を説いた。たとえば、水は100度で沸騰するという原理は、実験を繰り返して同じ結果を得ることで推定できる。

実験

科学的な結論に達するには、観察に頼るだけでは不十分な場合も多い。イスラム哲学者たちが先鞭をつけた新しい科学的手法のひとつに、再現可能な結果を目指す対照実験というものがあった。

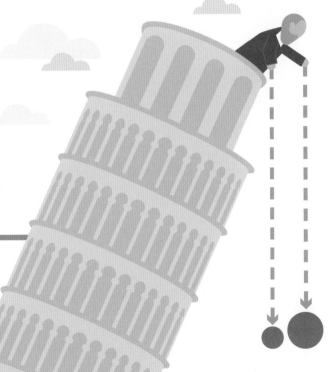

太陽黒点

ガリレオに代表される学者たちの詳細な研究によって、太陽黒点は太陽固有の特徴だと論証された。観察から導き出されたこの結論は、天体は完璧な物体だとするアリストテレスの観念と矛盾するものだった。

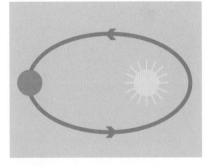

重力

ガリレオは、重さの異なる2つの球をピサの斜塔から落として、物体の落下速度がその質量に関係なく同じであることを証明しようとした。これは単なる思考実験だったかもしれないが、しかし重い物体は軽い物体より早く落下するというアリストテレスの学説を否定するものであった。

楕円軌道

地球が太陽を周回していることが証明されると、他の惑星の軌道もうまく説明がついた。ケプラーは、火星の軌道は円ではなく楕円だと気づき、すべての惑星が太陽の周りを楕円形に回っていることを発見した。

世界を疑ってみる

西洋哲学の歴史上で一番有名な言葉は、おそらくルネ・デカルトのものだ
ろう。彼はその言葉とともに、のちに合理主義〔理性主義〕と呼ばれるよ
うになる、新たな哲学的アプローチを導入する案内人となった。

私は思考している、ということは私は存在する

16、17世紀の科学革命（50-51頁参照）に刺激を受け
た哲学者たちは、科学的知識の確実な獲得・検証の方法を
探求した。たとえばフランシス・ベーコンは、観察や実験
に依拠する帰納法という推論手法を提唱した。デカルトは
それに納得しなかった。代わりにデカルトは、観察や実験
から得た知識を基礎づける役割を果たす理性的な原理を発
見するための、反省的方法を提案した。彼は、人間の感覚
は当てにならず、感覚から得た情報はすべて疑ってもいい
と論じる。だが、何もかもを疑っても、疑うことをしてい
る何か——疑う「私」——は少なくとも存在している。こ
のことを、デカルトは「私は思考している、ということは、
私は存在する（コギト・エルゴ・スム）」と表現した。

理性の重視

探し求めていたこの必然的な真理に、感覚ではなく知性
によってたどり着いたデカルトは、感覚的体験は不確実な
ものであるとしてしりぞけ、知識は第一には演繹的な推論
によって得られるとする認識論を提案した。

> ## 「私はある、私は存在する。この命題は必然的に真である」
>
> ルネ・デカルト著『方法序説』（1637年）

方法的懐疑

デカルトは『方法序説』（1637年）において、「方法的懐疑」
という手法を提示した。その目的は、確実な知は演繹法の
みで得られ、そして科学と理性はキリスト教と両立できると
証明することであった。ジョン・ロック（60-61頁参照）に
代表されるイギリス経験論とは対照的
な立場である、近代合理主義——
真理は第一には経験ではなく、
理性によって得られるとい
う考え方——の基盤を構
築した彼の論は、ヨー
ロッパで広く支持され
ることになった。

2　私は夢を見ているのかもしれない

私が夢で体験することはしばしば現実であるよ
うに思える。ゆえに、私がいま体験しているこ
とが夢でないとは言い切れない。

1　感覚は信用できない

水に入れたストローが曲がって見えるよう
に、私の感覚はだまされやすい。ゆえに、
感覚は世界についての真理の確実な情報源
ではない。

5 神が私の存在の原因である

私がいま存在するのは必然だが、私をつくったのは
私ではない。ゆえに、私をつくったはずの私より
大きな何か、「神」が存在するはずだ。

6 神は善である

神は私に感覚と知性を与えた。善なるゆえに神は私
があざむかれることを欲さないはずだ。ゆえに、私
は1の段階で疑った自分の感覚を世界につい
ての知だとして信じることができる。

4 コギト・エルゴ・スム

この体が幻だとしても、幻ではないかと疑う
ことをしている何かは存在しているはず。ゆ
えに、この思考しているもの——それは私だ
——は、確実に存在する。

3 悪魔が私をだましているかもしれない

そんなことはありえないと思えるかもしれないが、し
かし、もしかすると悪魔のようなものが私に策略を
用いて、現実ではないことを現実だと思い込ま
せているのではないか？ この私の体で
さえ単なる幻かもしれない。

非物質的な自己

デカルトは、感覚は信用できないとした。唯一疑いのな
いものは、思考するものとしてのデカルト自身の存在だ
けだ。本質的な自己とはそれゆえ「精神」であり、精神
は物体的な身体とは別のものだとした。

精神と物体

ルネ・デカルトは、精神と物体とを区別し、観察より理性を優位におくことで近代の合理主義哲学の基盤を築いた。

デカルト的二元論

デカルトは理性による推論を人間固有の特徴とみなし、人間に理性があるのは、物体的身体とは区別される精神ないし魂があるからだと考えた。精神を身体と区別したうえで、「方法的懐疑」(52-53頁参照)という独自の哲学的探求方法にデカルトは取り組んだ。

「方法的懐疑」という懐疑主義的なアプローチによって、人間の感覚は不確実であり、真理は理性を通じてのみ得られるとデカルトは結論した。そして、確実なものは自分の存在だけ──つまり、懐疑するという思考を行うためには、自分が存在しているのであらざるをえないという発見を、「私は思考している、ということは、私は存在する(コギト・エルゴ・スム)」と表現した。さらに、この私とは思考するものだが、私の身体は存在するかどうか疑わしいのだから、疑う私は物質的な存在ではないと考えた。私の存在は──思考しない物質的な身体と、思考する非物質的な精神という──2つの別の部分からなるとデカルトは結論した。

デカルトはさらに、世界には2つの実体──「物体」と非物質的な「精神」──があるとした。のちにこの見解は、「心身二元論」と呼ばれるようになったが、今度はここから、この2つの実体の相互作用にかんする問いが立てられ、これについては現代でもいまだ議論が続いている(142-63頁参照)。デカルトは、精神と身体は脳の松果体において「相互作用する」と主張したが(囲み参照)、具体的な証明には成功していない。トマス・ホッブズ(56-57頁参照)などの数多くの思想家たちは、デカルトの二元論を疑問視した。

最新式の機械──なかには生き物のようにふるまう機械もあった──が続々と誕生していたデカルトの同時代の科学者たちは、世界の仕組みも機械的だと信じていた。つまり、動物も天候も恒星も、原理上、予測可能な機械的な動きをすると考えていたのだ(162-63頁参照)。デカルトはこの見解を、人間以外のすべてのものに当てはめた。そして、理性という神から与えられた特徴をもつ存在は人間だけだと主張したのだ。

松果体

デカルトは、精神と身体は別々に独立した実体であるが、しかし相互作用しているはずだと説き、とくに、身体は精神に制御されていると強調した。実際に、理性的な自由──行動を選択する能力──は人間固有の特徴だ。それならば、別個の存在である精神と身体が相互作用する場所があるはずだ。デカルトはそれを脳の中央にある松果体だと推測し、この松果体を「魂の特等席、すべての思考が形づくられる場所」と記した。

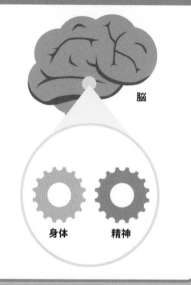

脳

身体　精神

チェックポイント

> **有力な数学者でもあったデカルト**は、直交座標系(デカルト座標)を発明して、解析幾何学を確立した。

> **デカルト**によれば、精神ないし魂は人間にしかない。他の動物は機械的に動く、純粋に物質的な存在だという。

> **デカルト的な精神／物体の二元論**は、近代西洋哲学の礎とみなされている。しかし、19、20世紀には、世界の根源は精神的なものではなく物質だと説く「唯物論」が次第に定着しはじめた。

精神と魂

精神

デカルトは、精神を人間存在の非物質的な部分（観念をもつことができる思考するもの）ととらえた。精神は空間内に位置せず、そして知覚したものすべてを、たとえどんなにリアルに見えたとしても疑うことができる。

魂

デカルトは、精神は物質ではないので物理的な死とは無関係であり、ゆえに不死の魂や霊魂と同義の永遠な存在だと主張した。このように、デカルトにとって二元論は、信仰と両立しうるものだった。

非物質的世界

デカルトにとって、観念・思考・精神は非物質的な世界だった。それは、感覚器官ではとらえられない非物質的実体からなり、理性ないし理性的思考を通じてのみアクセスできる世界である。

「私の手にかかれば、**すべてのもの**が**数学**に変わる」

ルネ・デカルト、メルセンヌへの手紙（1640年）

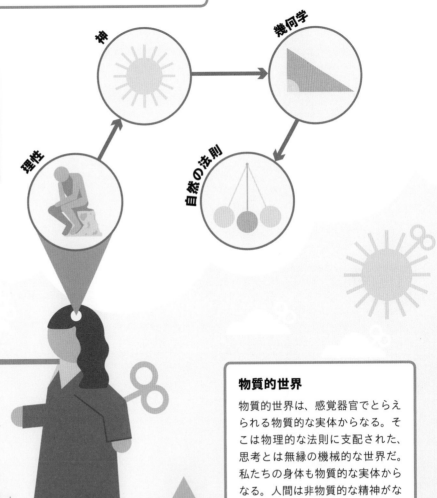

2つの世界

デカルトは、すべての物体を機械と同様にとらえるという当時浸透していた科学的見解に同調していた。しかし、その一方で、非物質的な精神は神から人間だけに付与された特徴であり、神や数学や物理法則などの非物質的なものにかんする知識は、理性の推論によってのみ得られると考えていた。

物質的世界

物質的世界は、感覚器官でとらえられる物質的な実体からなる。そこは物理的な法則に支配された、思考とは無縁の機械的な世界だ。私たちの身体も物質的な実体からなる。人間は非物質的な精神がなければ思考なき機械と同じだ。

機械としての身体

ルネ・デカルトの精神／物体の二元論（54-55頁参照）は、17・18世紀を通して続いたある論争の火種となった。デカルト理論を批判した最初のひとりに、イギリス人哲学者のトマス・ホッブズがいた。

物理主義

トマス・ホッブズ（1588～1679年）はデカルトと同時代の哲学者で、デカルトと同じく数学者でもあったが、精神と身体の問題についてはデカルトと立場を異にした。彼は、「非物質的実体」というデカルトの観念には矛盾があると批判した。「実体」とは本来、物質でなければならないし、「非物質的実体」なるものが存在しない以上、すべての実体は物質だと指摘したのだ。彼のこの見解は、20世紀後半の分析哲学では「物理主義」と呼ばれる種類のものだ。ホッブズはガリレオ（50-51頁参照）の思想に影響され、自然科学に並々ならぬ関心を抱いていた。そして当時の他の多くの思想家たちと同様、宇宙は物理的な法則に従って動いている大きな機械のようなものだと考えていた。惑星など、天体の動きの説明に使われる物理的な法則を、すべての物体に当てはめたのだ。ホッブズの言うように、人間も単に物質だとしたら、私たちも物理的な法則に従って動く生物学的機械だと言える。

ホッブズによると、私たちの精神さえも物質である。思考と意志は非物質的実体が存在する証拠ではなく、脳の物理的プロセスの結果なのだ。

世界は物質だけでできているとするホッブズの世界観は、とりわけ非物質的な神の存在を否定したという点において、当時としては、伝統的思考から大きく離れるものであり、理性主義（52-55頁参照）に対抗する、イギリス経験論（60-61頁参照）と呼ばれる新たな哲学的手法へ向かう道を準備した。

心脳同一説

ホッブズは精神と身体を区別しなかった。それどころか、自然界には物質的実体しか存在しないのだから精神と脳は同じものだと主張した。つまり、ホッブズにとって人間の思考と感情は、感覚器官から得た情報によって引き起こされる脳内の物理的出来事であった。思考と感情は非物質的実体とは無縁であり、物理的プロセスという観点から理解されうる。この見解は、20世紀に「心脳同一説」（152-53頁参照）として再提唱された。

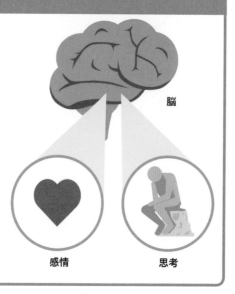

脳

感情　　思考

歯車の歯

ホッブズにとって、物理的法則に支配された宇宙は、やはり物理的な法則に支配された、それぞれ独自の機能を有する多くの構成部分から成り立っている。自然界はその宇宙の構成部分のひとつであり、そのなかでは動植物や人間がそれぞれ自分の役割を果たしている。人間は社会を築き、その社会は法の支配に従って動く。生物学的に見れば、個々の人間は脳内の物理的プロセスによって制御された多数の機能的なパーツからなる複合的な機械だ。そして脳それ自体といえば、脳内の刺激や外的刺激によってコントロールされている。

社会

社会

人間は利己的で、自らの個人的な物質的欲求を満たすためだけに存在している。混乱を避けるために人間は社会を築き、ボディガードのような役割を果たす法の支配（202-203頁参照）に従っている。

意志

腕

手

身体

人間の身体は、物理的法則に支配されている生物学的機械だ。身体的欲求は、心拍などの「生命維持」活動を促進している。最も「意志的な」運動でさえ、身体にあらかじめプログラミングされている。

自然

自然

宇宙は純粋に物理的で、運動の自然法則によって時計仕掛けのように動いているとホッブズは言う。私たちのいる自然界はその宇宙の一部である。宇宙とその構成部分は実に機械的で、あらゆることがあらかじめ決められており、そこには自由意志が存在する余地はなく、脳のはたらき以外のものとしての精神が入り込む余地もない。

「理解とは言葉によって生まれた概念以外のなにものでもない」

トマス・ホッブズ著『リヴァイアサン』（1651年）

ひとつだけの実体

オランダ人哲学者バルーフ・スピノザは、デカルトに端を発した心身問題（54-55頁参照）にひとつの答えを突きつける。それは、実体はひとつしかありえず、その実体に精神の属性と物体の属性の2つがあるという主張であった。

実体と属性

スピノザ（1632〜77年）は死後に出版された『エチカ』のなかで、宇宙にはひとつの実体しかありえないという考え（実体一元論）を展開している。若い頃には、宇宙は物質的実体と非物質的実体からなるとい

うデカルトの説を支持していたが、人生の後半になってこれを否定した。

スピノザは『エチカ』で、宇宙は物質的属性と非物質的属性の両方を備えたひとつの実体からなると論じた。人間の精神は「思考という属性」の下で見られるこの実体の様態であ

り、一方、人間の脳は「延長という属性」の下で見られる実体の様態だ。両者のあいだに相互関係はなく、平行している。彼はそう説明することで、デカルトの心身問題を回避した。スピノザにとって物質と精神はリンゴの形と味のようなものだ。両者に

思考と延長

スピノザは神と自然を同一視した。自然は神がつくったものではなく、神そのものだと主張するのだ。神は無限の属性をもつが、人間に認識できるのは、「思考（精神）」と「延長（物体）」の2つだけ。この神の物質的・精神的属性が自然界をつくり上げ、私たちはこの2つの属性を通して自然界を生き自然界を理解できる。どちらの属性も神によってあらかじめプログラミングされ、機械的に作用している。しかし、これらは無数にある神の属性のたったふたつにすぎない──それ以外の属性は私たちの世界を越えた世界に顕現する。

異端の告発

スピノザは敬虔なユダヤ教徒の家に生まれたが、成長とともにユダヤ教のあり方に批判的になり、最終的にユダヤ教団から破門されている。神は万物に内在するという彼の汎神論はのちにカトリック教会からも異端視され、著作は禁書にされた。こうしてスピノザはしばしば無神論者のレッテルを貼られたが、その思想はのちにセーレン・キルケゴールなど数多くのキリスト教哲学者たちに影響を与えた。

神

スピノザにとって神は万物に内在し、無限の属性をもつ。私たちの宇宙は、そのなかの「延長（物質）」と「思考（精神）」という2つの属性からなる。

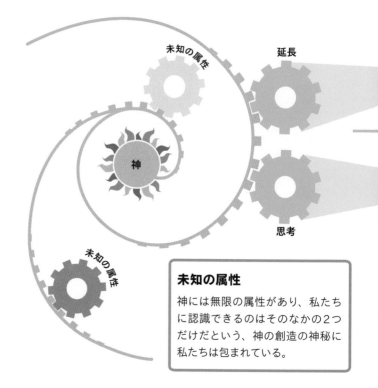

未知の属性

延長

神

思考

未知の属性

未知の属性

神には無限の属性があり、私たちに認識できるのはそのなかの2つだけだという、神の創造の神秘に私たちは包まれている。

因果関係はなく、それぞれが実体の属性になっている。またスピノザは、自然界の一切に物質的属性と精神的属性があることから、岩でさえ精神を備えているという斬新な説も唱えている。

さらに、唯一の実体とは神だと主張して大きな物議を呼んだ。彼は実際に、「神」と「自然」と「実体」を同義語として使用している。万物のはたらきはあらかじめプログラミングされている（56-57頁参照）

とするホッブズの見解を支持しつつ、スピノザはそこに神も加えたのだ。選択の自由はあくまでも「人間の」基本的欲求であり、全知全能の神には選択の必要性がないと考えたからだ。こうしたスピノザの思想は四方八方から厳しい攻撃を受けたが、しかし同時に、近代哲学の多くにとって礎石となったことは間違いない（右の囲み参照）。

> ## ✓ チェックポイント
>
> › **自然界は物質的・精神的性質をもった、ただひとつの実体**からなるというスピノザの見解は、一種の「性質二元論」（146-47頁参照）としばしばみなされている。
>
> › **汎神論**は、世界と神とは切り離された別のものではなく同一なのであり、宇宙に存在するすべてのものは神の一部だとする哲学的見解（160-61頁参照）。

延長

この宇宙を成り立たせている実体には、「延長（物質）」という属性がある。これは、長さ・幅・深さをもった物体の世界を意味する。物体は神と連結したギアのようなものである。ただし物体は精神と連結してはいない。物体と精神とは互いに因果関係なく、平行して存在しているのだ。

思考

この宇宙を成り立たせている実体にはもうひとつ、「思考（精神）」という属性がある。私たちはこの属性により、思考や概念という観点から世界を理解する。精神は、岩や樹木を含む自然界のすべてのものに内在している。思考も神と連結しており、体とは並行して存在し作用している。

「万物は神のなかにあり、神のなかで動く」

バルーフ・デ・スピノザ著『エチカ』（1677年）

空白の石板

ジョン・ロックが『人間知性論』で、私たちは生まれつき特定の観念を
もっているとする、合理主義者たちによる生得観念説を反駁したことは、
イギリス経験論などの近代の経験主義思想の素地を築いた。

イギリス経験論

　ジョン・ロック（1632 ～ 1704年）の思想には、生来の知識など存在しないという考えが根幹にあった。生まれたばかりの人間の心はいわば「タブラ・ラサ」、まだ何も書かれていない「空白の石板」である、とロックは述べた。このことは新生児を観察すればわかる、とロックは主張する。観念は体験を通して初めてやってくる。つまり、周囲の世界を見聞きした体験から得られる。このロックの見解は当時主流だった考え方と大きく異なり、とくに人間には生得観念があり、知識は経験からではなく理性から一次的に得られると説いたデカルト（52-55頁参照）やライプニッツ（62-63頁参照）の思想とはまさに正反対だった。

　実は、ロックの見解に目新しさはない——彼の述べるような説は、フランシス・ベーコン（50-51頁参照）やトマス・ホッブズ（56-57頁参照）も主張し、元をたどればア

リストテレス（38-45頁参照）に行き着く。しかしながら、知識は経験によってのみ得られると説く経験論を、包括的な仕方で主張した哲学者はロックが最初であった。とはいえ、ロックは知識の獲得における理性や推論の重要性を頭ごなしに否定していたわけではない。それどころかロックは、人間には生まれながらにして推論の力が備わっていると信じていた。ただし、まさに適切な教育によってこそ子供の知的能力は伸びるとロックは考えたのだ。

「いかなる人間の**知識**も、その人の**経験を超える**ことはできない」

ジョン・ロック著『人間知性論』（1689年）

世界を経験で学習する

ロックは観念を、感覚から得られるものと反省から得られるものとの2つに分け、後者は前者から形成されると主張した。ロックに言わせると、外的刺激によって私たちの心に「感覚による観念（単純観念）」が芽生える。そしてこの単純観念が組み合わされて、「反省による観念（複合観念）」が生まれるという。

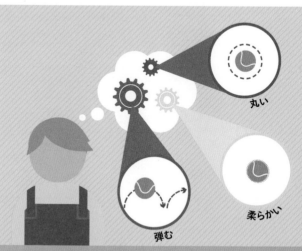

丸い

柔らかい

弾む

1　空白の石板
　赤ん坊は何の観念ももたない、まっさらな状態で世界に生まれてくる。これは、どんな知識も世界の経験から生まれることを意味する。だからこそ、子供のうちからできるだけ優れた観念に触れさせるべきだ。

2　感覚による観念（単純観念）
　子供の精神に、外的対象が感覚による観念を生じさせる。まるでカメラで写真を撮るように、心のなかに単純な印象が形成されるのだ。この機械的なプロセスには何の努力もいらない。

一次性質と二次性質

ロックによれば、世界にかんする情報は感覚を通じてしか得られない。この情報には2種類あって、ロックが「一次性質」「二次性質」と呼んで分類しようとする物体の本性に関係する。物体の大きさや重さなどを含む一次性質は、人間の五感に関係なく、その物体そのものに備わる客観的な性質だ。一方、色や味などを含む二次性質は、人間の五感によってさまざまに異なってとらえられる性質を指す。たとえば、ボールは見る人によって灰色に見えたり多色に見えたりする場合もあるが、その大きさは誰が見ても同じだ。

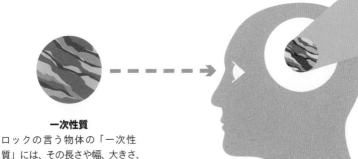

一次性質

ロックの言う物体の「一次性質」には、その長さや幅、大きさ、重さ、位置、動き、全体のデザインなどが含まれる。

二次性質

物体の「二次性質」には、その色や味、質感、におい、音などが含まれる。この性質は、認識する人間の感覚によって異なる。

3 内省による観念（複合観念）

子供は成長するにつれ、感覚による観念を組み合わせて反省による観念を構築していく。他者との交流や、たとえばボールの性質を簡単に理解することによって、「サッカー」という観念をつくり出すのだ。そして、その観念と別の単純な観念を組み合わせることで、今度は「チームワーク」や「試合」といったさらに複合的な観念を形成する。

サッカー

チームワーク

試合

✓ チェックポイント

› **ロックは生得観念の存在を否定し**たが、人間の推論と知覚の能力は生来のものだと考えていた。

› **生得観念説が19世紀に再燃する**と、学者たちは、人間の行動特性の由来が「先天的なものか後天的なものか」議論した。

› **20世紀の哲学者、ノーム・チョムスキー（162-63頁参照）は**、人間には生来、理性が備わっているとするロックの見解を拡張し、どんな人間にも母語を獲得する生得的な言語機能が備わっていると主張した。

無限に多くの精神

ゴットフリート・ライプニッツが『モナドロジー』で提示したのは、宇宙は「モナド」と呼ばれる無数の精神的実体からなるという、デカルトの二元論（52-55頁参照）を根本からくつがえそうとする説であった。

モナド

ライプニッツ（1646～1716年）はデカルトと同様に合理主義者で、知識は一次的には理性によって得られると信じていた。世界は、過去・現在・未来の状態における宇宙の完全な表象を含む「モナド」という精神の原子のような実体からなる。そして人間の精神もまた一個のモナドだ、と説いた。だから理論上では、人間は自分の精神を精査することによってどんなことも —— 火星の温度でさえ —— わかるはずだが、実はそう簡単にはいかない。人間の推論

モナドの性質

ライプニッツは、宇宙の根源的な構成要素はそれ以上不可分なものであるはずだと考えた。そして、物質はすべて分割できるから、宇宙の真の要素は物質ではないと主張した。ライプニッツが宇宙の根源だと唱えた「モナド」は永遠不変の実体で、互いに連絡を取り合う「窓」をもたない。物理的空間に存在していないことから、デカルトが二元論で言及した非物質的な精神や魂に近い。

モナドは……

分割できない

窓がない

力にはさまざまな限界があるからだ。したがって、こうした事実は経験——たとえば科学実験など——を通して「発見」するしかない。

　ライプニッツは「理性の真理」と「事実の真理」を区別し、「理性の真理」とは、理性的内省のみを通じて、ときに限界はあるにせよ、到達できる真理だと定義した。たとえば、「2＋2＝4」などの数学的真理がそれにあたる。一方、「事実の真理」は、火星の天候の性質など、経験を通じて私たちが発見する真理を指した。

非物質的

精神的存在

独立している

永遠的である

唯一の実体

事実と観念

デイヴィッド・ヒュームはロックと同様に、知識は主に経験から得られると信じていたが、しかし同時に、人間は世界の本性については確実には何も知りえないとヒュームは主張した。

当然の推測

デイヴィッド・ヒューム（1711〜76年）は、形而上学（宇宙の本性の研究）よりも認識論（知識の本性の研究）に主な関心があった。『人間知性研究』では、私たちの心理が人間の知りうるものと知りえないもの、とりわけ確実に知りうるものと知りえないものをどうやって決定しているのかについて吟味している。

ヒュームは――経験が知識獲得の源泉と信じる点では――経験主義者だったが、数学の公理をはじめとする多くの命題は、理性のみを通じて真だと確信できると断言した。

たとえば、「2＋2＝4」を疑うのは、その数字や記号の意味が理解できないということだ。しかし、この種の真理からは世界については何も知ることができない。これらは単に、観念と観念のあいだのつながりを示しているにすぎないからだ。ヒュームは、世界について知るには経験が必要だが、経験から得た知識もまた確実ではないとした。すべての言明は二股フォークのように、確実性があるが世界の本性については何もわからない言明と、事実だが確実性はない言明の2つに分かれている。ヒュームは、世界について推測するのが人間の本性だと説いた。人間はとりわけ

「三角形の内角の総和は180度」

「男性2人と女性2人で合計4人」

「いま雪が降っている」

観念間の関係

この種の言明は論理的に矛盾しない必然的な「真」だ。たとえば、「三角形の内角の総和は180度ではない」とか「2＋2＝4ではない」とは言えない。私たちはこの種の言明の真理を確信できるが、しかしこうした言明は世界についていかなる知識も私たちに与えはしない。なぜなら、これらは単に観念間のつながりを表しているにすぎないからだ。

ヒュームのフォーク

ヒュームは、真理には「観念間の関係」と「事実」の2種類があると考えた。前者は、本質的な真理であり、後者は事実に依存する真理だ。哲学者たちはこの違いを「ヒュームのフォーク」と表現している。

予測可能で斉一な推測をする傾向がある。たとえば、窓ガラスにレンガを投げつけたら、レンガは窓ガラスが割れる「原因になる」と推測する。しかし、私たちに確実にわかるのは、窓ガラスにレンガを投げつけると、通常なら窓ガラスが割れるということだけであって、実際の因果関係がどうなるかはわからない。「恒常的連接」——特定の事象がつながったとき通常生じること——しかわからないのだ。つまり人間は、単に事象間の「つながり」を推測しているにすぎない。

　ただし、ヒュームは推測すること自体を悪いと言っているのではない。人生は推測なしには成り立たないのだから。ヒュームが言いたいのは、自分の人生が推測にどの程度支配されているのかを私たちは把握しておくべきであり、また推測を真理と混同してはいけないということだった。

✓ チェックポイント

> **ヒューム**は、数学と自然科学の違いを次のように説明している。すなわち、数学的真理はいわゆる「観念間の関係」という必然的な「真」であり、科学的真理は「事実」という偶然的で条件付きの「真」である。
> **ゴットフリート・ライプニッツ**（62-63頁参照）は、ヒュームより半世紀前に「理性の真理」と「事実の真理」という類似した区別を行っていた。
> **イマヌエル・カント**（66-69頁参照）とのちの哲学者たちは、理性のみで真理に到達できる「分析的言明」と、事実に言及することで真理が立証される「総合的言明」を区別した。

事実
この種の言明は、その真偽が事実に依存していることから、偶然的な言明である。たとえば、「雪が降っている」「私は猫を飼っている」などの言明を否定しても不合理ではない。その真偽は、いま現在の天候と「私」がいま猫を飼っているか否かという事実に単純に左右される。

「習慣は人間生活の偉大なガイドだ」

デイヴィッド・ヒューム著『人間知性研究』（1748年）

帰納の問題

「太陽は東から昇る」などの一般的言明は、明日、太陽が西から昇らないことを証明できないため、論理的に正当化できないとヒュームは主張した。その見解に従えば、「月は地球を周回する」などの科学的な主張も、月が明日、いままでとは違う動きをする可能性が捨てきれない以上、正当化できない。このような言明は、たくさんのサンプルから一般論を導き出す帰納（244-45頁参照）を用いていることから「帰納的推論」と呼ばれる。

ヒュームはビリヤードやクロッケーのボールを例に挙げ、このボールが過去と同じ動きをするとは言い切れない理由を説明した。

精神が世界の形をつくる

イマヌエル・カントは、合理主義（52-55頁参照）と経験主義（60-61頁参照）という対立する立場の両方に真理の要素が含まれていると考えた。そして、私たちは感覚を通じて世界を知るが、その世界は私たちの理性によって形を与えられていると主張した。

事物の表象

　人間の認識の限界を見きわめようとしたカント（1724〜1804年）は、ジョン・ロックとは対照的に、経験だけが知識の根拠だとは考えられないと主張した。私たちは事物を認識するとき、特定の感覚器官だけに頼っているわけではない。対象をそのままとらえているのではなく、頭のなかにその表象をつくり上げ、それを認識しているのだ。たとえばバラは、見る動物によって赤にも灰色にも見えるだろう。それは、感覚器官の構造の違いによってそう見えるしかないのであり、バラそれ自体の色を直接見ることは動物にも人間にもありえない。

　カントは、私たちは自分の心理的構造に応じて世界を認識していると

した。私たちの精神は、事物を空間と時間の観点から認識し、この制限範囲を超えた対象は認識できない。ある意味、人間は空間と時間の概念を事物に投影し、それに応じて対象物を認識している。たとえば、子供は「こっち」「そっち」といった概念を経験によって獲得するが、それは子供が「空間」の概念を生まれつき有しているから可能なことなのだ。「あのとき」「いま」という概念を獲得できるのも、「時間」の概念を生得的に有しているからだ。

超越論的観念論

　カントは、経験を可能にするのはこうした生得的な概念だと主張し、これを14に分類した（右記参照）。これらは私たちが事物を認識する際、

レンズのような役割を果たすという。カントは理性主義者でも経験主義者でもない —— 知識は理性からだけでも、経験からだけでも得られないと考えていたからだ。彼はこの自分の哲学的立場を「超越論的観念論」と名づけた。

現実世界の蝶々

物自体
（ものじたい）

カントは、人間の認識形式を画家の仕事にたとえて説明している。画家がキャンバスに綿密に描いたものは被写体それ自体ではなく、その表象にすぎない。同じように、私たちが認識したものは心的表象であって、対象それ自体ではない。つまり、私たちが見て経験しているのは「現象」界にすぎない。現象には五感を通じてアクセスできるが、カントが「物自体」と呼ぶ「可想」界には人間は直接アクセスすることはできない。

？

物自体

「直観」と「カテゴリー」

カントによれば、私たちは空間と時間という生得的な観念を用いて対象をとらえる。つまり、この2つの観念を対象に投影し、その観点から認識するのだ。人間には、空間と時間という2つの「直観」形式と、直観から得た情報を整理する、12の悟性（ごせい）概念すなわち「カテゴリー」がある。この12のカテゴリーは「量」「質」「関係」「様相」の4種類に分類される。

「**内容**なき**思考**は**空虚**であり、**概念**なき**直観**は**盲目的**だ」

イマヌエル・カント著『純粋理性批判』（1781年）

量

量のカテゴリーの3つの概念によって、私たちは多くの事物からひとつの事物を区別したり、多くの事物を全体の一部と認識したりできる。
> **単一性**
> **数多性**
> **総体性**

質

質のカテゴリーによって、対象が実在か非実在か、程度の違いや限界をもつものなのかがわかる。
> **実在性**
> **否定性**
> **制限性**

カテゴリー

カテゴリー

空間／時間

カテゴリー

カテゴリー

関係

関係のカテゴリーによって、対象の特性や他の対象との関係性がわかる。
> **実体／属性**
> **原因／結果**
> **相互性**

様相

様相のカテゴリーによって、対象の存在が可能かいなか、現実に存在するかいなか、その存在が必然かいなかがわかる。
> **可能性／不可能性**
> **存在／非存在**
> **必然性／偶然性**

真理の種類

カントの「超越論的観念論」（66-67頁参照）の中心にあるのは、世界にかんする
真理は経験や経験的エビデンスに依存することなく獲得できるという考え方だった。

「アプリオリ」な知識と「アポステリオリ」な知識

　カント以前の多くの哲学者たちは、真理には「必然的真理」と「偶然的真理」の2種類があると考えていた。「円は丸い」などの必然的真理は、否定すれば必ず矛盾が生じる、定義上の「真」であり、「空が青い」などの偶然的真理はそのつど事実によってその真偽が決まる。カントは2つの区別を提案した。まずは言明（判断）を分析的言明と総合的言明とに分け、次に、知識（認識）を「アプリオリ（先天的）」な知識と「アポステリオリ（後天的）」な知識とに区別したのだ。分析的言明はあらゆる命題と同じく主語と

言明の種類

分析的言明は必然的もしくは定義上「真」だが、総合的言明は事実に応じてその真偽が決定する。しかし、知識が「アプリオリ」なものか、「アポステリオリ」なものかは、真理の獲得手段——理性か、あるいは経験か——による。

「独身男性は幸せだ」

総合的言明
主語の「独身男性」の定義に「幸せ」
という概念が必ずしも含まれない
ので、これは総合的言明。

「独身男性は未婚である」

分析的言明
主語の「独身男性」の定義に「未
婚」という概念が含まれているの
で、これは分析的言明。

「水は H_2O である」

「アポステリオリ」な知識
「アポステリオリ」な知識とは経験や
経験的証明に依拠する、理性的内省
を通じてだけでは獲得できない知
識のこと。

「2＋2＝4」

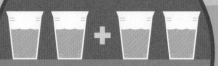

「アプリオリ」な知識
「アプリオリ」な知識とは経験に依拠しない
知識のことで、分析的言明もそこに含ま
れるが、「2＋2＝4」のなどの数
学的命題もそのひとつ。

述語からなるが、その主語には述語の概念が内在している。たとえば、「正方形には4つの辺がある」という言明は、主語（「正方形」）に述語概念（「4つの辺がある」）がもともと含まれているから分析的言明であり、ゆえに主語の定義上「真」である。一方、総合的言明の述語には、主語概念と直接関係のない新たな情報が含まれている。たとえば、「この正方形は赤い」という言明は、その主語（「正方形」）に述語の概念（「赤い」）がもともとは含まれていないため、総合的言明ということになる。さらに、カントは知識について

も、経験に依拠しない「アプリオリ」な知識と、経験を通じてのみ得られる「アポステリオリ」な知識とに分類した。この2種類の知識は、それぞれ分析的言明と総合的言明で表現される。

だが、カントは3つめの種類の知識の存在も主張している。「アプリオリな総合的言明」（下記参照）というものだ。これは、必然的（「アプリオリ」）に「真」でありながら新たな情報も伝える（総合的な）種類の知識を指す。

「アプリオリ」な総合的言明

カント以前は、「アプリオリ」な知識はすべて分析的とみなされていた——経験から独立した知識なら、そこには新たな情報が含まれていないと考えられていたからだ。しかし、カントは、「アプリオリ」な言明から総合的な推論を下せる場合があるとし、その種の言明が世界についての知識を私たちに与えているとした。

「三角形は3つの辺からなる」

「アプリオリ」な分析的言明
これは、「三角形」という主語に「3つの辺からなる」という意味が含まれているので分析的言明であると同時に、経験的証拠がなくても理解できるので「アプリオリ」な真理。

「三角形の内角の総和は180度」

「アプリオリ」な総合的言明
この言明の述語が伝えているのは、「三角形」の定義に内在しない情報なので、これは総合的言明。しかも、カントに言わせると、理性的内省を通じて獲得できる知識であるため、「アプリオリ」な真理でもある。

アプリオリな総合的言明

人間は世界について一切の知識がない状態で生まれてくるが、世界を認識するための生まれつきの認識形式をもっている。私たちには空間と時間と因果律の概念の「アプリオリ」な知識があり、そのおかげで科学や数学などの総合的で（新たな情報を有する）「アプリオリ」な真理に到達できる。カントにとって、「3＋3＝6」という言明は「3＋3＝3＋3」以上のことを伝える総合的言明である。

3足す3は……

……6

プロセスとしての現実

19世紀前半のドイツ哲学界を牽引したのは、ゲオルク・ヴィルヘルム・フリードリヒ・ヘーゲルだ。彼は現実を非物質的なものとみなしただけでなく、変化し続ける動的プロセスととらえた。

ヘーゲルの弁証法

カント以後、多くの哲学者たちは、現実は究極的には非物質的だとする見解を採用した。この見解は「観念論」と呼ばれ、19世紀ドイツ哲学の特色となる。これを熱心に追求したのがヘーゲル（1770〜1831年）だ。

ヘーゲルは、現実はただひとつの存在であり、ゆえに哲学的探求の客体（世界）も主体（意識）も、その実体の諸側面にすぎないと主張した。それが「精神」であり、精神は常に動き続ける——より高次の状態を目指して進化し続けると説いた。私たちが現実の理解を深めることは、精神の自己理解が発展するプロセスそのものなのだ。

ヘーゲルによれば、精神は弁証法のプロセスを経る。ある観念から矛盾する観念が生まれて対立し、それらが解決策を見出すと、今度はその解決策から新たな矛盾点が生まれて再び対立する。すべての観念（たとえば「無秩序」）には対立する観念（たとえば「専制」）が内在し、対立は歴史の発展を推進するプロセスのなかで統合されて解決策（たとえば「法律」）を生む。

ヘーゲルは弁証法のこれらの諸相を、それぞれ「定立」「反定立」「総合」と名づけた——定立と反定立が統合して生まれた、より豊かな内容をもった新たな現象が総合だ。しかし、この総合も矛盾

を含む新たな定立となり、より高次の新しい総合を求める。ヘーゲルにとって歴史は、このような弁証法的なプロセス——精神が自らの変化を時代に「反映」させて自己へと回帰するプロセスであった（囲み参照）。

弁証法

精神の本性をいっそう意識化しながら、私たちの思考は弁証法的に進化していく。宇宙についての素朴な観念が、現実の本性にかんするさまざまな説明を通じて進化し、最終的に「絶対知」にたどり着く。このとき、精神は自らが究極の実在であることに気づくのだ。ヘーゲルは、自分が精神を発見したことは絶対知に近づいている証拠だと語っている。

存在と生成

ヘーゲルは、観念も現象も孤立した存在ではないと考えた。人間の歴史を含むすべての事象は、生成という動的プロセスにかかわっている。現実それ自体でさえも、ひとつのプロセスだ。ヘーゲルはこれを、「存在」の概念を用いて説明した。「存在」について思考し定義するには、「非存在（無）」という対立概念が不可欠だ。この2つは単に対立しているだけではない——「存在」と「非存在」が十全な意味を獲得するのは、両者の総合である「生成」の概念においてなのである。

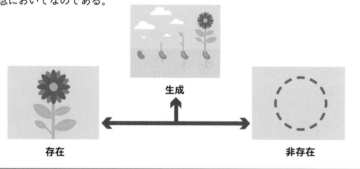

存在 　　生成　　 非存在

定立

タレス
真理は、自然界を観察することによって発見されうる（16-17頁参照）

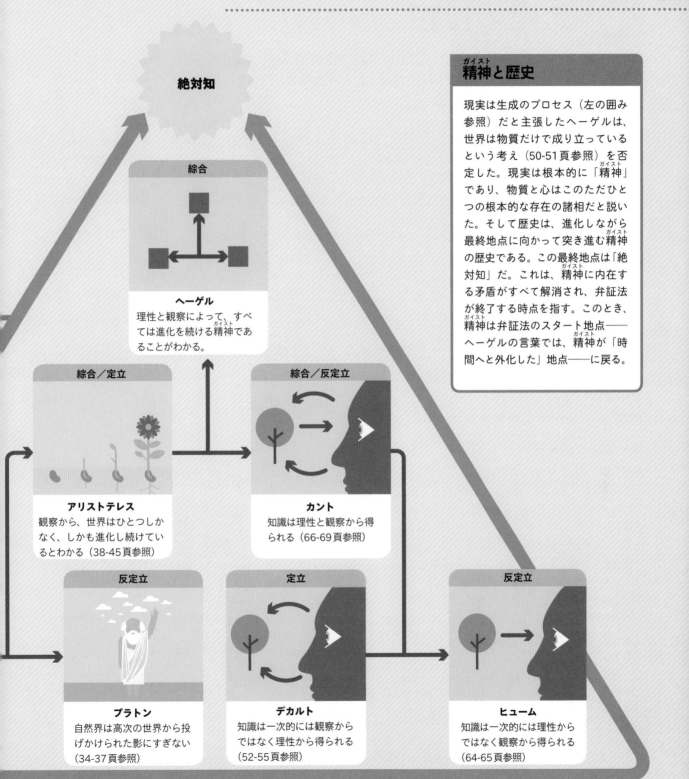

絶対知

綜合

ヘーゲル
理性と観察によって、すべ
ては進化を続ける精神（ガイスト）であ
ることがわかる。

綜合／定立

アリストテレス
観察から、世界はひとつしか
なく、しかも進化し続けてい
るとわかる（38-45頁参照）

綜合／反定立

カント
知識は理性と観察から得
られる（66-69頁参照）

反定立

プラトン
自然界は高次の世界から投
げかけられた影にすぎない
（34-37頁参照）

定立

デカルト
知識は一次的には観察から
ではなく理性から得られる
（52-55頁参照）

反定立

ヒューム
知識は一次的には理性から
ではなく観察から得られる
（64-65頁参照）

精神（ガイスト）と歴史

現実は生成のプロセス（左の囲み
参照）だと主張したヘーゲルは、
世界は物質だけで成り立っている
という考え（50-51頁参照）を否
定した。現実は根本的に「精神（ガイスト）」
であり、物質と心はこのただひと
つの根本的な存在の諸相だと説い
た。そして歴史は、進化しながら
最終地点に向かって突き進む精神（ガイスト）
の歴史である。この最終地点は「絶
対知」だ。これは、精神（ガイスト）に内在す
る矛盾がすべて解消され、弁証法
が終了する時点を指す。このとき、
精神（ガイスト）は弁証法のスタート地点──
ヘーゲルの言葉では、精神（ガイスト）が「時
間へと外化した」地点──に戻る。

歴史の目的

現実を進化のプロセス――「定立（テーゼ）」「反定立（アンチテーゼ）」「総合（ジンテーゼ）」という原則によって推し進められるプロセス（70-71頁参照）――と定義したヘーゲルは、歴史とは自由を手に入れる進化の過程であると唱えた。

高まる調和

ヘーゲルの論によれば、現実は、変化の成果を時代に反映した「精神（ガイスト）」からなり、歴史とは時間へと外化した精神（ガイスト）が、自己自身へと回帰してゆくプロセスだ（71頁参照）。人間は精神（ガイスト）の一側面だから、人間の歴史は精神（ガイスト）の歴史でもある。したがって、無知から知識へ、専制から自由への進歩は、精神（ガイスト）自身の進化なのだ。この進化は、人間の自由が増大することを特徴とする――精神（ガイスト）は根源的に自由なるものであり、歴史は精神（ガイスト）が顕現するプロセス

とも言える。精神（ガイスト）は弁証法によって進化するため、人間社会も弁証法を通じて進化する。「定立（現状）（テーゼ）」とその対立項――人々にもっと自由を提供することを約束する「反定立（アンチテーゼ）」――との対立によって社会に生じた緊張は、そのつど、「総合（ジンテーゼ）」によって解消される。この総合が人類史の次のステージにあたる。

ヘーゲルは、歴史の最終目的は人間が自由になること――精神（ガイスト）が完全な自己認識に到達し、世界が調和して社会全体が絶対知を手に入れること――だと考えた。

歴史の進歩

現実は精神（ガイスト）が自己認識を強めていく弁証法的なプロセスであり、ゆえに歴史も同様に進歩する、と考えたヘーゲルは、古代からの歴史の発展をたどっていった。そしてどの時代の社会にも対立概念が存在し、そこから総合（ジンテーゼ）が生まれて人々の自由にたいする意識がより高まっていったと指摘した。古代文明に存在した専制政治は、古代ギリシア・ローマ時代の進化した統治システムを経て、近世の不公平な貴族社会の崩壊へと進み、より公平でより自由な近代社会の構築へと向かった。このプロセスの最終地点は理想社会の実現だ――ヘーゲルの念頭にあった理想社会は、啓蒙的改革が進んでいた当時のプロイセン王国であった。

「世界の歴史は、自由にかんする意識の進歩に他ならない」

ゲオルク・ヘーゲル著『歴史哲学講義』（1822年）

ローマ

ギリシアとペルシアの政治システム間の緊張によって、自国の市民に権利を与える超大国ローマが誕生する。

ペルシア

市民に自由を与えず、厳しい身分階層と独裁体制を強いる絶対君主が国を統治する。

専制

プロイセン王国

貴族社会と大改革の「総合」_{ジンテーゼ}が、立憲君主制という形で現われる。君主は、一種の自由民主主義——自由が最大化された理想国家——の指揮を執る。

歴史の最終目標

改革

カトリック教会の腐敗と神聖ローマ帝国の崩壊が改革を促進し、貴族が支配する新たな国民国家が生まれる。

革命

教会の勢力衰退に伴って王権神授に異が唱えられ、貴族階級から取り上げられた権限が市民に譲渡される。

キリスト教

ローマの支配体制に相反するキリスト教は、個人道徳と慈悲をベースにしたコミュニティを形成する。そして、そのコミュニティは教会制度に取り仕切られる。

時代精神

ヘーゲルにとって、歴史のプロセスはスムーズな歩みではなく段階的なプロセスであり、区切られた時代を連ねたものであった。歴史的発展のどの段階でも、精神は変化を引き起こす反定立_{アンチテーゼ}を内在し、それが表に現われるまでは定立_{テーゼ}が支配的な概念となる。ヘーゲルは、ある時代の思想・慣習・制度に現われるこうした支配的な精神傾向を、「時代精神」_{ツァイトガイスト}と呼んだ。

ギリシア

市民に権利を与える一種の民主主義的な都市国家の成立とともに、新たな社会形態が誕生する。

階級闘争としての歴史

哲学者にして経済学者、社会学者でもあったカール・マルクスは、歴史の進歩という観念を人民とその経済状況との関係に着目してとらえた。

唯物論と弁証法

マルクス（1818 〜 83年）は、歴史は弁証法的なプロセスだとするヘーゲルの歴史観（70-73頁参照）を支持した。しかしマルクスは、ヘーゲル哲学の根幹である観念論には納得せず、ついには形而上学すべてを否定した。とくにヘーゲルの「精神」（ガイスト）概念に反発し、その代わりに、マルクスは歴史上の各社会における社会的−経済的状況のさまざまな段階に注目した。マルクスの弁証法は唯物論的〔物質主義的〕な弁証法である。各社会のそのつどの支配的な経済構造が、その構造に内在している反対要素（反定立）（アンチテーゼ）と矛盾対立し、この二者のあいだの緊張関係から新たな総合、すなわちこれまでと異なる社会形態（ジンテーゼ）が誕生してくると考えたのだ。マルクスはこのプロセスが、最終的には社会の全矛盾が解消されるような変化をもたらす手段だととらえた。彼は、完璧な社会は必ず実現できると信じていたのだった。

階級闘争

マルクスに言わせれば、歴史の進歩を促進するのは精神（ガイスト）や、自由への渇望ではなく、経済だ――とくに彼が注目したのは、富裕層と貧困層との緊張関係だった。こうした階級間の闘争は昔からずっと存在し、古代の主人と奴隷の関係性と、近代の資本家階級（ブルジョワジー）と労働者階級（プロレタリアート）（右記参照）の関係性との違いは単なる程度問題にすぎない。それでも、弁証法的なプロセスを経て、時代とともにより公平な社会が新たに誕生し続けてきたという。マルクスが歴史の最終地点として頭に描いていたのは、富が公平に分配される、階級のない「共産主義」社会の実現であった。

「これまで存在してきた社会のすべての歴史は階級闘争の歴史である」

カール・マルクス、フリードリヒ・エンゲルス著『共産党宣言』（1848年）

領主

封建社会では、富の根本である農地を領主が所有し、農奴階級は領主の農地を耕した。

先史時代

貴族

古代文明では、権力と富を握っていた貴族という支配階級が奴隷を所有し、必要な労働を担わせていた。

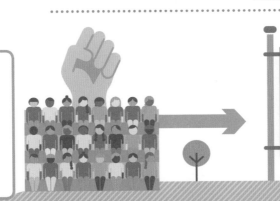

社会主義

ある日、労働者らが立ち上がり、生産手段の支配権を握る（220-21頁参照）。その後に実現する「社会主義」社会では、国家が労働者に正当な労働対価を保証する。

共産主義

最終的に国家が衰退し、階級のない「共産主義」社会が実現する。

ブルジョワジー

工業化社会では、生産手段の資本所有者であるブルジョワジーが新たな支配階級となり、労働者の生産物を販売して利益を得る。

プロレタリアート

ブルジョワジーの利益のために商品を生産する工場労働者、いわゆるプロレタリアートは、公正でない最小限の労働対価しか受けとれない。

農奴

農奴は私有財産として売買される奴隷とは異なるが、領主の土地を管理し、その生産物のごく一部を労働対価として受け取る。

資本主義

マルクスが本を執筆していた当時、産業革命によって、ブルジョワジーという実業家や資本家で構成された新たな階級が誕生した。当時の経済理論は、アダム・スミスの「啓蒙された利己心」、つまり資本主義をベースにしていた。マルクスは、資本主義が経済の刷新と成長の原動力になることは認めつつも、その固有の弱点を指摘し、それに代わる選択肢として社会主義を提案した。

奴隷

貴族階級の反対立（アンチテーゼ）にあたる存在であり、貴族の所有物だった奴隷階級には、財産と呼べるものが何ひとつなかった。

有用な真理

文化的アイデンティティをもちはじめた19世紀後半のアメリカ合衆国では、のちに「プラグマティズム」と呼ばれる、実用性を特色とする思想学派がアメリカ人哲学者たちによって形成された。

プラグマティズム

アメリカ・プラグマティズムの先駆者は、数学者で論理学者のチャールズ・サンダーズ・パース（1839 ～ 1914年）だ。彼は科学者の視点で哲学を探求し、そこに実用性が不足していることに気づく。哲学のほとんどが、実生活とは何のつながりもない抽象的な概念のように感じたのだ。パースはこの傾向に対抗すべく、次のようにプラグマティズムの座右の銘を提示した。「理解の対象がいかなる実用的効果をもたらすか考察せよ。その効果を理解することが、対象そのものを理解することになる」。

パースは、ある命題の意味を理解するためには、それを受け入れ、それに従って行動するとどうなるか——言い換えれば、それがどんな実用的変化をもたらすか——予測すべきだと主張した。そしてこの考えを原点に、知識は確実

信念と行動

信念を裏づけるエビデンスはない場合が多いが、それが真理かいなか見きわめるにはとにかくその信念を実行するしかない。たとえば森の中で道に迷った男にとって重要なのは、発見した一本の道が彼を安全な場所に導くという保証がなくても、それを信じて行動することだ。この例は、私たちの信念は必要から生まれ、それが真理かいなかは実生活にいかに役立つかによって決まる、というジェイムズ哲学の核心を突いている。

2 救出への道
旅人はその道が救出につながるはずだと信じるならば、この道を進むべきである。

1 森で道に迷う
森の中で道に迷った旅人が一本の道に出くわす。彼はその道を進むか進まないか、選択しなければならない。この道が救出につながるか全然つながらないかはわからない。

3 破滅への道
もし旅人が、この道はどこにも行き着かないと信じるならば、この道を選ぶのは彼にとって無意味である。

な根拠からなるのではなく、実生活に有益であるという条件を満たす限りで正当とみなされる観念からなると説いた。たとえば、科学が生み出す有益な観念は、それよりもより優れた観念が生まれたときには、破棄されるか改善されることになるのだ。

真理の「現金での価値」

　パースの友人で同僚でもあったウィリアム・ジェイムズ（1842 ～ 1910年）は、パースの実用主義的なアプローチを採用し、発展させた。ジェイムズは真理を、単に真偽を示す事実と区別した。ジェイムズによれば、事実それ自体は真理ではない。真理とは、真理だと信じることでヴァーチャルではない「現金での価値」が生じる観念、もしくは実生活に実用的な変化をもたらす観念のことを言う。そして信念とは、世界をいかにうまく表現するかによってその真偽が決定するような精神的実体なのではなく、私たちがこの予測不可能な世界を前進する手助けとなったときに真理となる何かなのだ。ジェイムズは、チャールズ・ダーウィンの熱烈な信奉者だった。ジェイムズがまだ10代のときに出版された『種の起源』（1859年）のなかで、ダーウィンは、優位な生物学的特性をもち、最も環境に適した種だけが生き残ると述べている。ジェイムズは人間の信念も同様にとらえた。私たちが生きるうえで役に立つ信念は真理となり、何の有用性もないとわかった信念は偽であるとみなされ淘汰される、と考えたのだ。

4　正当性が裏づけられた信念
この道を進んで安全な場所にたどり着いたなら、旅人の決断は正しかったことになる。このとき、彼の信念は真理となる。

5　無価値な信念
旅人は森の中にとどまった結果、命を落とす。彼が真理だと思ったものは、何の価値もないものだった。

「真理は観念に**出来事として生じる**。観念は真理に**なっていく**のであり、さまざまな出来事によって**真理になる**。実際に、真理が真理になることはひとつの**出来事**であり、ひとつの**プロセスである**」

ウィリアム・ジェイムズ著『プラグマティズム』（1907年）

宗教的信念

大まかに言えば、プラグマティズムとは、実際に役立つ──有益で、実生活にプラスの変化をもたらす──信念こそ真理ととらえる立場のことだ。しかし、その基準では、信じることで生活が改善されるものはすべて真理だと言える。たとえば、宗教的信仰には合理的・常識的理由がほとんどない。でも信仰心をもつ人が多いのは、信仰によって安らぎと道徳的指針が得られるからだ。安らぎと道徳的指針は「有用な真理」と判断される。
　プラグマティズムの提唱者ジェイムズは、神の存在や祈りの効力などの客観的真理を否定も肯定もしないが、どちらかと言えば、信仰を真理だと主張する信者の権利は擁護している。ジェイムズは、宗教的信仰について見ていくときは、宗教組織の主張よりも個人の経験のほうに注目すべきだと強調する。なぜなら、自分の信仰の重要性──信仰が自分の生活にいかに役立っているか──を語りうるのはその人だけだからだ。

真理の価値

近代産業社会における教会の影響力の衰退を、フリードリヒ・ニーチェは
真理と道徳の基盤を根本からラディカルに見直す好機とみなした。

善悪の彼岸

19世紀の思想界では、徐々に唯物論が主流となっていった（56-57頁参照）。それに伴って社会に世俗主義が広まり、公の場で無神論を説く思想家たちも増えていく。フリードリヒ・ニーチェ（1844〜1900年）は若い頃にキリスト教への信仰心を失ったが、これが、のちの彼の思想に大きな影響をもたらした。彼は、信仰によって押しつけられた道徳観を継承しつつも、その道徳観に権威づけする根拠をもはや失っている近代社会のあり方を問題視した。そして、これは全員誰にでも当てはまる道徳規範を提示して、個人の視点を尊重しない、道徳哲学者と民主政治の責任だと指摘したのだった。

さらにニーチェは、この一般的な道徳システムが、人々が自分なりの基準に従って真に自分らしく生きる妨げになっているのではないかと考えた。彼がとくに批判したのは、キリスト教の道徳観だ。キリスト教は強者より弱者を重んじる。謙虚さは美徳と説き、はみ出す者には罰が下ると脅している。これらの教えが自然の秩序をくつがえしてしまったとニーチェは言う。そして、強者は悪、弱者は善とみなすキリスト教の道徳を「奴隷道徳」と呼び、善悪の観点からではなく、この世の生を精一杯生きる助けになるかじ

やまになるかの観点で世界をとらえる、「主人道徳」を採用すべきだと説いた。この世で苦しい生活を強いられる奴隷は、主人である強者が罰を受ける死後の世界を夢想する。しかし、「善悪の彼岸」を目指すニーチェは、主人に復讐して優位に立ちたいという奴隷精神に基づくキリスト教の道徳観は捨て去られるべきだとする。ニーチェは、「自由意志」という概念の起源はこうした復讐願望にあると考えた。実際に、「真理」にかんするあらゆる主張は、「力へ

力への意志

ニーチェは、人間が意識的にもつ信念は真理とほとんど関係がなく、むしろ無意識のニーズや願望を隠す仮面のような役割を果たしていると考えた。こうした無意識の願望を、ニーチェは「力への意志」と呼ぶ。たとえば、自由意志にかんする信念は、人々に自らの行動の責任を取らせる言い訳として使われるのであって、実際に「自由意志」が「真理」として求められているわけではない。

自由

有罪！

有罪判決
不可抗力で犯罪を起こしてしまった被告人にたいし、判事や社会が見せしめのために責任を取らせることにした。この場合、「自由意志」という概念が違犯への処罰を正当化し、促進するために使われる。

✓ チェックポイント

> **社会がもつ迷信**を超えたところに立つ理想の個人像を、ニーチェは『ツァラトゥストラはかく語りき』（1883年）で「超人」と記した。

> **ニーチェ**は『道徳の系譜』（1887年）で、ユダヤ教やキリスト教などの主要宗教が説く道徳観は、弱さと従順さを美徳とたたえる「奴隷」の道徳観だと論じた。

> **「力への意志」**や「超人」の概念をはじめとするニーチェの道徳哲学は、のちに20世紀に全体主義を唱える政治リーダーたちによって歪曲され、彼らの政治目的のために利用された。

の意志」——自分の現状を改善するように駆り立てる本能——によってなんらかの方法で形成される（下記参照）。

キリスト教の道徳観はこの世の人生を肯定する道徳観に転換されるべきであり、各個人が自らの可能性を存分に発揮するのが美徳だと考えるべきだ、とニーチェは主張した。それが実践されれば、これまでと違ってひとりひとりの観点・価値観によって異なる真理への態度が肯定される。どの真理が信じるに値するかを選び、人生を肯定する真理を自ら選び、どの心理を無視するかを自ら選ぶように、個人を解放すること。人々が自由に真理を選ぶのを奨励し、個人それぞれの観点を重視する立場を、ニーチェは遠近法主義（パースペクティビズム）と呼んだ。

「神は死んだ」

ニーチェは19世紀にはじまった社会の急速な世俗化を、「神は死んだ」「私たちが殺したのだ」という言葉で表現した。だが、死んだのは「神」ではなく、むしろ、近代社会で徐々に意味を失っていった「宗教」だったと言えるだろう。

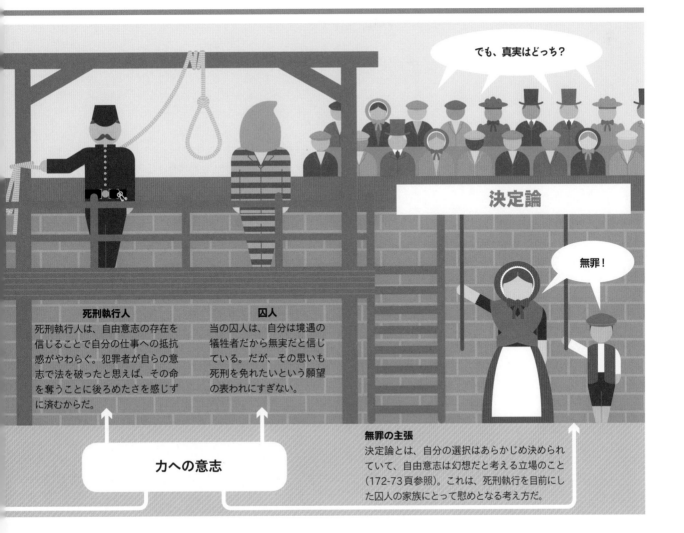

でも、真実はどっち？

決定論

無罪！

死刑執行人
死刑執行人は、自由意志の存在を信じることで自分の仕事への抵抗感がやわらぐ。犯罪者が自らの意志で法を破ったと思えば、その命を奪うことに後ろめたさを感じずに済むからだ。

囚人
当の囚人は、自分は境遇の犠牲者だから無実だと信じている。だが、その思いも死刑を免れたいという願望の表われにすぎない。

無罪の主張
決定論とは、自分の選択はあらかじめ決められていて、自由意志は幻想だと考える立場のこと（172-73頁参照）。これは、死刑執行を目前にした囚人の家族にとって慰めとなる考え方だ。

力への意志

道具としての観念

アメリカ人思想家のジョン・デューイ（1859～1952年）はプラグマティズム学派（76-77頁参照）に属する。観念に真偽はなく、あるのは実生活で役に立つかじゃまになるかのどちらかだとデューイは説いた。

自然主義

プラグマティズムの先駆者C・S・パース同様、ジョン・デューイも、人類は他の種と同じように自然淘汰のプロセスを経て進化したと論じたチャールズ・ダーウィンから大きな影響を受けた。その意味ではデューイは「自然主義者」だ。実際デューイは、人間の理性は生存本能と深い関係があり、私たちは形而上学的な課題について思索するより、現実的な問題を解決するために頭を使っていると主張した。デューイはまた、科学や芸術、哲学などを含む人間のすべ

ての活動は歴史によって形づくられ、ゆえに特定の歴史的文脈のなかでしか理解しえないと説いたヘーゲル（70-73頁参照）からも影響を受けている。

道具主義

ときにデューイは自分の立場を「道具主義」と表現した。「道具主義」とは、観念・思想・知識を道具とみなし、その価値は特定の問題解決に役立つかどうかで判断されると考える立場を言う。デューイはこの考えを、思考は世界の

デューイと民主主義

デューイは民主主義の熱烈な支持者だった。民主主義はきちんとした教育が実施されている社会でのみ実現可能だが、実際には社会秩序に沿った教育しかしていない学校が多すぎると彼は感じていた。学校は、子供たちが自分の才能に気づいて独自の個性を活かせるような教育を施すべきだ。すると子供たちは、大人になって本気で民主主義に関与する。なぜなら、民主主義でないと自分たちの意見がしっかり反映されないからだ。学校は子供たちに生き方を教える場なのだ。

さらにデューイは、女性解放と人種間の平等も支持した。『民主主義と教育』（1916年）にはこう記されている。「民主主義の道徳的で理想的な意味はすべての人間に社会的利益を与え、すべての人間に自身に備わる独自の能力を開発する機会を与えることだ」。

役に立つ考え方

デューイは、現実に対応した観念を真理とみなす伝統的な「真理の対応説」を否定し、観念は実生活で役立つ道具であるべきだと説いた。そして、これまで「観念」や「知識」と言い換えられてきた「真理」を「保証つきの言明」と再定義し、役立つ「観念」「知識」こそが真理だと主張した。

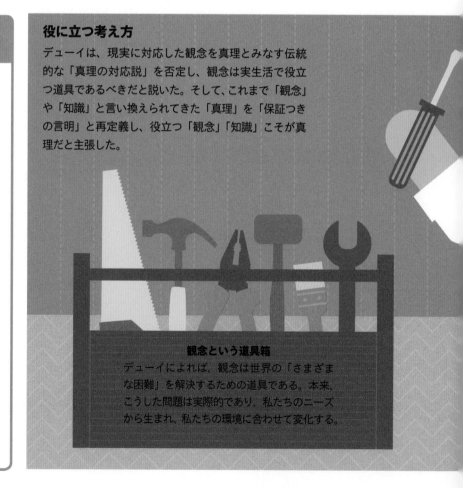

観念という道具箱
デューイによれば、観念は世界の「さまざまな困難」を解決するための道具である。本来、こうした問題は実際的であり、私たちのニーズから生まれ、私たちの環境に合わせて変化する。

表象だとする考え方とは対立するとした。人間が環境の変化に順応して進化したように、観念も同じように進化する。理論には真も偽もなく、あるのは現象の説明や予測に役に立つか立たないかだけだ。プラグマティズムを提唱する他の哲学者たち同様、デューイも、観念の価値の評価に重要なのは事物のありようという視点で判断することではなく、「この視点を用いるとどんな実用的な影響がもたらされるか」と問うことだと考えた。

探求のプロセス

このデューイの見解は、何世紀も続いてきた知識の本性をめぐる考察から脱却したものだった。デカルト（52-55頁参照）以降の理性主義者らは、人間には生得的な観念があると説き、ロック（60-61頁参照）以降の経験主義者ら

は、観念は経験によって生まれた印象のコピーだと説いた。しかし、私たちの観念が世界を動かすのに役立つことを認識できていない以上、どちらの説も間違いだとデューイは判断した。デューイは、「知の理論」という言葉を否定し、代わりに「探求の理論」という言葉を好んで使っている。ちなみに「探求」とは、活発な人間の実践を意味する。

デューイは、探求を次の3段階に分けて考えた。第一に、直面した問題に本能的に反応する。次に、その問題に関連する情報を収集する。第三に、問題の解決策を推測し、自分が選んだ選択肢に沿って行動する。しかしデューイによれば、哲学者たちはこのプロセスの第三段階を、観念と数々の問題が生じる実世界とを切り離して考えるという間違いをしてきた。知識とは実用的なものであり、人間の行動の基盤としてのみ妥当性を有するのだ。

観念の改善

人間の判断は機能的で、いつでも取り換え可能だ。デューイの言葉を借りれば、こうした取り換えはより良い道具が現われたときに生じる。既存の道具よりも新しい道具のほうが私たちのニーズに効率よく応えてくれるだろう。そしてその新しい道具も将来、取り換えられる可能性がある。

観念の検証

観念の価値は、実際に利用できるかどうかで判断される。役に立つことが証明された観念は、保証つきの言明として認められる。反対に、役に立たない観念は脇に置かれる。

「……**考えられうる究極の価値**は、
生きるプロセスそのものだけだ」

ジョン・デューイ著『民主主義と教育』（1916年）

第 2 章

分析哲学

20世紀に入って、伝統的な思考様式に異を唱えるひとつの思想学派が
登場する。「分析哲学」と呼ばれるこの学派は、言語を論理的に分析す
ることで哲学的な問題を解決することを目指した。

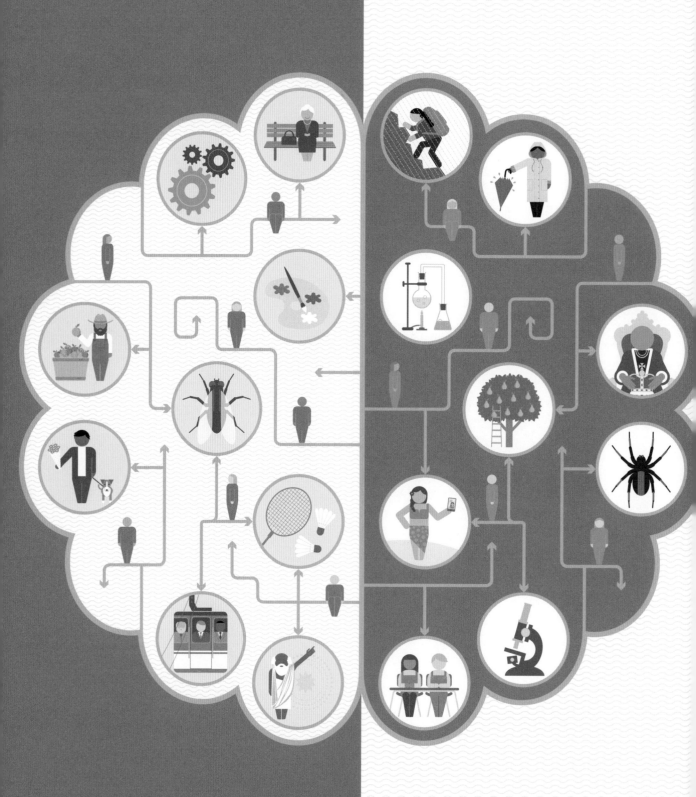

分析哲学

17世紀にはじまった近代哲学は、ヨーロッパ大陸とイギリスという2つの舞台で、それぞれ異なる線をたどって発展していった。ヨーロッパの哲学者は主にデカルトの理性主義にならい、イギリスの哲学者は経験主義を重視した。

19世紀の哲学界では、イマヌエル・カントに端を発するドイツ観念論が主流であった。しかし、20世紀の変わりめにイギリスで新たなアプローチが出現したことを機に、イギリス哲学と「大陸」哲学は再び別々の道を歩みはじめた。そのきっかけをつくったのは、数学と論理学の関連を研究していたバートランド・ラッセルだ。ラッセルは、論理学も数学のような特別な知識だと提言した（ドイツの数学者ゴットロープ・フレーゲも、ラッセルと似た説を同じ頃に唱えた）。論理学は単なる議論の提示方法ではない。話者の経験の有無にかかわらず、普遍の妥当性をもった規則体系だ。ゆえに、論理学は主張や議論の妥当性を確立する手段を私たちに提供しうる、とラッセルは主張した。

ラッセルのこの発見には深い意味合いがあった。論理学と数学がつながりをもつことで論理分析の新たな手法が生まれ、「分析哲学」と呼ばれる哲学の未知の分野が切り拓かれたからだ。当時、実証も反証もできない伝統的な形而上学に懐疑的な立場を示していた多くの哲学者たちは、この分析哲学が議論の吟味に役立つツールになると考えた。ラッセルに言わせれば、伝統的な哲学の問題点は、論理形式を用いず日常言語で議論が提示されるせいで、曖昧さや不正確さ、混乱を引き起こしてしまうことだった。だから議論を吟味するには、分析する前に議論の中身を論理的な言語に「翻訳」すべきだとラッセルは訴えた。そしてそれを実践した結果、多くの哲学的命題は文法的にはまったく欠点がなくても、論理的には無意味であることが明らかになった。

ラッセルに目をかけられていた弟子のルートヴィヒ・ヴィトゲンシュタインも、独自の意味論を展開している。ヴィトゲンシュタインは『論理哲学論考』のなかで、世界の事実を「写し取って」いない命題はすべて無意味だとはねつけた。彼のこの見解は、形而上学の問題は神学者らに任せ、哲学者は科学的命題の分析だけを扱うべきだと主張する「論理実証主義」の哲学者らに歓迎された。自然科学が大きく進歩した当時の風潮に触発され、科学そのものの考察に乗り出した多くの哲学者たちは、科学的真理の本性をめぐる数々の問いを提起した。しかし、後期のヴィトゲンシュタインは、哲学の本性にかんする彼の若い頃の持論を転換し、前期の「写像理論」とは根本的に異なる第二の言語理論を提示する。後期のヴィトゲンシュタインのように、制約の多い厳格な分析哲学を否定し、日常言語こそが哲学的探求の舞台だと考える哲学者たちが他にも登場してくるのである。

単語は何を意味するのか？

分析哲学の祖と呼ばれるドイツ人哲学者ゴットロープ・フレーゲは、言葉の「意義」と「意味」を区別することで言語哲学の発展に大きく貢献した。

意義と意味

フレーゲ（1848 〜 1925年）は、日の出前の空に明るく輝くひとつの星と、日の入り後の空に明るく輝く星に注目した。その２つの星は昔からそれぞれ「明けの明星」「宵の明星」と呼ばれているが、天文学的に言えばどちらも同じひとつの「金星」だ。

ある単語の意味とは（何世紀も前からの通説通りに）その指示対象のことだとするなら、「金星」という同じ指示対象に、「明けの明星」と「宵の明星」という２通りの名称があるのはなぜなのか？　フレーゲはこうした興味深い問いを立てた後、この例から、言葉の「意義（文脈上の含意）」と「意味（指示対象）」を区別する必要性があると主張した。フレーゲは、単語の意味が単語の意義と無関係だと言いたかったのではない――実際、意味がきわめて重要な場合もある。だが、単に指示対象がわかるだけでは言葉の文脈をすべて理解し尽くすことはできないのであり、フレーゲは、意味と意義、その両方の分析が必要だと言いたかったのだ。

先駆的な論理学

フレーゲによれば、「明けの明星」と「宵の明星」という名称の違いは「提示の仕方」にあるという。指すものが同じでも、提示の仕方によって感じられ方やとらえられ方が異なる。同じ金星を指していても、「明け方に輝く星」と「夕暮れ時に輝く星」ではイメージが異なる。時間帯が違うだけで――明け方か、夕暮れ時かで――違う雰囲気が伝わってくる。つまり、文全体の文脈に照らさないと、個々の単語の明確な意味はとらえられないのだ。

フレーゲは、「明けの明星は明けの明星だ」という命題は何の情報も伝えていないのにたいし、「明けの明星は宵の明星だ」という命題は、真実であるだけでなく、確立された天文学的知識も伝えていると論じた。単語が単に指示対象を意味するだけなら、このような真実も知識も得られなかっただろう。

名前と意味

何世紀も前から哲学者たちは、単語の意味とは単語が指示する対象のことだと信じていた。しかし、フレーゲはその通説に異を唱え、単語の意味（指示内容）と意義（文の文脈のなかでの含意）を区別する必要性を説いた。たとえば「アリストテレス」という単語ですら、「ある時代に生きたある人物の名前」という意味だけにとどまらず、「哲学的論理学を開拓したギリシア人思想家」など、たくさんの意味をもっているのだ。

「アリストテレス」は実在した一人物の名前を意味するが、この単語にはたくさんの意義がある。

「記号とは**意義を表現**し、**意味を指示**するものだ」

ゴットロープ・フレーゲ著『意義と意味について』（1892年）

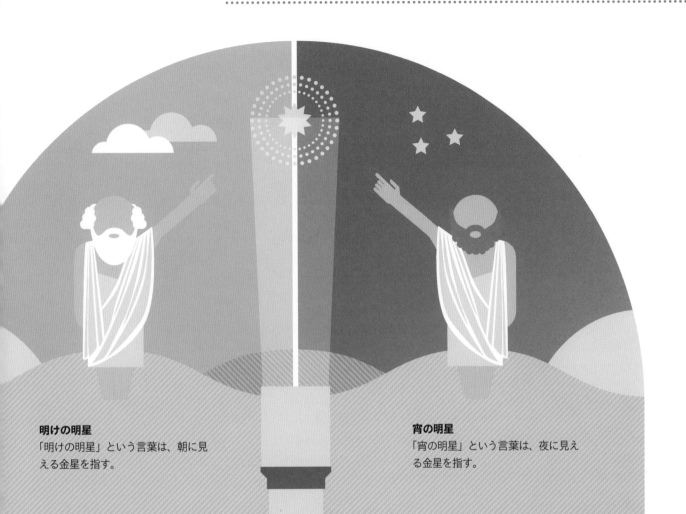

明けの明星
「明けの明星」という言葉は、朝に見える金星を指す。

宵の明星
「宵の明星」という言葉は、夜に見える金星を指す。

金星の観察
言葉には指示する対象を指し示す「意味」と、文脈上の含意を伝える「意義」というふたつの側面があるとフレーゲは説いた。「明けの明星」と「宵の明星」という表現は、意義は異なるけれども、同じ「金星」という意味（指示対象）をもつ。

金星
金星は、自ら燃える恒星のように見えるが、実際は、太陽の光を反射して輝く惑星だ。空のどの位置にあるかによって、朝に見えたり夜に見えたりする。

ラッセルの記述理論

イギリス人哲学者のバートランド・ラッセルはゴットロープ・フレーゲ（86-87頁参照）の仕事を土台にして、形式論理学を用いて、一般的な言語表現の基本構造を明らかにした。

基本的論理

　ラッセル（1872 ～ 1970年）は、たとえば名詞や形容詞などからなる日常言語の文法は、表現しようとしていることの論理的な根本構造を隠してしまっているので、真偽の判断が下せない場合があると主張した。哲学的な問題の多くは、日常言語を基本的論理が見える表現に置き換えれば解決できるという。

　たとえば、「ジョン」などの固有名はその指示対象である人物を意味する。「ジョンは禿げている」と言うとき、私たちはジョンに（禿げているという）ひとつの属性を付与している。ラッセルはこの文を「現在のフランスの国王は禿げている」という文と対比させ、両者の文法は同じでも論理が異なると指摘した。まず、「現在のフランスの国王」は固有名ではなく、ラッセルが言うところの「確定記述」——まだ特定されていない対象の属性を示す記述——だ。ラッセルによると、「現在のフランスの国王は禿げている」と

いう命題は（その否定の命題である「現在のフランスの国王は禿げていない」も同じく）、現在のフランスには実際には国王はいないため真偽の判断が下せない。真偽の判断が下せない以上、この命題は論理的に無意味な命題ということになる。

　ラッセルは命題の真偽を判断するために、その命題の構成要素である論理命題に分解する方法を提示した。具体的に言えば、「現在のフランスの国王は禿げている」という命題を「現在、フランスの国王という存在がひとりいる」「現在、フランスの国王は多くてもひとりしかいない」「もしフランスの国王という存在がいたら、それは禿げている」の3つに分解したのだ。「現在のフランスの国王は禿げている」という命題は、この3つの論理命題が合わさってできている。

　ラッセルは、論理命題さえわかれば、その意味と真偽を判定できると結論した。

> ## 「論理的理論はパズルを扱う要領で検証できる」
>
> バートランド・ラッセル著『指示について』（1905年）

国王は　　現在のフランスの　　禿げている

1.「その国王は……」
指示対象がひとりの国王というひとりだけの存在であることを示す。

論理分析

ラッセルは、「現在のフランスの国王は禿げている」という命題には、特定の事物が存在することと、その事物がもつ属性にかんする主張が含まれているかどうかを考えたのだ。

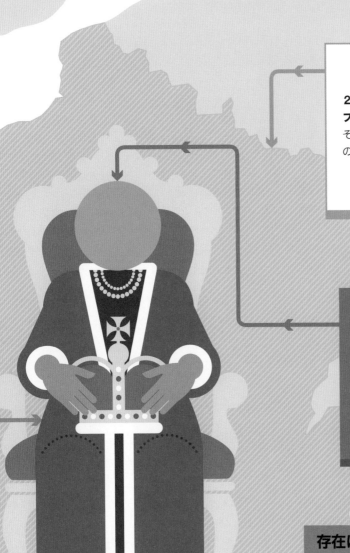

**2.「……現在の
フランスの……」**
その国王が現在のフランス
の国王であることを示す。

3.「禿げている」
現在のフランスに国王が
存在するなら、彼が禿げ
ていることを示す。

存在は属性ではない

多くの哲学的問題は「存在」を事物の属性とみなすことか
ら生じる、とラッセルは主張した。「ユニコーンは馬に似た
生き物で、頭に角が生えている」という文は、「ユニコーン」
という総称（集合）の属性を記述している。しかし「ユニ
コーンは存在する」という文ではユニコーンの属性は語ら
れていない──ユニコーンがもつ属性を有する事物が世界
に存在することを示しているにすぎない。「存在」が属性だ
としたら、「ユニコーンは存在しない」という文は、存在し
ないという属性が存在することになってしまう。このラッセ
ルの主張は、アンセルムスの神の存在証明（46-47頁）な
どの数々の伝統的な存在論への批判だと言えなくもない。

世界の写像としての言葉

20世紀を代表する哲学者のひとりルートヴィヒ・ヴィトゲンシュタインは、彼の前期の主著『論理哲学論考』で、のちに「写像理論」と呼ばれる説を提示した。

現実世界の写像

ヴィトゲンシュタイン（1889 ～ 1951年）は『論理哲学論考』で言語について考察し、人間が思考できること・言語で語りうることの限界を見定めようとした。彼の写像理論は当時のある裁判から着想を得たらしい。ある自動車事故がパリの法廷でミニチュアの自動車と人形を使って再現された。このことを知ったヴィトゲンシュタインは、言語もこれと同じように、さまざまな事実からなる世界を写し取っていると考えた。事実は対象の組み合わせでできている。たとえば、「芝生」と「緑」という語は「芝生は緑だ」

という有意味な命題の構成要素であり、この命題はひとつの事実を写し取っている。ヴィトゲンシュタインによれば、接続詞のない単純な文、すなわち「原子命題」に分解できない言明は事実の記述になっていないため、無意味な言明だという。これはつまり、科学的な命題は有意味だが、倫理学や美学の命題 —— 価値観を述べる言明 —— は無意味ということだ。

だが、ヴィトゲンシュタインにとっての「無意味」は「無価値」とイコールではない。むしろ彼は、倫理的な命題が伝えようとしているのは「言葉にして語られえないこと

意味の原子

ヴィトゲンシュタインの写像理論は「論理的原子論」とも呼ばれている。有意味な命題は、観測可能な世界と対応している「原子」命題からなると説いているからだ。この原子命題に分解で

きない文章は「無意味」である。ヴィトゲンシュタインにとって言語は世界を写し取ったものであり、私たちはその写像を言葉で互いに共有し合う。私たちがコミュニケーションできるのは、世界の同じ写像をシェアしているからだ。

1 私はビーチにいる
誰かがひとりだけでビーチにいる場合でも、その事実は言語を介すれば他人と共有できる。言語は世界を写し取るカメラのような役割を果たす。

2 「私はビーチにいる」
誰かが「私はビーチにいる」と言った場合、この言葉はその人とビーチとを表象するものであり、その人とその人の周辺の世界を写し取っている。

有意味

……神秘的なこと」だと述べている。彼の表現では、倫理的な言明は「示される」ことしかできない何かを言おうと試みるものなのである（囲み参照）。

ヴィトゲンシュタインは、意味あるものと無意味なものとを区別し、意味あることを明快で論理的な言葉で伝えるのが哲学者の使命だと考えた。言語と世界は互いを写し合うものであり、両者間の明らかなズレは論理の力によって修復できるとも彼は信じていた。そのうえで、これまで哲学者たちは、現実世界を写し取るという言語の本性を理解できなかったがゆえにたくさんの混乱を引き起こし、物理的世界を超越した物事に依拠する形而上学の全体を、誤った方向に導いた、と指摘したのだった。

「語ること」と「示すこと」

前期ヴィトゲンシュタインは、有意味な言明とは、世界にある事実を写した「原子命題」に分解できる言明のことだと主張した。だが同時に、「語ること」と「示すこと」を区別し、自分のこの意味理論は言語（「語ること」）の限界を定義するものだが、他に「示される」ことしかできない種類の洞察も存在すると語っている。つまり、「意味」の厳格な限界を超えた外側はすべて無価値なのではない、と彼は言いたかったのだ。文学や芸術、音楽はダイレクトには言葉にできないことを示しうる。私たちの道徳的・美的な判断は、ヴィトゲンシュタインが「神秘的」と評した仕方で示されるものに合わせて調律されているのだ。

「神秘的なのは世界がどのようなものかではなく、世界が存在していることそれ自体だ」

ルートヴィヒ・ウィトゲンシュタイン著『論理哲学論考』（1921年）

3 「彼女はビーチにいる」
お互いの話が理解し合えているふたりの人間は、世界の同じ写像をふたりで共有している。

4 「このビーチはロマンティックだ」
ヴィトゲンシュタインによれば、言語は世界の事実を描写する。しかし、「ロマンティック」などの、個人的価値観は描写しない。

無意味

意味と観察

20世紀前半に創設された思想家集団「ウィーン学団」は、論理的事実と検証可能な経験的命題のみが有意味だと主張した。彼らの立場はのちに「論理実証主義」と呼ばれるようになる。

検証原理

　前期ヴィトゲンシュタインの写像理論（90-91頁参照）の影響のもとに展開された論理実証主義は、論理的に正しいか、あるいは実験や観察で検証できる命題のみを有意味とみなす「検証原理」を中心学説とした。彼らの目的は、思弁だけに基づく哲学を一掃し、哲学と近代科学を調和させることだった。

　1936年、イギリス人哲学者のA・J・エイヤー（1910 ～ 89年）は、『言語・真理・論理』を通じて論理実証主義を初めて大々的に発表し、経験的命題、トートロジカル（同語反復的）な命題、数学的命題——つまり、観察・論理・数学によって検証可能

な命題——だけが有意味な命題だと説いた。「事実」と「観念間の関係」を区別したヒューム（64-65頁参照）から影響を受けたエイヤーは、検証可能でない命題は偽であるだけでなく無意味だと主張している。たとえば、「殺人は悪いことだ」といった倫理的言明が表すのは感情であって、有意味な観念ではない（エイヤーによれば、有意味な観念は現実世界に対応しなくてはならない）。このような命題は、人を思いやる気持ちをかき立てたり、誰かの言動を変えたりする場合があるが、「無意味」なのだ。

無意味な命題

それはすてきな
コートだ

有意味な命題

論理実証主義では、有意味な命題をふたつに分類する。論理的命題（例：「紫はひとつの色合いだ」）と、事実に基づく経験的命題（例：「外は雨が降っている」）だ。右の図では4つの命題が例として挙げられているが、そのうち論理実証主義者たちが有意味と分類した命題、すなわち論理的命題と経験的命題と認められるものはふたつだけで、他のふたつは無意味な命題である。

「……神の本性にかかわる話はすべて無意味だ」

A・J・エイヤー著『言語・真理・論理』
（1936年）

無意味な命題

**嘘をつくのは
悪いことだ**

論理的命題

**黄色はひとつの
色だ**

経験的命題

いま雨が降っている

有意味か、無意味か
論理実証主義に従えば、右側の2つは有意味
な命題だ。なぜなら「黄色はひとつの色だ」
は論理的な事実であり、「いま雨が降っている」
は事実に即しているからだ。しかし、他の2つ
（「それはすてきなコートだ」と「嘘をつくのは
悪いことだ」）は真でも偽でもない、無意味な
命題である。

形而上学なしですませる

ルドルフ・カルナップ（1891〜1970年）は、これまでの哲学は実在の
本性など検証できない問題ばかりを延々と扱ってきたと批判し、哲学者は
言語の分析だけに仕事を限定するべきだと訴えた。

論理学と言語

ウィーン学団（92-93頁参照）の一員であり、ヴィトゲンシュタインの写像理論（90-91頁参照）に大きな影響を受けていたルドルフ・カルナップは、哲学の務めは経験によって実証された概念を曖昧さの余地なく語ることだと信じていた。また、カルナップはフレーゲ（86-87頁参照）とラッセル（88-89頁参照）両方の仕事を研究することを通して、曖昧な日常言語からなる言明は哲学的混乱を引き起こしかねないと結論づけた。

しかし、カルナップはラッセルと同様に、こうした混乱は論理分析を用いて日常言語の基本的論理を明らかにすることで避けられると考えた。これまで哲学者たちは言語を曖昧に用いて大きな混乱を引き起こしてきた、という反省が彼にはあったのだ。カルナップにとって哲学者の使命とは、物理学者のように基本法則を明示し、その法則に従って世界について明晰な言葉で語ることだった。そして哲学者の場合に限って言えば、論理学がその法則であった。

哲学と科学

カルナップの最大の目的は、現実世界と無関係な議論を繰り返してきた形而上学を終わらせることだった。カルナップは検証原理（92-93頁参照）をふまえ、経験による検証が不可能な形而上学的命題は無意味だと主張する。たとえば、「神」や「魂」は経験を超越した概念だから、「神は善良である」「魂は滅びない」といった命題は無意味にほかならない。これらは意味があるように見えて実際には少しも中身がない命題であり、それをカルナップは「疑似命題」と呼んだ。カルナップは、経験や観察によって裏づけられることが不可能だとして、過去の形而上学的理論の一掃を主張した。その批判の対象には、プラトンのイデア論（34-37頁参照）やデカルトの「コギト」（52-55頁参照）、ヘーゲルの「精神」（ガイスト）（70-73頁参照）などの考えが含まれる。カルナップにとってこれらはすべて、哲学的観念は現実世界と対応する有意味なものでなくてはならない、というルールに反するものだった。

ただし、カルナップは『世界の論理的構造』（1928年）で、真正な哲学的命題は真偽をもたず、それは単に科学概念をより明瞭にするものだと述べている。言い換えれば、世界について理論を構築するのが哲学者の使命なのではない、ということだ。それは科学者の仕事であり、科学理論の真偽は物理的エビデンスだけをもとにして判断されるべきなのだ。

価値判断

カルナップによれば、倫理的・美的な命題は形而上学的命題と同様、現実世界を記述していないから無意味である。「外は雨が降っている」という命題は現状について語っているため真偽の判断が可能だが、「雨は美しい」や「盗みは悪いことだ」という発言の「美しい」や「悪い」は世界のうちに対応物をもたない。カルナップにとって、そうした発言は言葉を真にも偽にもしない発言であり、まさに無意味な発言なのであった。

真理と意味と無意味

検証原理に従えば、定義から真である命題（例：「三角形には3つの辺がある」）と、経験によって検証できる命題（例：「この三角形は青い」）は、有意味となる。カルナップはこうした基準をもとに、形而上学は無意味であり、したがって排除すべきだと訴えた。カルナップの意味論は、世界の事実を写し取っている原子命題に分解できる文だけが有意味だと説いた前期ヴィトゲンシュタインの写像理論に影響を受けていた。

形而上学は無意味

科学的命題は論理学的言語に翻訳されうる

三角形には
3つの辺がある

……観察命題も論理的言語に翻訳されうる

この三角形は
青い

しかし、形而上学的命題は翻訳されえない

三角形は
時間の外に
存在する

ゆえに形而上学的命題は真偽の判断ができない、無意味な命題である。

私的言語は不可能

ルートヴィヒ・ヴィトゲンシュタインは後期の主著『哲学探究』において、
かつて自身が唱えた意味の写像理論（90-91頁参照）を撤回して、新たに、
単語の意味とは単語の使われ方のことだとする説を論じた。

私的言語について

　ヴィトゲンシュタインは『哲学探究』で、単語の意味とはその指示対象であるとする伝統的な説は誤りだと主張した。もし、従来説の通りに「意味」が単に単語と対象を1対1で結びつけるものだとしたら、私的言語は習得も翻訳も可能になるはずだが、実際には不可能だ。

　ヴィトゲンシュタインは、無人島でたったひとりで成長した人間を例に挙げる。その人間がたとえばいくつかの色を区別するのに「レッド」や「グリーン」といったいくつ

かの音を使い分けたとしよう。もし、その使い分けが間違っていたとしても、当の本人は気づかない。たとえ使い分けのルールブックがあったとしても、そのルール通りに自分がちゃんと使い分けているのかどうかがわからないはずだ――ルールブックのルールブック、またそのルールブックのルールブックが必要になる…。この人間に必要なのは言語使用者たちのコミュニティだ、とヴィトゲンシュタインは主張する。言葉にはルールが必要であり、ルールは公的に共有された約束事でなければならない。言語は

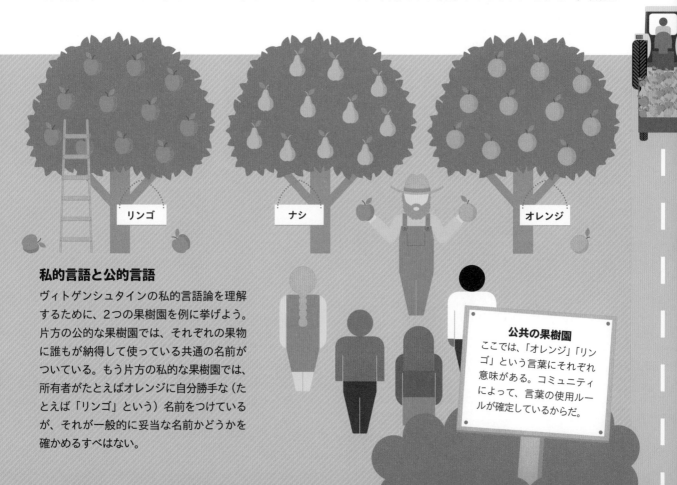

| リンゴ | ナシ | オレンジ |

私的言語と公的言語

ヴィトゲンシュタインの私的言語論を理解するために、2つの果樹園を例に挙げよう。片方の公的な果樹園では、それぞれの果物に誰もが納得して使っている共通の名前がついている。もう片方の私的な果樹園では、所有者がたとえばオレンジに自分勝手な（たとえば「リンゴ」という）名前をつけているが、それが一般的に妥当な名前かどうかを確かめるすべはない。

公共の果樹園
ここでは、「オレンジ」「リンゴ」という言葉にそれぞれ意味がある。コミュニティによって、言葉の使用ルールが確定しているからだ。

チェスと同じで、やり方を知らなければゲームをはじめることすらできない（98-99頁参照）。後期ヴィトゲンシュタインのこの言語論は、何世紀も続いてきた哲学的前提をくつがえすものだった。近代哲学の祖デカルト（52-55頁参照）は、疑いえないものは自分の意識だけ——他人が存在するかどうかさえ懐疑の対象だと論じたが、私的言語論に従えば、思考には言葉が必要で、言葉は他人の存在に依存する以上、デカルトのような考えはありえない。この私的言語をめぐる論は射程の広い論であり、とくに心の哲学という分野に大きな影響を与えた（142-63頁参照）。

「単語の意味とは、言語活動におけるその単語の使われ方のことだ」

ルートヴィヒ・ヴィトゲンシュタイン著『哲学探究』（1953年）

心理療法としての哲学

ヴィトゲンシュタインは『哲学探究』で、自分の哲学を心理セラピーにたとえた。さしずめ病魔に侵された肉体にあたるのが形而上学的な問いから離れられない伝統的な哲学、治療法にあたるのが（ヴィトゲンシュタインの）新たな思考様式だ。ヴィトゲンシュタインによると、哲学上の問題は私たちが言語に惑わされて道を見失ったとき、もしくは「文法」にだまされ、たとえば「私」という単語は精神的実体を指し、「信じること」は内的プロセスだと思い込んだときなどに、生じるという（148-49頁参照）。後期のヴィトゲンシュタインは、哲学上の問題は理論の構築によってではなく、言語の誤用がその問題を生じさせているのだと証明することによって解消するべきだと考えていた。

私的な果樹園
この個人的な世界では、「リンゴ」と発音してもその音に意味はない。言葉の使用ルールの確定に必要なコミュニティが欠けているからだ。

ヴィトゲンシュタインの言語ゲーム

ルートヴィヒ・ヴィトゲンシュタインは後期の主著『哲学探究』で、言葉の意味とは特定の文脈のなかでの言葉の使われ方のことだということを、「言語ゲーム」という観念を用いて説明した。

言語ゲーム

後期ヴィトゲンシュタインは、言葉は日常生活の文脈のなかでのみ意味をもつと説いた。たとえば、チェスの駒のひとつ、「ビショップ」という単語を理解するとは、チェスでのその駒の決められた使い方を知ることである。同じことが言葉すべてに当てはまる。つまり、言葉の意味を理解するには、言葉の使い方のルールを知らなければいけないのだ。これは、言葉はその指示対象を意味するという直観的思考（86-87頁参照）を否定する考え方であった。

たとえば、「芸術」という言葉はひとつの事物を指しているように見えるが、実際には広範で多様な活動を指す。それら多様な活動すべてに当てはまる本質的な共通点はひとつもない。とはいえそれらは、類似という緩いくくりでつながっている。これをヴィトゲンシュタインは「家族的類似」と呼んだ。たとえば、「この映画は芸術作品だった」と言うとき、私たちは「芸術」という語が「非常にすばらしいもの」という意味をもつ特定の言語ゲームに参加してい

多様な意味

後期ヴィトゲンシュタインにとって言語とは、本質的な不変の性質をもたない、いわば複数の言語ゲームのネットワークである。「ゲーム」という単語さえ本質的な意味はもたず、緩いくくりでつながったたくさんの活動に当てはめられうる。

ゲームについて考えてみよう！

る。しかし、「絵画芸術」と言うときの私たちは、「芸術」という語が「分野」や「専門性」を意味することになる別のゲームに参加しているのだ。

実際に、私たちは文字通りの意味をもたない言葉を用いて人をもてはやしたり、叱ったり、影響を与えたりしている。つまり、言語分析によって言語の基本構造を解明しようとしても、言語そのものに本質的な不変の構造などない以上、それはうまくいかないとヴィトゲンシュタインは言いたいのだ。彼自身も認めていたように、これは彼の前期の主著『論理哲学論考』の内容（90-91頁参照）とは大きく異なる見解だった。

> 「……言葉の使用プロセス全体を……子供が母語を身につけるときに参加するゲームと同様の、ゲームのひとつと考えよう……」
>
> ルートヴィヒ・ウィトゲンシュタイン著『哲学探究』（1953年）

意味と文脈

後期ヴィトゲンシュタインによると、言葉を理解するとは厳密な規則や定義ではなく、日常生活という文脈上でのその使われ方を知ることだという。日常の言語活動には究極的な基礎づけはない。言葉の意味は私たちの使い方に応じて定義されるのであって、その逆ではないからだ。ヴィトゲンシュタインはこう語っている。「私が理由を言い尽くしたとすれば、それは硬い岩盤に突き当たって手元の鋤が反り返っているのだ。そのとき私はこう言おう。『いつもそう使っているので』」。

科学と反証

科学哲学者のカール・ポパーは、科学者は理論を組み立て、それが真であるとの
実証に努めるべきだという、人間が最も古くからもつ考えのひとつに異を唱えた。

科学と疑似科学

ポパー（1902～94年）にとって「科学的理論」と呼べるのは、反証可能な理論——それが偽であると証明される条件をそなえた理論——だけである。これは、科学者の使命は理論を打ち立て、その理論の正しさを証明することだとする従来の考え方をくつがえすものだ。ポパーには、この従来の考え方では「疑似科学」に「科学」というお墨つきを与えてしまうという危機感があったのだ。

彼は疑似科学の典型例として、アルフレッド・アドラーの「個人心理学」を挙げる。子供を溺れ死にさせた男と、その子供を助けようとして死んでしまった男について言及し、アドラーなら、両者の行動は劣等感が原因だとみなすだろうと指摘した。劣等感を解消するために前者は罪を犯して自分の力を誇示し、後者は私心を捨てて人助けをしようとしたと判断されるだろう。ポパーは、アドラーの理論に照らせば人間のどんな行動にも"説明"がつけられるが、この種の説明には反証の余地がない以上、これは理論でも何でもない——少なくとも科学的な理論では

ない、と論じた。そして、アインシュタインの相対性理論を引き合いに出し、相対性理論は観察によって間違いを証明できる余地があるからまぎれもなく科学的理論だと結論した。とはいえ、相対性理論は現時点ではまだ反証されていない。

ポパーは、科学とは予測を重ねていくプロセスであり、反証で進歩すると訴えることで、真だと証明できる科学的理論しか正当化されないならばほぼすべての理論は正当化困難という「帰納の問題」（65頁参照）を乗り越えた。

反証と実証

ポパーは「すべての白鳥は白い」という命題について考えた。「すべての白鳥」は無限集合を示すので、どんなに数多くの白鳥を観察してもすべての白鳥が白いという証明には決して至らない。しかし白くない白鳥が1羽でもいれば、この命題は反証される。反証には達成される可能性があるが、実証（その理論が真であることの証明）には達成可能性がない。科学とは本来、証明できないことを信じ込むためにではなく、暫定的な理論の誤りを指摘するためにあるものだと、ポパーの反証主義は私たちに思い出させる。ポパーにとってマルクスの歴史論とフロイトの無意識論はその意味で非科学的であった。

1羽の黒鳥の存在が、「すべての白鳥は白い」という理論の誤りを立証する。

問題解決的な探求

ポパーは、科学の使命は理論を立て、観察や実験を通じてその真偽を検証することによって、世界の実際的な問題を解決していくことだと説いた。反証の積み重ねによる理論の不断のアップデートが科学を進歩させると彼は信じていたのだった。反証を乗り越えた現時点でベストな理論も、未来において反証されないという保証はどこにもない。

1　有力な科学的理論

ポパーにとって、反証可能で証拠に裏づけられた理論は真理とみなしてよい。しかし、それも将来反証される可能性はあるので、真理とは暫定的な真理である。反証不可能な理論は疑似科学だ。

2　科学的理論

検証・反証可能であるゆえに、ニュートン力学はまぎれもなく科学的理論。ニュートン力学を改訂したアインシュタインの相対性理論についても同様だ。

3　疑似科学

反証できない理論は疑似科学である。ポパーに言わせれば、フロイトの無意識論やアドラーの個人心理学、マルクスの歴史論は疑似科学に含まれる。

科学的真理の本性

アメリカ人哲学者のウィラード・ヴァン・オーマン・クワインは、哲学の使命は言語分析のみとする考え方を批判し、哲学は科学の一分野だと主張した。

科学としての哲学

ウィラード・クワイン（1908〜2000年）は、論理実証主義（92-93頁参照）を痛烈に批判した。なかでも、哲学者は言語分析だけすべきだという主張は、とうてい看過できないものだった。だが同時にクワインは、哲学者の使命は世界の本性について思索することだという考えや、哲学的知識は科学的知識と根本的に異なるといった考え方も否定した。クワインにとって哲学とは、科学に理論的土台を与える独立した学問分野というより、科学の一分野であったのだ。実際に彼はこう書いている。「現実を特定し説明するのは科学の範囲であって、第一哲学とかの仕事ではない」。

クワインによる「科学」の定義は幅広く、彼自身が「常識」の延長上にあるとみなした歴史や心理学、社会学も科学に含まれていたが、すべての知のモデルとすべきは物理学だと彼は考えていた。究極的には、どんなものも物理的プロセスの観点から理解されうるからだ。

相互接続された信念

クワインによれば、人間の知識は信念が蜘蛛の巣状に相互接続されている状態にあるという。彼はこれを「信念の網（ウェブ）」と呼んだ。たとえば「外は雪が降っている」という単純な観察命題は、経験に即して形成される命題が網をなすウェブのふちに位置する。このような単純な命題は真偽の検証が簡単だ。しかし、他の数多くの命題とつながってひとつの理論をつくり上げている科学的命題は別だとクワインは考えた。科学的命題は、関連するさまざまな理論と切り離して単独で真偽を検証することはできない。これは、科学的命題はその証拠の突き合わせだけでは真だと確定できないことを意味する。むしろ、命題は他の命題も含めた理論全体にどう貢献しているかで評価されるべきだとクワインは主張する。このプラグマティックな見解は、私たちが科学的命題を —— どのくらいシンプルかどうか、予測を立てるのにどのくらい利用価値があるか —— 評価するうえで中心的な役割を果たしている。

このクワインの説は、個々の命題は理論全体とは関係なく、単独で有意味になりうるという個々の実証主義者の説ではつじつまが合わないことを示した。

分析的真理

クワインは『経験主義のふたつのドグマ』（1951年）で、分析的言明と総合的言明の区別（68-69頁参照）を自明視する論理実証主義者たちを厳しく非難した。その区別では、分析的言明は定義からして真であり、総合的言明は事実に応じて真偽が決定する。

クワインは「独身男性は未婚である」という（分析的ということになっている）言明でさえ、人間が結婚とはどういうものかを知っているからこそ真として成り立つのだと主張した。「独身男性」という言葉は、より広い知識体系と結びついて初めて意味をもつのだ。分析的言明は事実とは無関係に真であり、思考の基本的構成単位として機能しうると主張する論理実証主義者たちは、この結びつきを無視している。

信念の網（ウェブ）

クワインにとって知識は、蜘蛛の巣（網）状に相互接続された信念体系だ。論理学と数学はその網の中心に、単純な観察命題はその外縁に位置し、中間には私たちが自分の経験を説明するために組み立てた理論がある。クワインによれば、命題間の整合性は網全体に依存している。

観察によって
得られる知識

理論的な知識

数学的知識と
論理学

「どんな命題も必ず
改訂されうる」

ウィラード・クワイン著『経験主義の
ふたつのドグマ』（1951年）

行為としての言語活動

イギリス人哲学者のJ・L・オースティン（1911〜60年）は、言葉の意味とは世界の事物や事実を指し示すことではなく、発話者や話し相手にその言葉を発話する行為がおよぼす効果のことだと主張した。

記述することと効果をおよぼすこと

オースティンは『言語と行為』（1955年）で、言語の主な役割は事実を記述することだとする伝統的な見解を否定した。この見解は当時、前期ヴィトゲンシュタインの写像理論（90-91頁参照）を支持する多くの実証主義者たちが唱えていたものだが、当のヴィトゲンシュタインはそのときにはすでに過去の持論を撤回し、代わりに言語には人を説得したり、楽しませたり、励ましたりするさまざまな役割があると主張するようになっていた（96-99頁参照）。オースティンはこうした後期ヴィトゲンシュタインの説に賛同した。ただしヴィトゲンシュタインとは違って、言語の役割の種類は無限ではなく有限で、分類可能だと考えた。

オースティンはまず、言語活動を「事実確認的発言」と「行為遂行的発言」に区別した。事実確認的発言とは事実を記述した、真偽が判定できる発言のことであり、一方の行為遂行的発言とは特定の目標達成のためになんらかの効果を引き起こそうとする発言のことだ。しかし、オースティンはのちにこの区別は十分でないと判断し、言語活動は

ある意味で、すべて行為遂行的発言だと考えるようになった。私たちは言葉を発するたびごとに、世界になんらかの影響を与えようとしているわけだ。かくしてオースティンは、命題や言明を「言語行為」と再定義したのだった。

言葉とともに行われる行為

オースティンはそこからさらに論を発展させ、行為遂行的発言を「発話行為」「発話内行為」「発話媒介行為」の3つに区別した。発話行為とは、言葉を発声するというシンプルな身体的行為のことだ。それは場合によって、警告・謝罪・指示などの効果を意図する発話内行為の一種でも同

> なんて気持ちのいい日なのかしら

言語行為

オースティンによれば、言語活動とは能動的な行為の遂行だ。私たちは発話によって反応を引き出し、場合によっては他人の考え方に影響をおよぼすこともある。言語には世界を変えるという意図的な社会的機能、いわゆる「発話内の力」があるのだ。オースティンはこれを、言語の発声的な側面（「言葉を発する」という身体的行為）や発話媒介的な側面（言葉が発された後で他人に生じる結果や帰結）と区別した。

「文は、それ自体では、真でも偽でもない」

J・L・オースティン著『知覚の言語：センスとセンシビリア』（1962年）

発話行為

発話行為は、言葉を発音するという身体的行為のこと。しかし、言葉は社会的文脈のなかで使われて初めて意味をもつ。「なんてすばらしい日なの」と独り言を言うのは、言葉なきため息と変わらない。

時にあるだろう。つまり、発話行為とは「言葉を発声する」という行為自体を指し、発話内行為とは言葉を発すること「によって」何かの行為を行っていることを指す。そして 3 つめのカテゴリーである発話媒介行為（効果）とは、発話から生じる帰結、話し相手あるいは発話者にたいして起こる発話が意図していたり意図していなかったりする帰結を指す。たとえば警告の発話は、意図していなかったのに相手から敵対的な行動を発話を引き出すきっかけになりうる。

　オースティンの見解によれば、文を理解するとは、その文が行為遂行的発言のどのカテゴリーに入るのか見きわめることだ。オースティンにとって言語とは、世界を傍観する写真ではなく、世界に効果をおよぼしはたらきかけるツールなのであった。

日常言語学派

オースティンは「日常言語学派」と呼ばれる哲学流派の代表的なひとりである。日常言語学派は、言語の本来の意味は日常的な用法のなかにあり、哲学上の問題は、言語が自然な文脈を無視して解釈されたときに生じると主張する。たとえば日常言語における「理解する」は何かの意味がわかったときに使われるのに、「理解」について語る哲学者の言う「理解」は意味が曖昧だ。哲学的な語法は抽象的で、理解の「プロセス」や「能力」の存在が前提され、その結果、「理解」とはどんな種類のプロセスもしくは能力なのか──たとえば「精神的」なものなのか、それとも「身体的」なものか──といった問いが提起される。だが、日常会話で「理解する」を使うときに、このような問いは話者や聴き手に生じていない。

発話内行為
社会的文脈における「なんてすばらしい日なの」という言葉は、相手と親しくなるために発せられているのかもしれない。その場合、発話の意味は、親しくなるという行為を意図的に行うことである。

発話媒介的効果
オースティンは、発話内行為にともなって他人に結果としておよぼす影響も言語の意味のひとつだと考えた。発言することで、発言の効果を意図していなくても、予想外のロマンティックな反応が生じる場合もある。

科学革命の構造

アメリカの哲学者にして物理学者・科学史家でもあるトマス・クーンは、物理科学のしくみにかんする主流の見解に異を唱え、科学実践の哲学的枠組みにたいする私たちの理解を変容させた。

パラダイムシフト

　クーン（1922～96年）は、科学は必ずしも直線的かつ徐々に進歩するわけではないと考えた。著書『科学革命の構造』（1962年）でも、科学のきわめて大きな進歩は「パラダイムシフト」と彼が名づけた革命的な事態によって、断続的に生じてき

たのだと述べている。クーンの言う「パラダイム」とは、ある時代において標準とみなされた思考の枠組みのことだ。したがって「パラダイムシフト」は、ひとつの時代の定説の進歩ではなく、既存の理論が全面的にくつがえされる、世界観全体の転換を意味する。

　クーンは、あるひとつの科学革命と次の科学革命とのはざまにあたる、科学者たちが思考の枠組みを共有している期間を「通常科学（ノーマル・サイエンス）」と呼ぶ。たとえば、17世紀から20世紀前半までは、ニュートン力学をパラダイムとする通常科学の期間であった。当時の定説のひ

真理への道

科学は特定のルートをたどって進歩してきたが、他にもルートはたくさんありえたはずだとクーンは考える。その時代に最も重視された問題を解決するのに役立つルートが「真理への道」とみなされる。

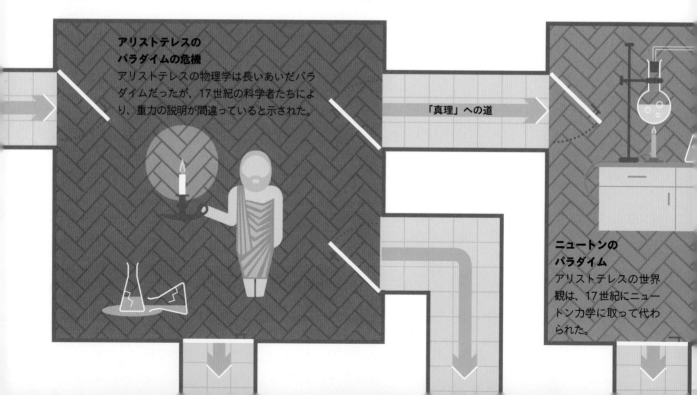

アリストテレスのパラダイムの危機
アリストテレスの物理学は長いあいだパラダイムだったが、17世紀の科学者たちにより、重力の説明が間違っていると示された。

「真理」への道

ニュートンのパラダイム
アリストテレスの世界観は、17世紀にニュートン力学に取って代わられた。

とつに、宇宙のどの地点にあっても時間は一様に流れるとする「絶対時間」の概念がある。だが、1905年にアインシュタインが、時間は相対的で、観測者の視点によって進む速さが異なると発表すると、ニュートン力学は根底からくつがえされ、科学者たちは新たなパラダイムを採用せざるをえなくなった。

真理と進歩

しかし、クーンによれば、ニュートンよりもアインシュタインの理論のほうが「真理」に近いとは言い切れない。いつの時代でも、そして私たちもいま、可能であること（コンピュータの製造やワクチンの開発など）を見て、自分たちの時代の科学こそが「真理」だと思い込んでいる、とクーンは指摘した。

クーンにとってパラダイムシフトは、真理に向かう前進ではない――人類の進化の節目、もしくは私たちがもつ世界への適応力の進化の節目のようなものだ。したがって、科学的真理とはコンセンサスの事柄であり、そしてそうであるがゆえに、科学的真理は文化と時代の転換期には新たな真理に取って代わられる宿命なのだ。

✓ チェックポイント

> **パラダイムシフト**は、ひとつのパラダイムが危機を迎えたとき――定説とされてきた理論枠内に例外が山積したとき――に生じる。

> **新たなパラダイム**が構築されるプロセスのことを、クーンは「科学革命」と呼んだ。

> **科学者集団**は、新たなパラダイムについて合意が確定されると、その理論枠内に限定された問題の解決に戻っていく。そうして通常科学は、また新たな例外が積み重なるときまで継続されていく。

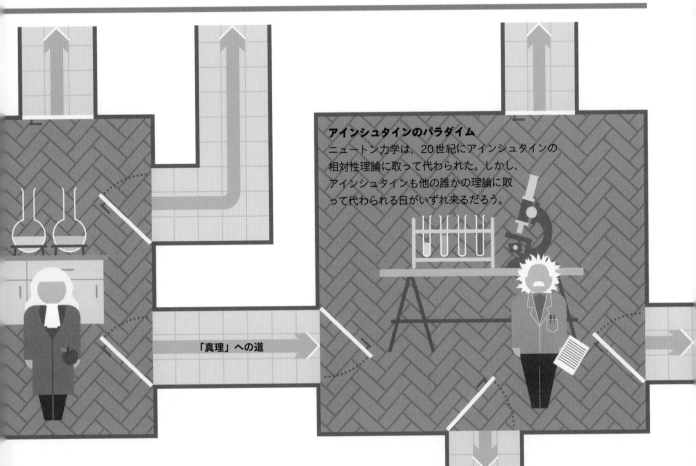

アインシュタインのパラダイム
ニュートン力学は、20世紀にアインシュタインの相対性理論に取って代わられた。しかし、アインシュタインも他の誰かの理論に取って代わられる日がいずれ来るだろう。

「真理」への道

観点はひとつではない

自身の観点の位置に影響されることなしに客観的に物事を考えることは不可能だと多くの哲学者が考えてきたが、トマス・ネーゲル（1937年〜）は、思考の客観性はある限界内において、実現可能だと主張する。

観点と客観性

「客観的な思考」とは、文化的・生物学的な条件づけによって形成される主観的観点に影響されずに物事をとらえることだろう。そして、自分を客観視するということは、自分自身を「外側から」見ること、自分のどの考えが主観的で、どの考えが誰にとっても正しいものかを判断することである。トマス・ネーゲルは数々の著述を通して、その可能性の範囲について検証している。

ネーゲルは物理科学を、世界についての知識とその検証方法を私たちに提供する、客観性に基づいた学問のモデルだと考える。たとえば人間は、物理科学的に見れば、特定の種類の肉体をもつ生き物であり、それゆえに人間特有の観点をもっている。

しかし、ネーゲルは、科学で解明できることには限界があると主張する。たとえばコウモリが何をエサにし、どのようにコミュニケーションをとっているかなどの生態についてはもれなくわかっても、「コウモリである」とはどのようなことなのかはわからない。つまり、「人間の」視点（外側の観点）から考えることはできても、「コウモリの」視点（内側の観点）で考えることはできないのだ。自然科学では、私たち人間とはまるで異なる経験や視点をもつ生き物が世界に無数にいるということだけしか証明できない。私たちにできるのは、目が見えない人が、見える世界を想像するように、他の生き物たちの経験の本性について考えをめぐらすことだけなのだ。

ネーゲルにとって知識とは、「自己という偶然的な中心から徐々に離れてグラデーションをなす一連の同心円」だ。物事を客観的に思考しようとすることで、自分を中心とする円だけがすべてではないと理解できるが、それにも限界がある。世界は無数の他の観点で満ちていて、その観点ひとつひとつが独自に自分であることの感覚をもっている。私はそれらを外からの観点で眺めているのだ。

どこでもないところからの眺め

ネーゲルによると、客観的な思考とは主観の観点の枠の外から物事を考えることだという。主観から遠く離れれば離れるほど、客観的に考えられるようになる。このプロセスの最終目標は、自分の生物学的・文化的観点にとらわれない大局的な見地——ネーゲルが呼ぶところの「どこでもないところからの眺め」に到達することだ。たとえば、物理科学はこの「どこでもないところ」で実践されている。科学者が事実を追求するのは万人のためであって、自分のためだけではないからだ。イギリス人哲学者のA・W・ムーアは『Points of View』（1997年）のなかで、どこでもない視点、「完全に距離をとった観点」で世界を記述した表象を「絶対表象」と呼んだ。

意識の本性

1974年にネーゲルは論文『コウモリであるとはどのようなことか』を発表した。何かが意識をもつとは、その何か「である」ことが存在するということだ。言い換えると、意識をもつとは観点をもつことだ。ネーゲルのこの論は、意識とは何かについての意識であり、私が何を知覚するかは私の感覚器官に左右される、という考えにもとづいている。異なる感覚をもつ生き物は、世界を異なる仕方で知覚するだろう。だからコウモリであることはサメであることやイヌであることとは全然違う。ネーゲルはこうして、意識とは何であるかは生き物の脳を調べればすべて説明できるとする唯物論者（152-53頁参照）の主張を批判するのである。

「**必要**なのは、**できるかぎり客観的な観点**を、**行動の基盤にするための方法**だ」

トマス・ネーゲル著『どこでもないところからの眺め』（1986年）

異なる視点

コウモリをどんなに研究したところで、コウモリであるとはどういうことかは決して理解できないとネーゲルは語る。同様に、コウモリも人間であるとはどういうことかわからない。でも、もしコウモリが科学を理解すれば、彼らも「どこでもないところからの眺め」に到達できるかもしれない。科学理論を定式化し、客観性の限界を意識するかもしれない。

自己

文化

物理科学

フェミニスト認識論

フェミニスト的観点から知識の理論（認識論）を研究するフェミニスト認識論者たちは、さまざまな知の分野にはびこる有害なジェンダー先入見を特定し、異議を申し立てることに努力している。

フェミニスト的な知識観

　認識論や科学を探求するフェミニスト哲学者たちは、物理学・医学・法学などの理論的知識の中心分野に存在するジェンダー差別を特定し、女性はほとんどの知的分野の主流から取り残されたままだと訴えている。この現状は、知識の支配的モデルと知識の獲得手段の両方が男女差別を隠蔽し促進させてきたことが原因だという。「女性向け」とされるステレオタイプな知の形態（たとえば育児や老人介護の手法などの、実際的な知識形態）は過小評価されている。

　その結果、女性は往々にして自信を失い、職業に選んだ分野で高く評価されることもできない。科学者としても、研究者や教育者としても男性より能力が相対的に劣るとみなされがちだ。フェミニスト哲学者たちは、科学という伝統的な「男」社会で女性が公正に扱われるように、現状を認知的・科学的観点から再検討し改革すべきだと論じている。

食い違う視点

男性優位の社会では、男性の状況理解が女性と異なるために女性がより大きな苦難に見舞われやすいとフェミニストたちは主張する（右の「スタンドポイント理論」を参照）。自分は状況を客観的に把握していると思っている男性も、家父長的な慣習と有害な思い込みによって視点が歪んでいる。

上からの視点
山の頂上から見下ろすと視界が開けて気持ちがいい！　ここに立つ私は物事を客観的に見る名人だ！　なんでもくっきり見ているぞ。

男性専用
理論的知識の多くの分野は、男性によって男性のために創出されてきた。その結果、これらの分野には放置されてきた先入見が数多く存在する。

ジェンダー先入見を問い直す

フェミニスト認識論は、必ずしも知識全般がジェンダーの観点から決定されるべきというものではない。だがフェミニストたちは、女性の利益になる重要な知識形態がジェンダー差別を受けていると指摘する。彼女たちは客観性は可能ではないし望ましくもないと訴えているわけではなく、特定の性差による視点を克服して客観性を獲得する可能性や必要性にかんしてさまざまな問いを提起している。さらに、先入見のない視点が常に望ましいものなのかどうか、特定の視点や状況を特権的なものにしている原因は何か、どのような意味で特権的なのかを問う。男性と女性がそれぞれ相手の立場で考えられないかどうかを検証することで、フェミニスト認識論は、新しい有益な視点の獲得に努めている。

スタンドポイント理論

スタンドポイント理論は、フェミニスト的経験論およびポストモダン的アプローチ（140-41頁参照）とともに、フェミニストの視点に立った有力な知識理論のひとつである。サンドラ・ハーディング（1935年〜）をはじめとするスタンドポイント理論の提唱者たちは、女性が置かれている社会的立場のほうから社会を見る視野は、不利な集団・抑圧された集団がもつ観点（スタンドポイント）の重要な典型例であると主張する。女性たちはこの観点をもっているがゆえに、自分たちを抑圧する男性優位の慣例や制度の欠陥を発見できるのだ。

女性の観点は、抑圧されるとはどういうことか直接的に知識を有する人たちの観点として特別であり、だからこそ、彼女たちは本質を突いた批判的洞察ができる。抑圧する者——男性権力者たちのグループ——は、自分たちの有害な思い込みや自らの行動の結果を無視する傾向にある。

スタンドポイント理論の目的は、ひとつの社会集団としての女性間の集団理解を獲得し、男性社会の欠陥や有害な思い込みを露呈させることだ。フェミニストたちはこの理論を土台に、女性を男性の欲望と従属の対象として見る目と戦い、女性にすべての知識形態へのアクセス権を与え、あらゆる知的分野で活躍できるよう政治的な行動を起こすことができるのだ。

フェミニスト認識論

女性が困難に直面することで明らかになった事実がある。伝統的な知的分野ではしばしばジェンダー先入見によって限定された知識が生産されているため、研究のツールとしくみには喫緊の見直しが必要だ。

抑圧された観点

頂上にたどり着くにはまだ誰も通っていない新たな道を見つけ出さなければならないけど、客観性とジェンダー先入見のない知識を手に入れるために、私は進み続けよう。

第 **3** 章

大陸哲学

20 世紀のドイツ・フランスを中心とする欧州本土の哲学者たちは、英米の分析哲学とは別のアプローチを追求する。彼らは生そのものの本性——人間として生きるとはどういうことか——の探求に焦点を合わせるのだ。

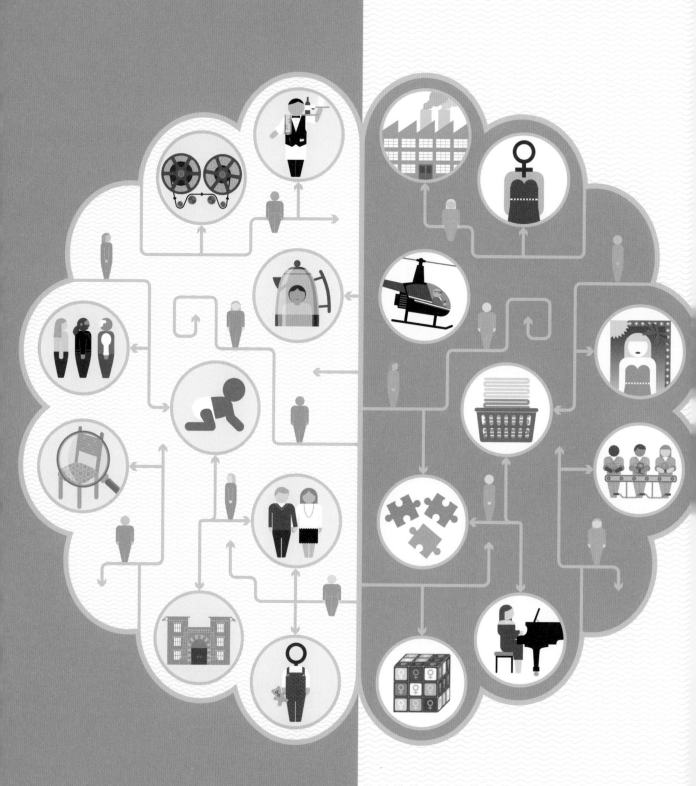

大陸哲学

「大陸哲学」という言葉が最初に使われたのは19世紀。イギリスの哲学者たちが、欧州本土でさかんに実践されていた思弁的なアプローチを、経験主義の伝統を継ぐ自分たちのアプローチと区別したいと思って使ったのであった。しかしこの呼称は以後も残存し、とくに20世紀では、哲学の二大アプローチを区別する便利な名称として使われた。

大陸哲学とイギリス哲学のあいだには、バートランド・ラッセルの研究などからはじまる分析哲学の確立によって亀裂が広がった。当時の欧州本土の哲学者たちは、100年の歴史をもつドイツ観念論を引き継いでいた。イギリスと違って経験主義が根づかなかった大陸ヨーロッパでは、17世紀以降、理性主義と観念論が浸透していた。イギリスの哲学者たちが功利主義や自由主義というプラグマティックな思想を展開していた一方で、大陸の思想界ではヴォルテール、ルソー、マルクスの革命的な思想が産声を上げ、カント、ヘーゲル、ショーペンハウアーのドイツ観念論を経て、因襲打破的なニーチェ思想にたどりつく思弁的な思潮が底流に深く息づいていたのだ。

20世紀の大陸哲学者たちは主体的な経験にさらにいっそう重点を置いた。フッサールを先駆として人間中心の哲学的アプローチが誕生し、フッサールの「現象学」は未来の大陸哲学の大きな源流となった。フッサールは、哲学者は人間の理解がおよばない物事についてあれこれ推測するのではなく、自分たちに経験できることを探求すべきだと説いた。ハイデガーもフッサールの思想を引き継ぎ、哲学者は経験そのものの本性を研究すべきと主張した。この主体的な経験の分析はのちに、「実存主義」運動を牽引するサルトルを筆頭に、とくにフランス人哲学者たちを夢中にさせた。フランスでは哲学は伝統教育およびフランス文学の一環と位置づけられていたため、主観的視点を重視した現代大陸哲学が根づく土壌があったと言えよう。サルトルと彼のパートナーであるボーヴォワールも、「本来的」な生き方の追求を目標とするハイデガーの思想を発展させ、人間の本質はあらかじめ決まっているものではなく自らつくり出すものであり、私たちはそれぞれ自分の信念をもって生きるべきだと説いた。

大陸の伝統から生まれた思潮は他にもある。第二次世界大戦以前には、カントの批判哲学と再解釈されたマルクス主義とを融合させ、当時強まっていた全体主義への傾向に対抗しようとする「批判理論」の学派が生まれた。この社会的・政治的問題を分析する手法は戦後に発展し、たとえばフーコーは社会全体が個人にたいして権力を行使するしくみを明らかにした。彼の思想はのちに、思想と権力との相互の結びつきをあばこうとする構造主義およびポスト構造主義の哲学者たちに多大な影響を与えた。

心的作用の対象

ドイツ人哲学者のフランツ・ブレンターノは、思考・情動・知覚などの心的作用はどれも必ず対象を伴うと説いた。つまり、心のはたらきがそこへと向かっている対象が。

志向性

「志向性」という言葉を最初に用いたのは、神は私たちの心のなかに観念として存在するのと同時に、実在として存在してもいると説いた中世のスコラ哲学者たち（46-47頁参照）だ。ブレンターノ（1838〜1917年）はこの術語を、私という一人称の観点を軸にした意識理論に再導入し、科学心理学の基礎づけを試みた。

ブレンターノは『経験的立場からの心理学』（1874年）のなかで、すべての思考や心的状態は必ず対象を伴うと主張した。私たちは何かを感じたり、思い出したり、想像したり、欲したりするとき、その何か、その対象に意識を向けている。たとえば、心に何かを思い描いたり、何かを思ったり、何かを欲求したりするとき、私の心はその何かへと向かっているのだ。ブレンターノは何かに向かう意識のはたらきのことを「志向性」と名づけ、私たちの意識が向かっている事物を「志向的対象」と呼んだ。ブレンターノにとって心的現象は常に志向的対象を伴い、志向的対象は（現実世界の事物のように）実在するものであってもなくても私たちの心に内在する。無意識的な心的現象というものはありえない。志向的対象がある以上、対象を志向する

志向的（心的）対象

志向的対象には判断・回想・想像・欲求・情動などの作用（はたらき）の対象が含まれる。私たちは直接見聞きしたり、思い出したり、感じたり、考えたりといったさまざまな方法で、対象を心のなかに再現する。実在の事物かいなかに関係なく、そうしたはたらきをしているときの私たちの意識はその対象に向かっている。

心的対象

心的対象は、実在するものであってもなくても心のなかで（内在的に）なんらかのかたちを取っている。ブレンターノはこの心的現われを「表象」と呼んだ。

実在的事物

私の外部にある私からは独立している物理的対象は、私に知覚されると私の心のなかにある対象となる。

心的作用そのものを私が意識しない
はずがないからだ。ブレンターノは
私たちが対象を心に思い浮かべる最
も基本的な心的現象を「表象」と呼
んだ。判断（対象が実在しているか
どうかについて肯定もしくは否定す
ることを含む）・欲求・情動などの
他の心的現象は、表象があって初め
て成り立つと考えた。

ブレンターノの「志向性」概念の問題点

ブレンターノが提示した志向性の概念には大きな問題点がある。それは、意識
の記述に用いられた術語の定義が明確でないことだ。志向的対象を説明するの
に用いた「表象」や「内在的対象性」などの概念が曖昧なうえに、「志向的対象」
という術語自体が実在の事物を指すのか心的表象を指すのかもはっきりしない。

知覚でとらえた
実在の本

その心的表象

経験された対象
知覚の対象もしくは想起の対象
は心的対象となる。この心的対
象は実在する事物が心のなかで
表象されたものである。

情動
情動と欲求も何かに向
かう意識である。なぜ
なら情動や欲求は対象
をもつからだ。

実在しない対象
心的作用のすべてが実在する対
象を伴うとは限らない。現実世
界に存在しない何かについて私
たちは「表象」をもつ場合もある。

現象学

エトムント・フッサールが創始した現象学は、私たちにたいして現われる
もの、すなわち「現象」が探求の対象だ。この学問では、自分の外に世界
が実在するという前提をいったん脇に置くことが求められる。

意識の現象

フッサール（1859 〜 1938年）は、私という一人称の
視点を軸にした意識と経験の探究に科学的アプローチを導
入することで、哲学者らのあいだで何世紀も議論が続けら
れてきた問題に明確な答えが出せると考えた。彼はこのア
プローチ方法のことを「現象学」と名づける。

フッサールの言う「現象学」は意識の現象を扱う学問で
ある。「現象」の標準定義は私にたいして現われてくるも
の——すなわち、私たちが経験するもの、言葉にするもの、
意図するものだ。しかし、フッサールは「現象」と「対象」
を区別する。「対象」は私たちの意識の外側や知覚の限界
を超えたところに存在する何かであるのにたいし、「現象」

は私たちの意識のなかでそれらの対象がどのように現われ
るかという現われ方のことだと論じた。

態度の転換

意識の外部に事物や世界の実在を前提とする客観的態度
を、フッサールは「自然的態度」と呼んだ。私たちは自分
が知覚し、回想し、想像し、欲しているのは対象そのもの
だと思い込み、そうした心的現象をそれ以上問わない。つ
まり、対象を知覚する心的作用、回想する・想像する・欲
する心的作用のほうに注意を向けず、対象が作用の対象と
いう現象として意識のなかで現われるしくみ（下段参照）
を吟味しようとしないのだ。フッサールはこうした自然的

エポケー（判断保留）

科学が目指すのは、世界について
の問いに明確な答えを出すことだが、
科学的発見は経験に依存しており、
しかも経験は思い込みや偏見に影響
されやすい。そこで現象学は、自分
の思い込みを「カッコに入れて」一
度ストップさせてみる「エポケー」
という作業を求める。ただし、エポ
ケーには「自然的態度」から「現象
学的態度」への転換が必要だ。

自然的態度とは、すべての対象を
外的存在と思い込むことであり、現
象学的態度とは、その判断を保留し
て諸対象についての内的経験に集中
し、その内的経験を記述することだ。
こうすることによって、対象につい
ての私たちの経験の本質と、その対
象のことを私たちがどのように納得
し意味づけていたのかのしくみが把
握できるようになる。

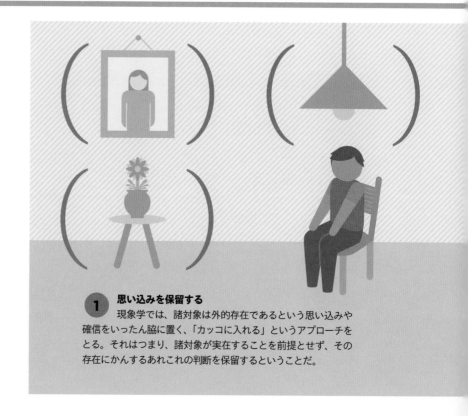

1 思い込みを保留する
現象学では、諸対象は外的存在であるという思い込みや
確信をいったん脇に置く、「カッコに入れる」というアプローチを
とる。それはつまり、諸対象が実在することを前提とせず、その
存在にかんするあれこれの判断を保留するということだ。

態度から、彼の言うところの「現象学的態度」への転換を呼びかけた。この態度の転換を「現象学的還元」、または「エポケー」と呼ぶ。

　「エポケー〔判断保留〕」とは、対象が意識の外に、意識とは別に前もって存在しているという思い込みをいったん保留する（フッサールはこれを「カッコに入れる」と表現した）ことだ。私は私の意識に集中し、これらの対象が自分の意識に現象してどのように現われているのかに集中する。こうすることによってあらゆる思い込みの前提から解放され、意識の内容の純粋な記述が私たちに可能になるとフッサールは言う。私たちの意識は決して空っぽではない。常に志向的対象（116-17頁参照）で満たされているのだ。

「経験はそれ自体は科学ではない」

エトムント・フッサール

現象学vs.論理実証主義

論理実証主義（92-93頁参照）によれば、論理的命題と経験によって検証されうる事実に即した命題のみが有意味な命題であり、主観的な意見や判断は無意味な命題だ。つまり、論理実証主義では、哲学上の問いに主観的な答えを出すのは意味がないとみなされる。

　このように、人間の存在にかんする根本的な問いや課題を無意味とみなし、ゆえに答えは出せないと主張する論理実証主義の態度をフッサールは否定した。そして現象学を用いれば、こうした哲学上の問いにも科学的・数学的問いの答えと同様に確実な答えが出せると説いた。すべての思い込みをいったんカッコに入れて捨象することで、主観的体験の基礎的知識を確立できる。そうすれば、人生経験にかんする有意味な哲学的命題もつくることができると考えたのだ。

2　対象と現象
このアプローチをとることによって、対象（イス）と現象（意識に現われたイス）の区別がつくようになる。たとえ目の前のイスを壊しても、オリジナルのイスを思い出したり想像したりできる。つまり、対象がなくなっても現象の一部は残り続ける。

3　意識に焦点を合わせる
知覚したイスと記憶したイスを区別することによって、対象が意識に現われる内的経験に注目し、その現われ方のしくみを私たちは吟味できるようになる。

時間意識

エトムント・フッサールは、私たちが時間というものをとらえる仕方、すなわち「時間意識」が人間の最も基本的な意識のかたちだとした。

現在・過去・未来

フッサールは人間が時間をどのように経験するのか探るために、意識を具体的にとらえて分析した。フッサールは、ひとつながりのメロディを聴くという経験を例として用いている。メロディのなかのひとつの音符が聴こえるとき、「いまこの瞬間」に聞こえた音はそれぞれ「原印象」をつくり出す。そして、新しい音が聞こえてくるたび、その直前の音は過去に押しやられる。けれども、この過去に押しやられた音をいま私の意識はまだ意識のうちに留めていて、その音はもはや、いまこの瞬間に聞こえている音ではなく、ついさっきの過去の音として意識にある。このように、すでにない過去を意識がなお保持し続けるプロセスを、フッサールは「過去把持」と呼んだ。

フッサールによれば、私たちの過去の記憶は一連の過去把持でできている。多様な事物が存在する混沌から私たちが特定の対象を見分けられるのは、この一連の過去把持のおかげだ。すべての過去把持はさらなる過去把持をもたらす。「いま」という瞬間が過去に移るとき、その瞬間は直前の「過去」という瞬間の過去把持と連結している。過去把持は現

時間の流れ

フッサールは、メロディを聴くという体験はいまこの瞬間に聞こえてくる音の印象、もはやない直前の音を保持すること、これから聞こえてくるであろう音を予期すること、この3つが一緒になった経験だと分析した。

「意識はどれも何かに向かう意識である」

エトムント・フッサール

在とつながりながら、彗星が尾を引くように過去にも手を届かせているのだ。ひとつながりのメロディを聴くとき、私たちは過去の音を保持するだけでなく、さらにその後に続く新しい音を——過去把持のプロセスに似た仕方で——予期している。フッサールは時間意識のこうした将来的な側面を「未来予持」と呼んだ。

フッサールにとって時間意識の基本要素である「原印象（現在）」「過去把持（過去）」、「未来予持（未来）」の3つは、人間が時間の流れを体験し、意識するときに、現在を過去と未来に結びつけてくれるものであった。

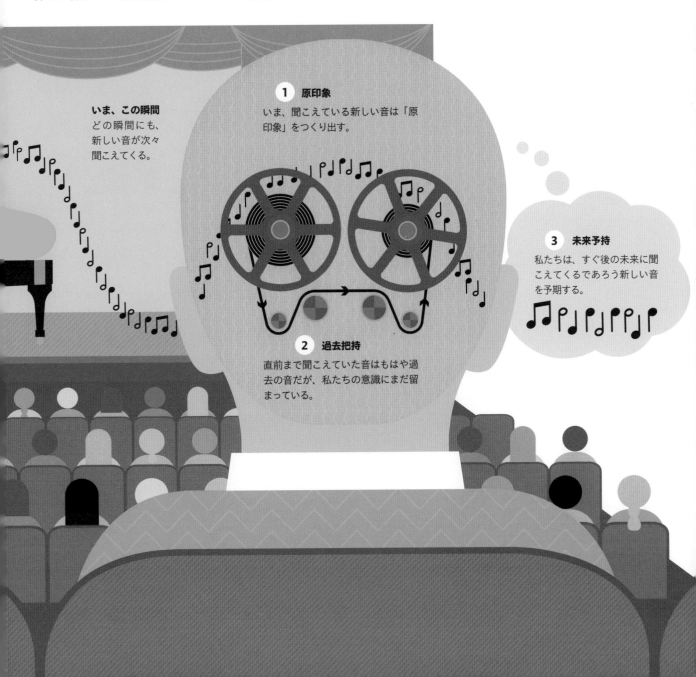

いま、この瞬間
どの瞬間にも、新しい音が次々聞こえてくる。

1　原印象
いま、聞こえている新しい音は「原印象」をつくり出す。

2　過去把持
直前まで聞こえていた音はもはや過去の音だが、私たちの意識にまだ留まっている。

3　未来予持
私たちは、すぐ後の未来に聞こえてくるであろう新しい音を予期する。

人間として存在するとは
どういうことか?

実存哲学の旗手、マルティン・ハイデガーは、人間として存在するとはどういうことか、そしてなにより、この世に人間存在として生きるとはどういうことか探究した。

実存主義的現象学

　ハイデガー（1889 ～ 1976年）はエトムント・フッサールに影響を受け、彼の現象学（118-19頁参照）のアプローチを受け継いだが、ハイデガーはより根源的な問いだと自身が考えたもの、つまり存在と存在の意味への問いに取り組むために、現象学の方法論を刷新し適用した。存在の意味は意識の構造を理解することによって見出せると論じたフッサールにたいし、ハイデガーは、日々のありきたりな生活の営みのただなかで人間で在るとはどういうことかを分析することによってのみ見出せる、と主張する。

　ハイデガーは、人間を意識や主観、自我として定義してきた、人間の生を外側から眺めるような従来のアプローチを不適切だと批判した。人間で在ることの意味を理解するには、人間の実存について抽象的に問うのではなく、実体験を通して考える必要がある。「人間とは何か?」と問うのではなく、「この世〔世界〕で人間として生きるとはどういうことか?」と問うべきなのだ。

人間の実存

　ハイデガーによれば、事物が存在することの意味を理解するには、まず人間存在の意味を理解しなければ

問うべきもの

ハイデガーによれば、人間は、たとえば「人間で在るとはどういうことか?」といった自身固有の経験にかかわる問いを通してのみ、この世界に自分が実存する意味を理解できるという。「人間とは何か?」などの自然科学的な一般的問いからは、こうした理解に到達できない。

人間とは何か?
人間の本性に
かんする
自然科学的論文

ならない。なぜなら、自分や事物の存在とその意味を気にすることができるのは人間存在だけだからだ。他の動物や植物、無生物などは存在や現実について気にしたり問うたりしない。ハイデガーは、「現にそこに存在する」ことを意識できる人間を「現存在」と呼んだ。私たちは、自分が知ろうとする世界を外側から眺めている、世界から切り離された "主体" などではない。「いつもすで

に」世界の内側に存在してしまっている存在だ。世界の内に存在して世界に住みこんでいる状態、彼の言葉で言うところの「世界－内－存在」は、知識や知覚のあり方よりももっと単純で、根本的で、そして幅広いものである。この「世界－内－存在」という術語は、私たち人間はさまざまな事物とかかわり、それらに影響を受け、感情を揺さぶられながら実存しているということを表している。

世界－内－存在

ハイデガーは『存在と時間』（1927年）で「世界－内－存在」について、この世界で遭遇するさまざまな事物に態度をとりながら実存する〔生きる〕、人間としての存在のあり方だと説明している。ハイデガーは人間（現存在）以外の存在を「道具的存在」「事物的存在」の2つに区分した。なんらかの目的のために使用できると人間が見出した存在は「道具的存在」、人間が関与や使用をせず、ただその視覚に入っているだけの存在が「事物的存在」だ。ハイデガーはこのようにして、人間存在を存在一般の意味を求める哲学上の問いのスタート地点に置いた。

「**現存在**はそのつど私のものであり**世界**に存在している」

マルティン・ハイデガー

人間で在るとはどういうことか？
この世界で人間として実存する〔生きる〕とはどういうことだろうか？

死に面する生

マルティン・ハイデガーは、人間は自分の死に向かって「本来的」な実存
として生きるとき、そのとき初めて自分にとって何が最も重要なのかを理
解し、そこへと自分を投げ込むことができるようになると論じた。

死−へ向かう−存在

　人間は根本的に不安を感じている。なぜなら、私は自分で自分をつくり出したのではなく、自分の運命をコントロールする絶対的な力などもってはいないと、自分で気づいているからだ。ハイデガーは『存在と時間』（123頁参照）にそう記している。私たちの存在の中心には土台の欠落、「無根拠」の感覚があり、それは私が死すべき存在であることの気づきと関連しているのだという。ハイデガーは、死を意識しながら生きているという人間の基本態度を「死−へ向かう−存在」と呼んだ。

　死を意識しようが無視しようが、人は生まれた瞬間から、時々ではなく常に「死−へ向かう−存在」だ。だが、本来の自分らしい生き方をするには、自分にもいつか必ず死が訪れることを心底自覚する必要があるとハイデガーは指摘する。死を承認した人間は、自分の経験には時間的限界があることを認めることができる。もし、自分の死を無視すれば、自らの生存の根源的な部分に気づかないまま、まったく無意味な事柄に気を取られて私はくだらない人生を送ることになる。このようにして、私の実存は非本来的な実存になる。私たちは死を意識するとき、自分自身や実存

することの意味をより深く理解し、有意義な人生を送ることができるのだ。

良心の呼び声

　ハイデガーは、自らの死を真正に理解することで、私は日常世界に埋没して自分を見失った生き方から本当の自己を取り戻せると語る。それはあるときふと起こる種類のことと思われるかもしれないが、ハイデガーは、「良心の呼び声」に耳を傾け、自己の存在ときわめて深いコミュニケーションをとることでそれが促されているという。私たちは日常の表面的な「おしゃべり」に意識を奪われて本来的な生き方を見失っているが、良心は「おしゃべり」を切り裂き、私が自己自身に向き合うよう呼び出す。この言葉なき呼び出しが、人間は時間的な存在であるという真実、死への恐怖は死を直視することで和らぐという真実をおおい隠している、気晴らしの雑音を消し去るのだ。

不安の正体

ハイデガーは、本来的な自己を実現させる方法のひとつは不安を直視することだと述べた。そして不安を恐怖心と対比させている。ハイデガーによると恐怖心とは、たとえばヘビやクモなどの具体的な何かを恐れることだ。だからヘビやクモが眼前から消えれば、恐怖心も消える。しかし、不安は具体的な何かを恐れることではない。世界に居場所がない気分に陥ることだ。この「無根拠」の感じこそが、本来的な自己――本来的な「現存在」（122-23頁参照）――を誕生させるきっかけとなる。私たちは、世界や他者への依存状態から切り離された瞬間に初めて自分自身になれるのだ。

本来的な実存

ハイデガーにとって実存する人間とは、生きる時間が有限であり、死という終わりをもち、それゆえ現在だけに属しているのではなく、過去と未来へとかかわる存在である。本来的な実存とはどういうことかを理解するには、自分の人生を死という地平に向けて常に投射する必要がある。つまり、「死−へ向かう−存在」として実存するのだ。「存在する」とは時間のなかで在ること。とすれば、私たち人間はみんな「死−へ向かう−存在」ということになる。だが、これは悲観的な考え方ではない。死をこうして意識することが、自分にとって何が重要で何が重要でないか、何を優先すべきかに気づかせてくれるのだ。

死

愛する人と出会う

誕生

過去

言語を習得する

家庭を築く

現在

未来

本来の「自己」になる

「死は私の**可能性
にとっての限界で**
ある」

マルティン・ハイデガー

行動と選択が開き示す存在の意味

私たちは未来に向けて自分の可能性を投げかけることによって、自分自身と世
界を意味づけ理解する。自分の可能性の究極の限界としての死を意識すること
で、自分にとって真に重要な未来を選びその未来の可能性をめがけて自分自身
を投げ込むのだ。おしゃべりや気晴らしで時間をつぶすか、未来のあるべき自
分を目指すかで生の実感と意味は変わる。本来的な自己は死という限界に目を
向けるのにたいして、非本来的な自己は死から目を背けていようとする。

自由とアイデンティティ

ジャン＝ポール・サルトルは、自由は人間を人間たらしめる基本条件なのだが、私たちは自分を偽り、いま身近にある役割に自分を固定させることで、自分なんて存在しないと自分に思い込ませようとしていると指摘した。

即自存在と対自存在

　実存主義（世界のうちに投げ出されている人間の実存を分析する思想）の最重要人物のひとりサルトル（1905～1980年）は、フッサール（118-21頁参照）やハイデガー（122-25頁参照）などの現象学者から影響を受け、現象学の一部分を独自に展開した。

　世界に一躍、実存主義ブームを巻き起こした代表作『存在と無』（1943年）で、サルトルは実存のあり方を「即自存在」と「対自存在」の2つに分けている。「即自存在」は存在理由が初めから固定された、自己への意識も選択の自由もない無生物や人間以外の動物の存在のあり方を指す。これにたいして「対自存在」は、自己意識をもち、選択と行動の自由をもつ存在のあり方を指す。サルトルは人間の特徴は

「即自存在」と「対自存在」の両方の性質をもっていることだと主張した。私たちには自由があるが、同時に私たちの実存は、生い立ち、年齢、性別、人種、階層、職業的地位といった、私たちが安易に受け入れている状況やアイデンティティによって固められている。だが、自由から人間は逃れられないとサルトルは言う。私たちは自分の行動の責任を取りたくないばかりに選択や決断の自由から逃げようとするが、人間は「自由であるという刑に処せられている」。つまり、私は選択や決断に立て続けにいつも向き合い続けるしかないのだ。

役割を果たす

サルトルは実存と本質の違いを説明するために、職業上の役割を完璧に務めるカフェの給仕人を例に出す。給仕人であることはその人に課された目的とアイデンティティで、いわばその人の本質の一部のようにも見える。その人がカフェの理想の給仕人を演じ、役割に自分自身を固定させようとしても、それは原理上不可能だとサルトルは言う。なぜなら、人間は自由から逃れられないからだ。彼の実存——自分で選び行動する自由——は可能性を特徴とする。サルトルにとって個人のアイデンティティは、その人が日常生活で演じる役割などではない。自己意識をもつ自由な存在である人間には、役割すなわち本質よりも、実存のほうが重要なのだ。

私は理想的な給仕人だけど、この仕事を自由に辞められる。

ねえ、ジャック！あの人、理想的な給仕人だわ——物腰がとても丁寧できばきしているもの。

自己欺瞞（ぎまん）

　サルトルは、人間には責任と不安を伴う自由や自己意識を自ら否定する根本的な傾向があると説き、これを「自己欺瞞」と呼んだ。「自己欺瞞」は、押しつけられたアイデンティティを捨て去る自由を放棄する、一種の自分で自分をだますことである。

　「自己欺瞞」は「嘘」とは違う。嘘にはだます人間とだまされる人間がいるし、嘘つきは嘘をつく意図をもち、それをちゃんと自覚している。それにたいして「自己欺瞞」はだます人間とだまされる人間が同一人物だ。だます人間は真実を知りながらそこから目をそらし、現在の役割に自分を閉じ込めることを選ぶ。だが、自分の自由を否定できるのも、否定する自由があるからだ。このように、サルトルにとって「自己欺瞞」は意識の深いパラドクスであった。

実存と本質

サルトルにとって実存とは「存在している」という事実であり、本質はその目的・機能・アイデンティティのことだ。人間がつくったこの世のすべての事物の本質は実存に先立つが、人間の場合はその反対で、実存が本質に先立っている。

　サルトルは、ペーパーナイフを例に用いて実存と本質の違いを説明した。ナイフは必要性が先にあって初めてつくられる。だからナイフの「本質」は、ナイフそれ自体の存在（実存）よりも先にあって固定されていたことになる。

　無神論者で、人間は神から本質を与えられて生まれてくるとは思っていなかったサルトルは、人間に本質はなく、人間は自分で積極的に自己をつくらなければならないと論じた。

「実存が本質よりも先にある」

ジャン＝ポール・サルトル

自由
この給仕人は自分のアイデンティティを自由に拒否できる。

「自己欺瞞」はもうたくさんだ！

"他者"

ジャン＝ポール・サルトル（126-27頁参照）によれば、私たちは自分を他者や他者の心から切り離されたものとみなすことはできないという。自己認識は私を見ている他者のまなざしに気づいて初めて可能になるからだ。

他我問題

　これまで多くの哲学者たちが、他者との関係を「他我問題」の観点からとらえてきた。つまり、他者の心を私たちはどのようにして知りうるかと問題設定してきたのだ。この問題設定が目指すのは、他者の心の存在を証明し、さらには独我論（存在すると確実に知りうるのは自分の心だけとみなす哲学的立場）の問題点を解決することだ。しかしサルトルの見方によると、他者の心の存在証明にかかわる議論は多くの理由から成立しない。そのとくに大きな理由は、その種の議論がどれも「自我」を他者と切り離して考え、他者を私たちの知識の対象ととらえている点にある。

　サルトルはこうした前提を否定し、自己は他者から切り離せないと主張した。私たちと他者との主な関係は、知識の「対象」としてではなく、具体的な生活場面における「主体」としての「生きられる（直接的・一人称的な）」経験だ。人は自分が他人から見られている――そしてどういう人間か、勝手にレッテルを貼られている（囲み参照）――ことに気づいたときに自意識が芽生え、自分を他者の視点の対象としてとらえる。

　サルトルは、他者の存在は証明で

他人のまなざし

直接その姿が見えなくても、開いた窓やカーテンのゆらぎなどから誰か（「他者」）の視線を感じることがある。私たちは誰かの視線を感じたとたん、自分が弱く権限のない存在であることに気づく。この気づきは知識の一種ではなく、他者についての「生きられる」経験――他者に見られることで、自分の弱さや恥ずかしさを感じる経験だ。私たちは他者との関係においてのみ、自分自身を対象として意識する。つまり、自己は他者のまなざしの上に成り立っているのだ。他者から見られることは、自分の存在の「還元不可能な事実」である。私たちと他者（他者の「心」）との関係は、2つの切り離されたモノとモノとのあいだに後から生じる関係ではなく根本的な関係だとサルトルは結論する。つまりそれは客観的知識という間接的なつながりではなく、ダイレクトに体験されている関係なのだ。

対象化

私たちは他者の視線に直面すると羞恥心などをおぼえる。サルトルはこの状況を説明するために、自分が鍵穴をのぞいているところを想像したが、ここではパートナーの浮気現場をのぞき見している男を例に挙げよう。この男はのぞきという行為に没頭している。ほとんど我を忘れて自分で自分のことを意識できない状態だが、彼のまなざしはパートナーとその浮気相手を対象化する。

浮気者

嘘つき

裏切り者

きないが独我論は否定できると考えた。なぜなら私は、私に自分を意識させ、他人の視線と評価に気づかせる、他者の「生きられる経験（私が他者を経験する仕方）」に依拠しているからだ。人は、自分が他人からどんなレッテルを貼られているか気づくと、自分でもそのレッテルを自分自身に貼り、自由を見失ってしまう（囲み参照）。だが、再び自己と自由を肯定すれば、より大きな自己認識に到達できるのだ。

「**自分という存在は他者のまなざしの対象**だと気づくことによって……**他者を主体として存在しているものと見る**ことができる」

ジャン＝ポール・サルトル著『存在と無』（1943年）

他者との不安な関係

サルトルに言わせれば、他者からの評価は自分でコントロールできない。自分が——「いい人」「面白い人」などの——どんなタイプの人間に分類されるかは予測できない。相手は私たちを自分の見たいようにしか見ないからだ。サルトルが言ったように、他者の自由が「[私たちの] 自由の限界である」。他者には、心のなかで私と私の「外見」になんらかのレッテルを貼る自由がある。

　私はこのように他者から対象化されることで本来の自由（対自存在としてのあり方）を奪われて即自存在（126-27頁参照）へと変わり、自分自身を弱く権限のない存在と感じてしまうようになる。そうして自己を見失い、他人の評価に縛られてしまうのだ。また自由を取り戻すには、この他者による対象化にあらがわなくてはならない。

対象化される存在

男はふと、誰かが自分を見ていることに気づく。その視線に気づいたことで、自分が他者にとっての対象になったことに気づくのだ。パートナーとその浮気相手に否定的なレッテルを貼った彼が、今度はその第三者に否定的なレッテルを貼られる。

自由の追求

目撃者のまなざしを浴びるこの男の自己は自分にたいする対象化にあらがい、再び自己肯定する。自由を再び取り戻そうとするのだ。自己は自身の自由を意識すると他者を対象化する。このとき、もう羞恥心は消えている。

ジェンダー・アイデンティティ

活動家で思想家のシモーヌ・ド・ボーヴォワール（1908〜86年）は、フェミニズム理論と現代哲学に多大な影響を与えた。女性を男性の「他者」とみなす構造にたいする彼女の批判は新しい時代を切り拓くものになった。

女性の「他者」性

ボーヴォワールは『第二の性』（1949年）で、現象学的な一人称的視点から人間の意識について分析し、自由にかんする実存主義的な考え方（126-27頁参照）を用いて性差の問題を問うた。彼女は生物学的な性差である「セックス」と、社会的につくられる性差である「ジェンダー」とを区別する。ジェンダーは、女性を「他者」つまり男性とは別のものと位置づけ、女性は男性に劣るとする伝統的な考えを正当化したい男性たちによって利用されてきた。男性と男らしさは人間の絶対の理想と崇められてきたのにたいし、女性はそこから外れた、不完全で不必要な「他者」とみなされてきたのだ。最悪の場合、女性の身体は男性のそれより劣っているとされた――たとえばフロイトは、女性を「去勢された男」と表現している。女性を称えて「神秘的」とみなすこともあるが、それは実際には社会から疎外された「第二の性」という従属的な位置づけを正当化するための表現だ。

生きられる身体

歴史上、男性は女性を抑圧する手段として性差を利用し、従順で愛情

「女性になる」ということ

たとえば子供を産み育てることが女性としての当然の役割だと言われてきたように、私たちの生き方は生物学的条件によって決まるとする伝統的な考え方をボーヴォワールは却下し、この考え方は男性が女性を支配下に置くために発明されたものだと指摘した。サルトルの「実存は本質に先立つ」という実存主義的な命題を言いかえて、ジェンダー・アイデンティティは生まれながらのものではないし、女性は女性として生まれるのではなく、社会的条件によって女性にならされるのだとした。

つまり、女性の本質は固定などされておらず、いつでも変化し成長しうるということだ。女性には自由があるのだから、男性の従来の要求から自分自身を解放する能力ももっている。ボーヴォワールは性差の存在を否定したのではない。どんな差異も女性を軽んじる口実になどならないと論じたのだ。

「人は女に**生まれる**のではない、**女になるのだ**」

シモーヌ・ド・ボーヴォワール著『第二の性』（1949年）

幼児期
ボーヴォワールの観察によれば、女児の行動は男児の行動と違わないし、周囲の大人も違うとは思っていない。

社会化初期
しかし、女児は成長するにつれて社会から「女の子」らしいふるまいを求められ、既存の「女の子」のイメージに合った行動をとるようになる。

深く、世話をし、外見を気にすることを女性に求めてきた。ボーヴォワールが訴えたのは、女性が男性のようになることでも、性差をなくすことでもない。どんな差異であれ、女性を従属させる手段にしてはいけないと警告したのだ。

　ボーヴォワールはセックスとジェンダーを、人間の生の本質的側面とみなし、そして、私たちの実存は「世界－内－存在」という特徴をもち、身体によってかたちづくられると説いた。身体的実存、「生きられる身体」（132-33頁参照）は本質的にジェンダーと性別を生きる実存である。

非難されるべきは誰か？

男性に支配されていることの責任は女性にあるとは言えないが、女性はときにすすんで自由を放棄し共犯関係にあるとボーヴォワールは主張する。そして、サルトルのいう「自己欺瞞」を体現する――自分の本質的な自由に背を向ける（126-27頁参照）――女性には3つのタイプがあると指摘した。自身を美の対象とみなし自由を否定するナルシストタイプと、男性への愛に溺れて自由を見失う愛人タイプ、そして神などの絶対的な観念に身を捧げる神秘主義者タイプである。

女性は自身のアイデンティティを主張すべきであり、自らの自由を妥協してはならない。

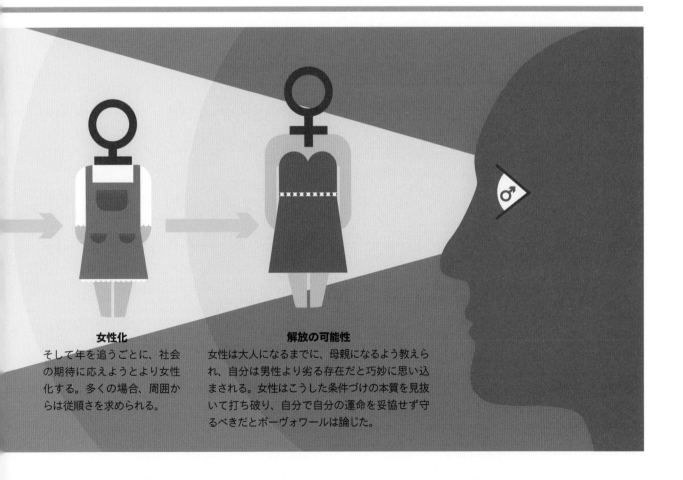

女性化
そして年を追うごとに、社会の期待に応えようとより女性化する。多くの場合、周囲からは従順さを求められる。

解放の可能性
女性は大人になるまでに、母親になるよう教えられ、自分は男性より劣る存在だと巧妙に思い込まされる。女性はこうした条件づけの本質を見抜いて打ち破り、自分で自分の運命を妥協せず守るべきだとボーヴォワールは論じた。

生きられる身体

マルティン・ハイデガーの「世界−内−存在」説（122-23頁参照）に
影響を受けたモーリス・メルロ＝ポンティは、私たちが世界を知覚する仕
方はただ単に知的な経験なのではなく、身体的経験でもあると指摘した。

「生きられる身体」の現象学

メルロ＝ポンティは人間の身体にかんする2つの伝統的
な探究姿勢、「主知主義」的アプローチと「経験主義」的ア
プローチをともに批判した。主知主義は身体を心的表象と
いう観点だけでとらえ、身体の物質としての存在を無視し
ている。身体が観念や表象ではないという事実は、たとえ
ば病気やケガなどの身体的問題に直面すると明らかになる

のに、だ。一方、経験主義は身体を単に自然界の物体とみ
なし、その特徴的な志向性 —— 世界との意識的なかかわり
—— を無視しているとメルロ＝ポンティは指摘した。

人体はただ外部の刺激に反応するだけの物体ではない。
私たちは身体というものを、当人と世界とのかかわりとい
う観点と、目的をもって行動する能力という観点から考え
るべきだ。「生きられる身体」（この言葉は身体を私の一人

背景としての知覚

メルロ＝ポンティは、ハイデガーの「世界−内−存在」説（人
間の実存について理解するには、人間が世界に存在するもので
あることをふまえなければならない、とする考え。122-23頁
参照）をベースに、人間の身体と知覚にかんする新たな思想を
展開した。

『知覚の現象学』（1945年）では、知覚についての従来の説
にメルロ＝ポンティは異議を唱え、知覚は感覚所与の受信と処
理のしくみという（経験主義的な）観点からも、対象とその感
覚特性にかんする考察という（主知主義的な）観点からも十分
には説明できないと指摘した。彼の見解によれば、知覚は私の
世界への根源的な開けのことであり、私たちが個々の感覚を発
揮する以前に必要な「前反省的」な、意識化されていない背
景としての役割を果たしているという。たとえば、私たちは電
話というものを（あらかじめ意識の背景に）知覚さえしていれ
ば、電話の着信音を聴き分けて受話器を取ることができる。電
話の存在を理論だてて意識していなくても、反射的に受話器に
手が伸びるはずだ。

日常生活での私たちは、「世界」というこの舞台の単なる観
客でもなければ、机上の空論に閉じ込もる思想家でもない。特
定の環境に能動的にかかわって私は生きている。知覚は行動や
動作とつながっていて、身体か精神かのどちらか一方からでは
なく、生きられる身体と意識が絡み合う場から生まれる。たと
えば水泳選手は水を知覚して水の反応をうまく扱える。つまり、
身体にも意識があるから、手足の動かし方や水の扱い方などに
ついて数式にして計算して考えなくても泳ぐことができるのだ。

思考以前の知覚
私たちが何かを知覚するときは、たとえば家
の内側などいま見えない部分を含めたその全
体像を最初に意識している。そのことが先行
しているからこそ、個々の細部に後から順次注
目することができる。

称的経験ととらえたフッサールによって、初めて用いられた）は、外部から眺めたり触れたりできる単なる物体とは違う。それは常に私とともにあり、私を世界に結びつけているものだ。生きられる身体は単なる対象、単なるモノではなく、私の経験のあらゆる面に浸透している大事なものなのだ。

幻肢（げんし）

メルロ=ポンティはこの見解を説明するために、幻肢（足を失った人がまだ足があるような身体感覚をもつ現象）を例に用いた。彼によれば、幻肢は単なる神経伝達の不具合や心的プロセスの結果ではない。存在しない足は刺激を感じないとすれば、経験主義的な見地ではそもそも説明がつかないし、患者によって幻肢の症状も異なる。また、失った足の存在をはっきり感じられるとなると、記憶などの心的表象を原因にする主知主義的な説明も通用しない。そこでメルロ=ポンティは、幻肢という現象は生活習慣や行動パターンというその人の世界での存在の仕方によって引き起こされると考え、だからこそ、足が失われてもその部分の志向性はまだ生きているのだとした。

「身体は私たちと世界をつなぐ全般的な媒体だ」

モーリス・メルロ=ポンティ著『知覚の現象学』（1945年）

幻肢の知覚

メルロ=ポンティに言わせれば、幻肢という現象は、その人の生活習慣と状況の変化との衝突によって生じる。足を失っても、その人の身体生活と世界とを開きつないでいた部分は生き続ける。メルロ=ポンティは、幻肢は生理学的状況や（記憶や感情などの）心的要因と無関係だと言っているのではない。むしろ、切り離して考えるべきではないと主張する。身体も精神も世界もすべて、「世界−内−存在」という枠組みのなかで「相互に連動するもの」だからだ。

身体の志向性

幻肢は、身体を媒体とした世界での習慣的な存在の仕方によって引き起こされる。

批判理論

20世紀の資本主義にたいする批判として展開された批判理論の目的は、イデオロギー的・文化的・政治的な支配から個人を解放することであった。

解放

1930年代にドイツのフランクフルトを拠点にした哲学者集団フランクフルト学派は、現代資本主義社会を吟味し、その限界を見きわめようとした。彼らがとくに注目したのは、社会を定義し、個人に力を行使する規範や制度であった。フランクフルト学派は批判理論によって支配の根源だけでなく、人間の解放という実践的な最終目的に向けての社会変化の可能性についても明らかにしようとした。フランクフルト学派を主導したマックス・ホルクハイマー（1895～1973年）によれば、「真の民主主義とは、社会生活の全条件が人間の具体的コンセンサスにもとづいて調整できている」民主主義だ。

道具的理性

ホルクハイマーとテオドール・アドルノ（1903～69年）は、特定の目的にとって効率的な手段を見つけて、目標達成の関連要因を何もかも制御・操作しようとする「道具的理性」と自由主義経済を批判した。そして、社会・経済・政治の成長に奉仕する——結果として大量生産と大量消費にゆきつく——自由資本主義のイデオロギーが個人の衰退をもたらしたと指摘し、資本主義の合理性は、社会的自由の真正な追求という観点にもとづいて考え直されなくてはならないとした。

対話的理性

21世紀に入っても活躍中のユルゲン・ハーバーマス（1929年～）は「対話」による合理性という協調的アプローチを提示し、これは公共圏で実践すべき社会的事業なのだとした。倫理的・政治的規範の価値評価は現実社会から乖離（かいり）した机上の空論では実現できず、当事者全員にオープンにされた公共的な場での対話によってのみ実現できる。このアプローチは社会の多様性や複雑性を尊重するものであり、人々を自身の社会歴史的背景に巻き込まれているだけではない、独立したひとりの個人とみなされるようにするのだ。

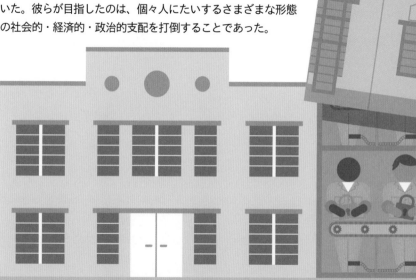

「中産階級市民の**制限された自由**は、**完璧な自由という幻**をまとっている」

マックス・ホルクハイマー著『批判理論』（1972年）

資本主義からの解放

批判理論の思想家たちは、自由主義的な理性はもはや人間を解放せず、それどころか新たな形の奴隷化を促進していると説いた。彼らが目指したのは、個々人にたいするさまざまな形態の社会的・経済的・政治的支配を打倒することであった。

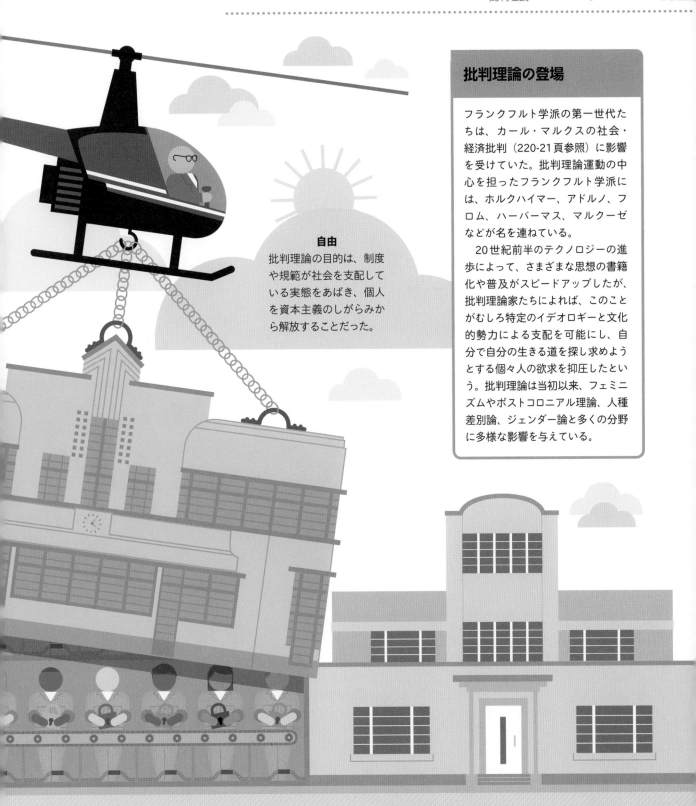

自由
批判理論の目的は、制度や規範が社会を支配している実態をあばき、個人を資本主義のしがらみから解放することだった。

批判理論の登場

フランクフルト学派の第一世代たちは、カール・マルクスの社会・経済批判（220-21頁参照）に影響を受けていた。批判理論運動の中心を担ったフランクフルト学派には、ホルクハイマー、アドルノ、フロム、ハーバーマス、マルクーゼなどが名を連ねている。

20世紀前半のテクノロジーの進歩によって、さまざまな思想の書籍化や普及がスピードアップしたが、批判理論家たちによれば、このことがむしろ特定のイデオロギーと文化的勢力による支配を可能にし、自分で自分の生きる道を探し求めようとする個々人の欲求を抑圧したという。批判理論は当初以来、フェミニズムやポストコロニアル理論、人種差別論、ジェンダー論と多くの分野に多様な影響を与えている。

権力はそこにもいる

著名な社会学者・思想史家であり、ポストモダニズム思想（138-39頁参照）の哲学者のひとりに数えられるミシェル・フーコー（1926〜84年）は、権力にかんする伝統的なとらえ方に異議を唱えた。

規律訓練型権力

フーコーは、伝統的な哲学者やジャン=ポール・サルトル（126-27頁参照）などの同時代の有力な思想家たちにたいする批判的な思想を展開した。ニーチェ（78-79頁参照）の著作だけでなく、実存主義や現象学からも影響を受けていた。

権力と知は密接な相関関係にあり、それらが人間を管理・支配するために利用されているとフーコーは考えた。『監獄の誕生 —— 監視と処罰』（1975年）では、現代の刑務所内で実際に機能している新たな管理・処罰体制について考察し、刑務所内で見られる「規律訓練型権力」がじつは、学校や病院、工場などの社会制度にも蔓延（まんえん）していると指摘した。規律し訓練する権力構造は、社会のあらゆる次元に侵入しているという。

現代の規律訓練型権力は、人々が自分で自分を規制するようしむけることで社会全体に権力構造を浸透させようとする戦略を用いる。現代ではこの種の権力が、かつての封建的社会構造に見られた（王や司法官などの）「絶対的権力者」に取って代わったとフーコーは指摘する。

規律におとなしく従う人々

自らすすんで社会規範に従うようにしむけて個人を管理しようとするのが、規律訓練型権力だ。私たちに教育などの既存システムへの適合を求め、人間の「規格化」を（とくに「普通でない」人にたいして強力に）実行し、効率的な労働者を調達しようともくろむ。

また、監視カメラの設置などの監視システムは、普通でない行動を犯罪行為だとして罰することで人々を効果的に管理する。フーコーは、権力とアイデンティティにかんする理論をセクシュアリティにも適用したが、このテーマはジェンダーとセックス、セクシュアリティについてのジュディス・バトラーの仕事によって引き継がれ、発展した（140-41頁参照）。

処罰
厳しい監視下に置くという管理体制は以前の体罰ベースのシステムより効果が高く、抵抗感は低い。

労働力
資本主義経済では、さまざまな経歴をもつ多種多様な人材を、労働力として大量に使う必要がある。

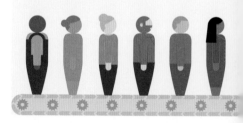

教育
教育によって、さまざまな潜在能力をもつ学生たちが新たな可能性を開花させられるように見える。

規格化（標準化）

フーコーは、規律訓練型権力を行使するのに不可欠な手法を「規格化」と呼ぶ。（職場や学校などで）守らなければならない規範や規則を守らない個人や、（善良な市民としての「普通の」行動にかんする）一定の基準を満たさないと判断された個人は「社会不適合者」「異常者」と評価され、場合によっては威圧的なプロセスを用いた矯正の必要があるとみなされる。つまり、規律訓練型権力は、個々人を科学的（疑似科学的）知識と支配に屈服する対象に変えてしまうのだ。

「規律訓練型権力は［…］その**不可視性**を通じて行使される」

ミシェル・フーコー著『監獄の誕生』
（1975年）

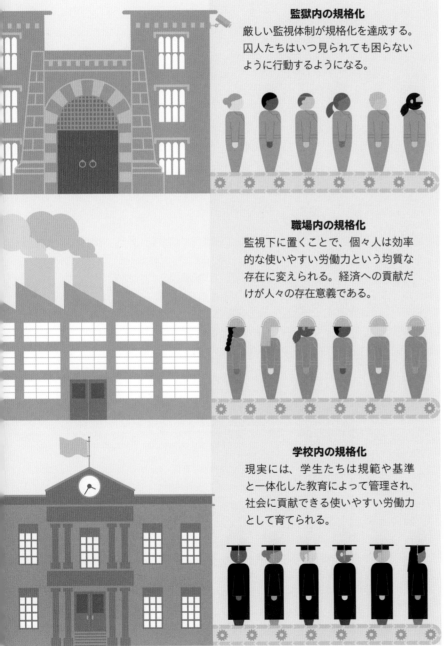

監獄内の規格化
厳しい監視体制が規格化を達成する。
囚人たちはいつ見られても困らない
ように行動するようになる。

職場内の規格化
監視下に置くことで、個々人は効率
的な使いやすい労働力という均質な
存在に変えられる。経済への貢献だ
けが人々の存在意義である。

学校内の規格化
現実には、学生たちは規範や基準
と一体化した教育によって管理され、
社会に貢献できる使いやすい労働力
として育てられる。

パノプティコン

フーコーは、現代の規律訓練型権
力について説明するために、18世
紀後半にジェレミー・ベンサムが
考案した「パノプティコン」と呼
ばれる監獄施設を例に用いた。パ
ノプティコンは独房がドーナツ状
に並ぶ中央に監視塔を設置し、監
視塔からすべての独房が見渡せる
構造になっている。囚人たちは自
分がいつ見られているかわからな
いから、常にちゃんとした行動を
とらざるをえない。フーコーは囚人
たちを規格化するこの施設を、規
律訓練型権力の典型例とみなした。

パノプティコンはベンサムが考えたようなかたちで
実際に建てられはしなかったが、1928年に建設さ
れたアメリカ・イリノイ州クレストヒルの刑務所は、
ベンサムの設計をかなり参考にしている。

脱構築

ポストモダン哲学の旗手、ジャック・デリダの「脱構築」論は、現代社会で当たり前と思われている一般的見解と伝統的な西洋哲学の考え方との両方にたいして微に入り細をうがつ言語的判断を突きつけた。

西洋哲学の解体

デリダ（1930 〜 2004年）の「脱構築」という考え方は、存在の本性や存在にかんする人間の認識についての研究部門と位置づけられてきた形而上学の伝統を根本から問い直すことに挑んだハイデガーの「解体」論に負うところが大きい。デリダがハイデガーの形而上学批判を継承し、なかでも「ロゴス中心主義」——真理は真理を記述するために用いられる言語（ロゴス）とは別に、言語から切り離されて存在しているという考え方——を批判した。デリダには「テクストの外部には何もない」という有名な言葉があるが、これは、哲学の概念を論じるのに用いられる言葉を超えて、言葉を離れて何かを把握することは私たちにはできないということを意味している。

デリダによれば、単語は「単語の外側」にある「真理」を代理するものではない。単語の意味はただ別の言葉とのつながりや対立からのみ引き出される。伝統的な形而上学は「本質／外見」「話し言葉／書き言葉」「精神／身体」「存在／無」「男性／女性」といった二項対立を慣用表現としてきた。しかし、これらの対立には根拠のない優劣が含まれている、とデリダは指摘する。この二項対立は理論的に不適切なだけでなく、倫理的・政治的に危険とも言え、2項のうちの「劣った側」にたいする不当な暴力的抑圧につながりかねない。

「脱構築」は、こうした二項対立の根底にある先入見をあばくための哲学的アプローチだ。それが目指すのは二項対立をあたりさわりなく安定させることなどではなく、まさに対立の枠組みを揺さぶって流動化させ、既存の思考パターンについて再考を促すことであった。

差延

デリダは「差異」と「遅延」という言葉を組み合わせた「差延（différance）」という造語を用いて、言葉と意味についてさらに探求を重ねた。意味は単語間の差異から生じる、とデリダは論じる。ただし、意味は——文脈に合わせて後から語を次々追加して話したり書いたりしていくという——私たちの言語使用にたいして、いつも遅れて現われる。「差延」は、理論や観念や「真理」を吟味する際には、私たちは理論や観念や「真理」を指すために使われているさまざまな単語の関係を一度脱構築しなければならないのであり、意味というものは単純でも明確でもないということに注意深くあるべきだ、というデリダの考えを示すものである。

ポストモダニズム

ポストモダニストたちによれば、私たちの知る世界は「言説的に構築されたもの」で、実際には個人と世界とのあいだに確固とした関係、もしくは安定した関係などなく、あらゆる物事の深部に差異が浸透しているという。ポストモダニストたちは多様な価値観を推奨し、物事を理解するための科学やその他の合理的な試みの「偶然性」——他のさまざまな要因に左右されていること——を強調する。そして理性や客観性の優位性を自明視せず、どの理論を他の理論よりも真実なものとして選ぶかは理性的・客観的根拠によってというよりは、個々のばらばらの決定が連なってその選択が帰結しているにすぎないと論じた。

意味への問いかけ

意味は、無限にありうる語と語の連なりによってつくられている。デリダは私たちに、私たちの物事の理解の基盤を問い直し、従来の「二項対立」を壊して暗黙の上下関係を否定することによって、テクストの意味の構造を積極的に解体し、デリダが「アポリア」（ギリシア語で「謎」「矛盾」の意）と呼んだ意味構造の欠落やすき間の部分を探究することを推奨した。

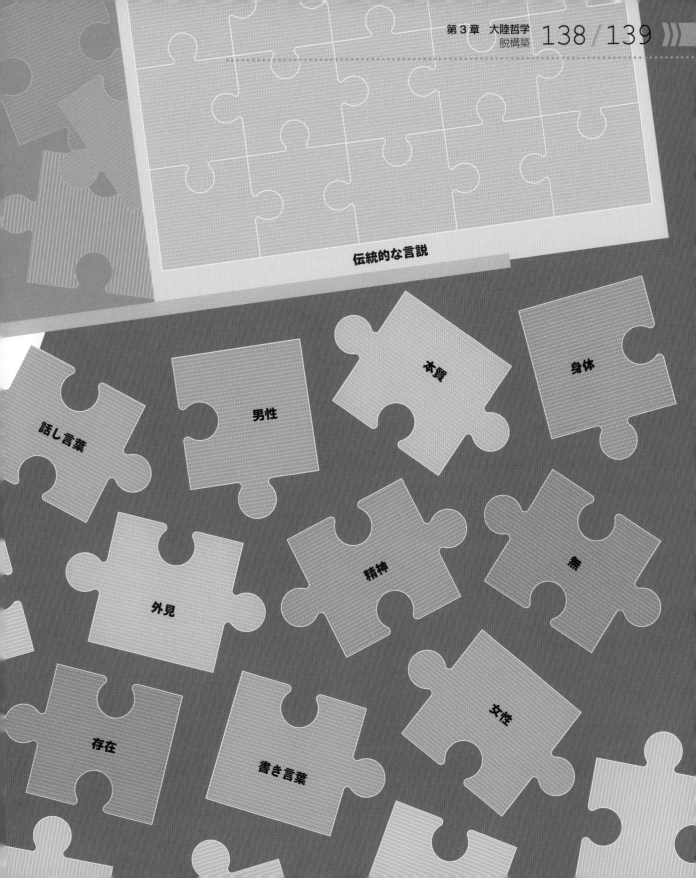

伝統的な言説

本質

身体

話し言葉

男性

外見

精神

無

存在

書き言葉

女性

ポストモダン・フェミニズム

ポストモダニズム（138-39頁参照）に影響を受けた第三波フェミニストたちは、性差は生まれながらのものだとする考え方を問い直す。彼女たちが目指すのは、「女らしさ」「男らしさ」を理想とする社会通念をくつがすことだ。

パフォーマンスとしてのジェンダー

　ジュディス・バトラーは『ジェンダー・トラブル』（1990年）のなかで、ジェンダーは一種の演じる行為、パフォーマンスだと論じている。ジェンダーを繰り返し演じることによって、いつしかそれを永遠不変のものと受け取り、男性か女性かの2種類しかないとする錯覚が生まれた。

　このようなパフォーマンスは、（女性と男性という）伝統的な性別二元論や異性愛という支配的な規範や理想を強化してきたのであり、そこから逸脱したゲイやトランスジェンダーなどが例外視され抑圧されている。

　だがバトラーは、このような規範は社会的に構築されたものにすぎず、「統制言説」としての言語使用習慣によるものだと論じる。こうした言説によって、どの種類の性別、ジェンダー、行動が「社会的に普通」かが決められ、普通とされた支配的グループが他のグループに権力をふるう。男女二元論や異性愛が当たり前と強制する価値観を揺さぶり流動化させるために

は、こうした規範に反対の声を挙げなければならないとバトラーは述べた。

本質主義に抗して

　本質主義とはざっくり言えば、文化や時代に関係なく女性の本質的な

ジェンダーの再定義

現代のフェミニストの多くは、女性・ジェンダー・性別にかんする均一な考え方は誤りとみなしている。それらは女性の人生の状況の多様性を無視し、女性は男性に劣るという権力序列を強化するものだ。バトラーは、ジェンダーのみならず生物学的性別の概念も社会的に構築・強化されていると説いた。

セックスもジェンダーも社会的構築物
バトラーを筆頭にした第三波フェミニストたちは、ジェンダーだけでなくセックス（生物学的な性）も言説を通じて社会的に構築されたものだと主張し、ジェンダーの生物学的理由づけを疑問視している。

特徴や役割は不変で同一だとする考え方のことだ。本質主義者なら、たとえば性別は生まれながらの本質的な生物学的属性と定義するだろう（「生物学的基盤論」）。

バトラーは、本質主義は従来の抑圧的な家父長制度に奉仕する政治的つくり話だと説く。バトラーは「女性」という一語ですべての人に同一のアイデンティティを強いる考え方を却下し、人種など、他の属性と交差する多様なジェンダー・アイデンティティへの新たな理解を求めた。

第三波フェミニズム

ジェンダーと性別はどちらも生物学的なものだ、というのが古くからの見解だった。しかし、第二波フェミニズム（1960年代〜80年代前半）で、ジェンダーは社会的・文化的構築物だと考えられるようになり、第三波フェミニズム（1990年代〜）では、「性別」と「身体」もまた単に生物学的カテゴリーではなく、男女の身体的差異の少なくとも一部は社会的に構築されたものだとされた。

第三波フェミニズムは、女性的特徴は本質的なものとする考え方を疑問視する。

ひとつの型を押しつけないで
バトラーに言わせれば、理想的な女性像は抑圧と有害な影響をもたらす危険な錯覚だ。

「ジェンダーとは、オリジナルのない一種の模倣だ」

ジュディス・バトラー著『ジェンダー・トラブル』（1990年）

ジェンダー役柄
バトラーは台本に従う人形劇に既存のジェンダー規範をたとえて、それを断ち切って男女皆に公正な社会の促進を問いかける。

第 4 章

心の哲学

人々は大昔から意識経験について問い続けてきた。近代に入るとその問いは、「心とは何か?」「心と身体にはどんなつながりがあるのか?」といった、より特化した問いに変化した。

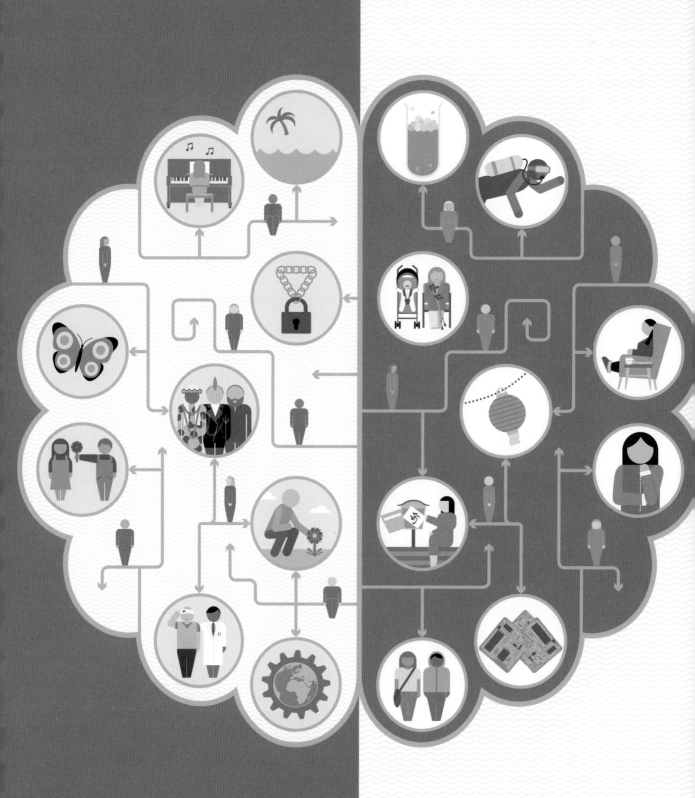

心の哲学

テーマが多岐にわたる倫理哲学や政治哲学とは異なり、「心の哲学」ではテーマがひとつに絞られる。そのテーマとは、私たちが「心〔精神〕」とみなしているものの正体を見きわめることだ。「意識とは何か?」「心とは何か?」「心は身体にどのようにしてかかわるのか?」——心の哲学ではこうした問いが軸となる。

心にかんする問いは、世界の事物の本性に関連することから形而上学に属する問いとみなされ、それへの答えは大きく二分される。ひとつは、世界は物体と精神という2つの実体で構成されていると説く「二元論」、もうひとつは、世界は物体か精神、あるいはその両方の中立的な性質をもった他の実体からなると説く「一元論」だ。

心と身体のつながりをめぐる問いが生じたのは比較的最近で、17世紀のルネ・デカルトからはじまった。デカルトは世界を2つに分けた。物理的法則によって機械仕掛けのように決まった動きをする物質世界と、人間の心が位置する非物質世界だ。当時、彼がこの持論を展開した背景には「科学」の定着があった。アリストテレスの伝統的な宇宙論がガリレオとケプラーによって一掃されたことからわかるように、世界にたいする新たな視点が求められた時代であった。しかしながらデカルトは、科学者たちの言う通り世界が機械仕掛けのように動いているというなら人間の自由は存在しえないと考え、非物質的な精神が支配する非物質的世界の存在を主張した。精神と身体は別々に存在する。これが伝統的な二元論の態度である。ただし、精神と身体との相互作用については未解明のままになる。二元論は長年すたれ気味だったが、近年、再興しつつある。その主な理由は、一元論者による心にかんする説明の不備にある。

現代の一元論者の大半は、意識は脳の神経化学的な機能にすぎないと主張する「物質主義者」ないし「物理主義者」である。彼らの見解に従えば、苦しみ・喜び・希望・意思は基本的にはすべて物理的作用だ。一部の一元論者にとって「心」や「意識」などの概念は「日常〔民間〕心理学」の言葉づかいにすぎない。つまり、日常生活で用いられる概念群の一部であって、科学的な根拠はないという。他にも一元論には、言語哲学にルーツをもつ「行動主義」という派生形がある。行動主義者たちは、「賢い」「優しい」などは外的・身体的現象を指す言葉なのに内的・"心的"現象を指す言葉だと勘違いされている、と指摘する。ルートヴィヒ・ヴィトゲンシュタインも同様の主張を展開し、心にかんする問題は「言語が休暇を取った」ときに生じていると述べた。ヴィトゲンシュタインは一元論者でも二元論者でもなかったが、形而上学的な——とりわけ「心」と「身体」、「内的」世界と「外的」世界との区別を要する——問題は、言語の使用上の混乱からの帰結であると主張した。

 # 二元論

自然界は──物体と精神という──2つの実体から成ると最初に提唱した
のは、17世紀のフランス人哲学者、ルネ・デカルトであった。

精神と身体

デカルトによれば、空間に存在する物質は物理法則に支配されている。たとえば樹木には特定の高さや幅、質料、生息場所がある。だが、人間の精神やその属性はこれに当てはまらない。信念・痛み・計画には空間的な性質はなく、ゆえにこれらは物質とはみなされない。デカルトにとって精神は経験の主体そのものであり、機械的な物質世界と一線を画す

存在だった。経験の自由を享受できるのは人間だけであり、他のすべての生き物は自然の法則に縛られているとデカルトは考えた（54-55頁参照）。

世界を精神と物体に分けたデカルトは、両者の関係について問いを立て、精神と身体は脳の松果体で「相互作用する」と結論したが、その具体的な説明には成功していない。事実、二元論者たちにとっては、精神と物体の相互作用について説明する

ことは難しい。（物質ではない）精神のはたらきは目に見えないから、精神は常に経験の「主体」であって、「客体」ではないからだ。したがって、心は脳と一体だとか、コンピューターみたいなものだとか言われても二元論者たちは頑として受けつけない。物理主義者が痛みは脳の単なる電気活動にすぎないと主張しても（152-53頁参照）、謎はかえってますます深まるばかりだ。なぜなら私たちは、

クオリア

哲学者たちは、経験がもたらす主観的な質──たとえば、何か音を聞いたときの「感じ」など──を「クオリア」と呼ぶ。オーストラリアの哲学者、フランク・ジャクソンは「メアリーの部屋」と呼ばれる例を提示した。メアリーはモノクロの世界に住んでいる。メアリーはそこで、モノクロの

本やテレビを通して色についての物理的事実を知識としてすべて学ぶ。そんな彼女がモノクロの部屋から出て、世界へと入り、初めて色というものを目にする。二元論者たちによれば、このとき彼女は、世界には物質だけでなくクオリアという、物理主義（152-55頁参照）では説明できない主観的な質の存在を初めて知るという。

メアリーはモノクロの世界にいても、勉強することで色の物理的事実をすべて知っていたはずだと、物理主義者は主張するだろう。

たとえば蜂に刺されて痛みを感じるとき、痛みの意識が、刺されるという身体プロセスと密接につながっていることを知っているのだから。しかし、そのつながりがどういうもので、物質である脳が「感じる」などの不思議なはたらきをどうやってももたらすのかについてはいまだ解明されていない。

意識のハード・プロブレム

　昨今、「意識のハード・プロブレム」なるものによって、デカルト以来の心身問題が見直されている。「意識のハード・プロブレム」とは、物質であるはずの脳が、なぜ、色・におい・音などの主観的な体験、いわゆる「意識」を生むのかという、現代の科学的アプローチでは解決不可能な問題を指す。この観点に従えば、科学は意識と世界を「切り離し」、世界を経験的視点から説明するが、この視点 ── 経験が生じる場所 ── そのものは観測することができない。経験の主体は経験の客体になれないからだ。「自然主義的二元論」を標榜するデイヴィッド・チャーマーズはこう語る。「意識の研究は私たちに、世界がいかに不思議なものかを教えてくれる」。

随伴現象説

二元論者たちが直面した問題は、物質は必ず因果律に従うという考え方（152-53頁）だった。人間の行動は物質プロセスだけで説明がつき、身体のはたらきを経験すること以外に意識の出番はない。そこで生物学者のT・H・ハクスリーは、時計は鐘を鳴らせても鐘が時計を動かすことはできないように、意識は身体の影響を受けるが影響を与えることはできず、ただ身体につき添うだけだと説き、この意識のはたらきを「随伴現象」と呼んだ。

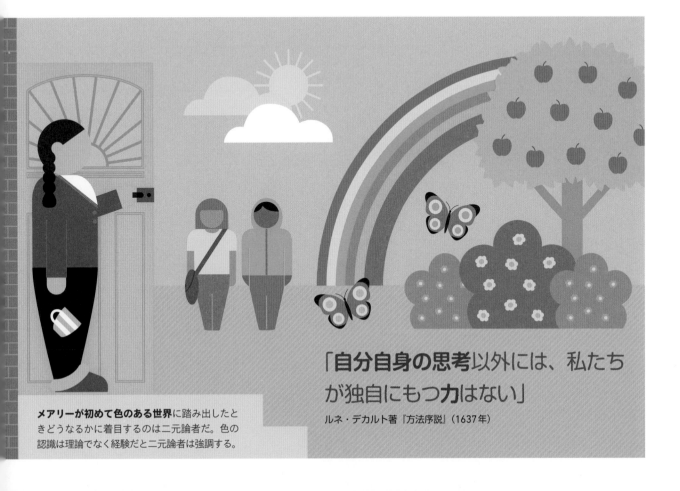

メアリーが初めて色のある世界に踏み出したときどうなるかに着目するのは二元論者だ。色の認識は理論でなく経験だと二元論者は強調する。

「自分自身の思考以外には、私たちが独自にもつ力はない」

ルネ・デカルト著『方法序説』（1637年）

言語の限界

1940年代、哲学者のルートヴィヒ・ヴィトゲンシュタインは言語の本性を
めぐる問いを提起し、「心の哲学」という発想そのものに疑問を投げかけた。

文法の影

ルートヴィヒ・ヴィトゲンシュタイン（1889～1951年）は『哲学探究』のなかで、言葉の意味を知っているとは、その言葉が示す対象を知っていることではなく、その言葉の使い方を知っていることであり、言葉の使い方は慣習によって決定され、文脈によって変わりうるものだと説いた（96-97頁参照）。ヴィトゲンシュタインはそう唱えることで、知識は経験によってではなく、理性によってのみ得られるとするデカルトの説（52-55頁参照）を否定したのだった。デカルトの説では、私たちは「痛い」という言葉の意味をある感覚と結びつけ、それから自分の経験を他人に当てはめる。だが、ヴィトゲンシュタインの説はそれと反対で、私たちは「痛い」という言葉が公共の場でどのような使われ方をしているのか観察することで「痛い」の意味を知るという。他人のある種のふるまいを見て「痛がっている」と言うのは、「怒っている」「賢い」と言うのと同じ次元だ。

要するに、確固とした確実な土台というものがない個人的な気持ちや感覚は「知識」とは異なる種類の何かだということだ。たとえば、「自分は痛いと思っているけれども、痛くない可能性もある」とは言えない。ヴィトゲンシュタインによれば、「（私は）痛い」という発言は事実の傍観的な記述ではなく「痛み」というふるまいそのもので、助けを求める叫びに等しい。

記述できない痛み

言語は間主観的——主体と言語とのあいだではなく、主体と主体、つまり人間と人間のあいだで成立する現象——だとヴィトゲンシュタインは説いた。たとえば、他人の「痛い」という発言の意味を理解するには、その発言主本人のふるまいが基準になる。しかし、「自分自身」が痛いという場合はこれに当てはまらない。個人的な感覚の記述には基準がないからだ（右の囲み参照）。「（私は）痛い」という発言は、助けを求める叫びやうめきに等しい。

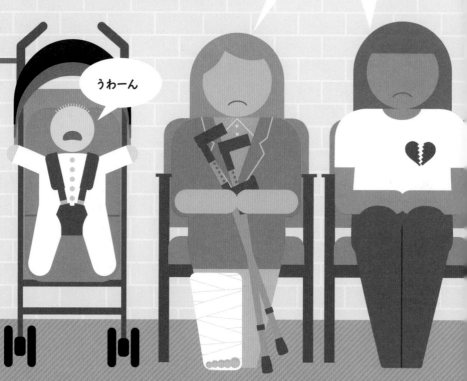

うわーん

（私は）痛い！

語りえぬもの

　ヴィトゲンシュタインがとくに問題視したのは、デカルトの「私は思考している、ということは私は存在する」の「私」という言葉の使い方だ。日常的な用法では、「私」は自己を他者と区別するために使われる。「黒板にこれを書いたのは誰だ？」という教師の問いに、ある生徒が「私です」と答える場合、生徒は自身をクラスの他の生徒と区別する。しかし、デカルトの「私」は自分の意識を身体と区別するために使われ、「思考」の居場所を意味する。ヴィトゲンシュタインにとって、こうした「私」の語法は「他者」という合理的な比較物が欠けているため意味をなさない。彼に言わせれば、これが「言語が休暇をとった」ときに生じる問題であった。

　ヴィトゲンシュタインは心や意識などの存在を否定したわけではない。そのような形而上学的な問いを組み立てるのに使いうる言葉はない——いやむしろ、日常生活という「荒れた土壌」に根を下ろした言語活動のなかでは、そうした問いは消滅する、と言いたかったのだ。彼は最初期の作品、『論理哲学論考』にこう書いている。「語りえぬものについては沈黙しなければならない」

「内的プロセスは外的基準を必要とする」

ルートヴィヒ・ウィトゲンシュタイン著『哲学探究』（1953年）

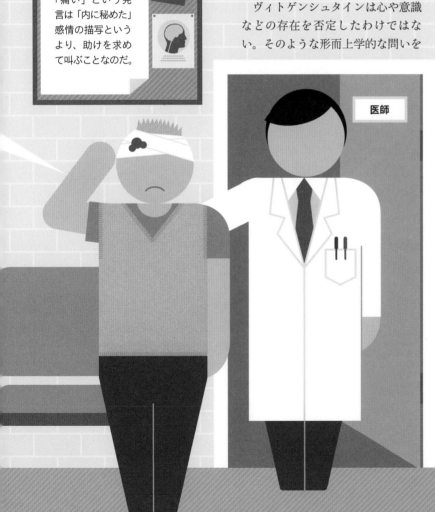

「助けて！」
「痛い」という発言は「内に秘めた」感情の描写というより、助けを求めて叫ぶことなのだ。

医師

箱の中のカブトムシ

　他者の意識は疑いの対象になりうるが、「私」の意識は疑いようがないとデカルトは主張した。けれどもヴィトゲンシュタインは、「自分にしか」知りえない意識に価値はないのだと説く。たとえば、あるグループの全員が箱の中に「カブトムシ」を飼っているとする。「箱の中身は本人しかのぞけず、みんな自分のカブトムシだけを見て、カブトムシとはこういうものだと語り合っている」。だが、箱には別のものが入っている可能性も（空っぽという可能性すら）ある。そうなると、「カブトムシ」という言葉には何の意味もなくなる。「痛み」も完全に私的な事実を描写する言葉ととらえれば、「箱の中のカブトムシ」と一緒で共通理解は不可能だ。言葉の意味は習慣によって決定されるからだ（96-97頁参照）。

行動主義

行動主義の立場をとる哲学者たちは、デカルト以来の「心身問題」（146-47頁参照）は、言語の誤用——身体行動の記述を心的属性の記述と取り違えること——による錯覚だと主張する。

機械のなかの幽霊

世界は物質のみでできていると考える行動主義は、「唯物論」「物質主義」の一形態だ。ギルバート・ライルは1949年に『心〔精神〕の概念』を出版し、心を非物質と決めつけ、心自体に「見る」「考える」などの超自然的な力があるとみなす二元論者たちは「カテゴリー錯誤」を犯しているとした。ライルは精神と身体を区別するデカルト的二元論を、「機械のなかの幽霊」と呼び、この発想は無限後退（終わりのない推論）を生むと批判した。たとえば、物を見るのが目という物質器官ではなく、それを操っている幽霊の精神的な目だとしたら、その幽霊の目にもそれを操る別の何かが必要になり、その何かにも別の何かが必要に……。実際には精神的プロセスなど存在せず、存在するのは物理的運動だけ。なのに私たちは物理的運動を「心」によるものだと誤解している。ライルの見解は、主観的な現象は合理的な言説の範疇外にあるとしたヴィトゲンシュタインの説（148-49頁参照）をはるかに追い越すものだった。

行動主義者は（幸福などの）心的状態を（笑うなどの）身体的行動ととらえる。たとえば"知性"という言葉も、非物質的な実体や特性を示す名詞としてではなく、身体を記述する形容詞として理解すべきだ。ルドルフ・カルナップが推進した論理的行動主義はさらに、「私はうれしい」という発言は「私はいま、笑っている」という「意味」だと主張した。だが今日、この説を支持する者はまれだろう。とはいえ、カルナップは、経験という現象を無視している行動主義の問題を浮き彫りにした。「痛み」を行動だと言う人はあまりいない——二元論者はそう反論するだろう。

内的発話

私たちは自分の時間のほとんどを「思考」に費やしているが、この事実が行動主義にたいする一般的な批判に用いられている。思考は行動とは無関係の、完全なる内的・心的プロセスだ、と。しかしながら行動主義者は思考を内的発話にすぎないととらえ、思考は発話である以上、行動だと主張する。子供が家庭で言葉を覚えるのは、教師にルールを教わって算数の解き方を覚えることに似ているという。私たちはまず書いて計算し、それから頭のなかで計算することを覚える。しかし、ペンを使っても使わなくても私たちは同じように「思考している」のだ。この主張は、言語活動はコミュニティによる使用ルールに即した公共の活動だと説いたヴィトゲンシュタインの「私的言語論」（96-97頁参照）に基づいているところがある。

声に出して考える
思考は声に出そうが、紙に書こうが、心のなかでこっそりしようが関係ない。それらはすべて同じ行動だ、とライルは言う。

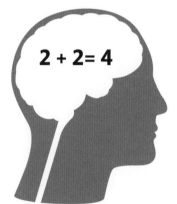

声に出さずに考える
「頭の中で」考えること、すなわち思考は内的発話にすぎない、とライルは論じた。

「心は機械仕掛けの何かではなく、非−機械仕掛けの何かである」

ギルバート・ライル著『心の概念』（1949年）

ソーシャルスキルは社会規範を理解して身につける能力。

組織能力は周囲をまとめて環境を整える能力。

知性の要素

行動主義に従えば、心的特性は身体行動の単なる機能にすぎない。たとえば、"知的である"ということは、数学ができるとか、話し方がわかりやすいといった一連の行動能力を有しているということでしかない。これらの能力は人の行動において現われるものであって、「心」特有の性質とは言えない。

数学的能力には確立されたルールに従う能力が必要。

芸術的感性には演奏能力も含まれる。

弁才は自分の考えを人に明確に理解させる能力。

問題解決は、世界をより良く変えるための仕方。

✓ チェックポイント

> **ルートヴィヒ・ヴィトゲンシュタイン**は、本人にその自覚はなかったにせよ、しばしば行動主義者に分類される（148-49頁参照）。彼の思想はギルバート・ライルに多大な影響を与えた。

> **論理的行動主義**のルーツは、論理実証主義（92-93頁参照）にある。

> **行動主義心理学**は、1920年代にジョン・B・ワトソンとB・F・スキナーによって確立された。

心脳同一説

1950年代後半、哲学者のU・T・プレイス、J・J・C・スマート、ハーバート・ファイグルらは、古い理論を再定式化し、心的状態とはたんなる脳の物理的状態にすぎないと主張した。

心というマシン

U・T・プレイスは『意識は脳内プロセスか?』で、──心的状態を行動と定義する──行動主義者の主張を否定し、心とは脳の状態だと説いた(154-55頁参照)。プレイスによれば、「感覚」と「脳状態」の違いは「稲妻」と「放電」の違いに等しい。どちらのケースも前者は字義通り解釈すべきではない日常用語であるのにたいし、後者は字義通りの意味をもつ科学用語である。そして両ケースとも前者は後者に還元可能だ。つまり、「稲妻」は実際には「放電」のことであるように、「痛み」という感覚はある種の「脳状態」を指す。

J・J・C・スマートとハーバート・ファイグルも同じ結論に達したが、ふたりは、「感覚」と「脳状態」の関係が、フレーゲの「明けの明星」と「宵の明星」(86-87頁参照)の関係に等しいと主張した。どちらの前者・後者とも同じ意味を指しながらそれぞれ独自の意味をもっている。フレーゲのケースではどちらも「金星」を意味し、スマートとファイグルのケースではどちらも「脳」を意味している。ヒラリー・パトナムは、脳の構造が人間とは異なる宇宙人でも痛みを体験する可能性について言及し、同じ種類の心的状態は必ずしも同じ種類の脳状態である必要はないと指摘した。つまり、脳状態をタイプ分けして考える「タイプ同一説」を否定し、個別の脳の状態が個別の心的状態に対応すると考える「トークン同一説」を唱えたのだった。

アイデンティティ・クライシス

心脳同一説の大きな問題は、主観的体験(54-55頁参照)の説明がつかないことだ。これは、魂は物理的な原子でできていると説いた古代ギリシアの原子論(30-31頁参照)以来の問題だった。実際に、17世紀にホッブズが原子論を普及させると、不可解な点があるにもかかわらずデカルト的二元論がいっそう有力な説として注目を集めた。

感覚

花を見たり触ったりするのは(においを感じるなどの)個人的な感覚体験のように見えるかもしれないが、同一説の支持者や物理主義者たちはそれを錯覚だと言うだろう。彼らによれば、このとき私たちが体験していることは、脳からの信号によって引き起こされた一連の物理的事象だ。

因果律

同一説では「因果律」の問題が議論される。たとえば視覚は角膜を通過した光の量をまず調節し、そしてピントを合わせて像を結ぶ物理的作用だ。このプロセス全体の指令は脳から出される。脳が身体に信号を送って一連の反応を引き起こすのであって、心には果たすべき役割がない。ギルバート・ライルはこの観点から心には実体がないとみなし、デカルトの二元論を「機械のなかの幽霊」(150-51頁参照)だと揶揄した。

予定調和説

ライプニッツは、完全に因果律がゆきわたっている宇宙のなかで、心は原因としては作用しないと考えた。心と脳は別々の実体だが、相互作用はしない。相互作用しているように「見える」のは、世界をまとめている神がこの2つを調和させているからだという。つまり、心と脳はライプニッツが「予定調和」と呼ぶ状態にあるのだ。この説は、心と身体の相互作用を否定したスピノザの心身平行説（58-59頁参照）と似ている。

感情

物理主義者によれば、感情も意図と同じく観察可能な行動状態であり、そこに神秘などない。怒ったり落ち込んだりすることは個人の脳の化学組成に左右される、なんらかの行動へ向かう傾向のことである。

意図

たとえば誰かに花を贈ろうとする意図も、脳における物理的事象と言えるのだろうか。物理主義者にとって、何かをしようとする「意図」は何かにたいする「行動」に等しい。「意図」は、科学で記述可能なある特定の行動の簡単な言い回しにすぎない。

アイデンティティ

民族性や言語から服装に至る私たち個人のアイデンティティは、生まれつきのものか文化的なものかのどちらかだ──そして物理主義者にとっては、文化的なアイデンティティはある種の行動のことにほかならない。

「哲学とは哲学が治療すべき病だ！」

ハーバート・ファイグル著『Inquiries and Provocation: Selected Writings、1929-1974（探求と挑発：選集、1929〜1974年）』

消去主義的唯物論

近年、さまざまな物理主義的哲学者が心脳同一説を切り捨て、「消去主義的唯物論」というより急進的な態度を支持しはじめている。

心の科学

　心的状態は脳状態に還元できると説く同一説（152-53頁参照）支持者とは違い、消去主義的唯物論者は、心的状態というものが存在しない以上、それを特定する手段も存在しないと主張する。

　哲学者のポールとパトリシアのチャーチランド夫妻は、この考え方を説明するために飼い犬が死んでしまった女性を例に挙げている。彼女は愛犬が死んで悲しんでいるが、その悲しみは実は神経伝達物質のセロトニンが減少したせいだという。セロトニンの減少を飼い犬にたいする「愛情」という生理と結びつけ、悲しいと感じているのだ。「悲しい」という発言が他人から同情や助け——これもまた物理的プロセスである——を引き出す場合もあるが、実際には、ある種の物理的プロセス（X）が別の物理的プロセス（Y）を引き起こし、これがまた別の物理的プロセス（Z）を引き起こしたにすぎない。行動を「信念」「欲求」「理性」

という言葉で説明するのは、病気を「瘴気（しょうき）」という言葉で、精神疾患を「悪魔憑き」という言葉で説明するのに等しいと消去主義者らは語る。彼らによれば、こうした観念は経験科学が登場する以前の、人々が民間伝承や迷信だけに頼らざるをえなかった時代の遺物だ。

　ダニエル・デネットは、知性をひとつのシステムとしてとらえると、その構造が見えなくなってしまうと指摘する。たとえば私たちが、コンピューターはチェスの仕方を「知っている」などと言うのは、コンピューターの構造を理解していないからだ。複雑なシステムは「上から」見れば意図をもつように（思考できるように）見えるが、「下から」見ればまさに機械的。私たちが喜びや痛みなどの感覚の出所を心だとみなすのは、自分の体の構造を知らないからだ、と消去主義者たちは指摘する。

日常心理学の運命

私たちが普段、人間の行動の説明に用いている「信念」「欲求」「意図」などの概念は、消去主義の哲学者たちの言うところの「日常心理学」の範疇に入る。消去主義的唯物論者に言わせれば、日常心理学は欠陥理論のリストに加えるべき、間違った科学的仮説のオンパレードだという。

フロギストン説

17世紀の化学者、ヨハン・ヨアヒム・ベッヒャーは燃焼と発錆のプロセスの説明に挑み、燃焼は「フロギストン」という成分が空中に放出されることによって起こると説いた。

酸化説

フロギストン説は18世紀に酸化説に取って代わられた。化学者のアントワーヌ・ラボアジェは、燃焼と発錆の原因は特定の物質とある気体との化学反応であることを発見した。彼はこの気体を「oxygène（オクシジェーヌ、酸素）」と名づけた。

瘴気説

何世紀ものあいだ、多くの病気は腐敗した有機物から放出される悪い空気、すなわち「瘴気」によって引き起こされると世界中で考えられていた。沼地や湿地はとくに瘴気を発生しやすいとみなされ、人々はそういう場所で生活するのをできるだけ避けた。

日常心理学

今日でも多くの人々が、人生は「信念」「欲求」「意図」などに影響されると信じている。また、自分の気分・思考・感覚が「心」という特別な個人的領域で起こる非物理的な現象だとも信じている。

病原菌説

19世紀の化学者、ルイ・パスツールとロベルト・コッホは、多くの病気は微生物が肉体を蝕むことで引き起こされることを証明した。バクテリア、ウィルス、真菌は、いまや病気の原因として知られている多くの「病原菌」の一部だ。

神経科学

消去主義者たちは、いつか神経科学が日常心理学に取って代わると信じている。彼らは個人的な感覚や、脳とは別の「心」と呼ばれる場所の存在を否定し、気分・思考・感覚などはすべて身体プロセスにすぎないと主張する。

科学のるつぼ

消去主義者たちは、「心」が架空の実体であることを科学が証明したと主張する。

機能主義

1960年代の一部の哲学者たちは、アリストテレスの思想や現代のコンピューター・サイエンスの理論を取り入れた心の機能主義論を提示した。機能主義は心の本性よりも心の機能を重視する。

機械は思考できるか？

アリストテレスにとって、何かを知るとはその何かの目的を知ることであった。機能主義者たちは同様の仕方で、心の問題で重視すべきは、心の「機能」を知ることだとした。たとえば、心臓には体中に血液を送る機能があるように、痛みにはケガをしている事実を本人に知らせる機能がある。知性にも——たとえば数学ができるという——機能がある。「機械は思考できるか？」と問われた数学者のアラン・チューリングが、「それは、潜水艦は泳げるかと問うようなものだ」と返答した話は有名だ。「泳ぐ」と同様、「思考する」という言葉も、単に慣習的に使われている語にすぎない、とチューリングは言いたかったのだ。彼はある思考実験を考案し、特定の条件下であれば機械も「思考する」と言えることを証明した（下記参照）。

チューリングテスト

1950年にアラン・チューリングが考案した、人工知能の知性の評価基準を提示する「チューリングテスト」とは次のようなものだった。まず、ひとりの人間とひとつのコンピューターと判定者を別々の部屋に隔離する。どの部屋にコンピューターが置かれ、どの部屋に人間がいるかは判定者にはわからない。判定者は書類を介してコンピューターと人間に質問し、その回答を回収する。いくつか質問した後で、どっちがどっちの回答か判定者が見抜けなければコンピューターの勝ち。そのコンピューターには知性があると言えるし、コンピューターシステムのアップグレードはコンピューターの知性を向上させることだとも言える（右上の囲みを参照）。

質問
判定者はコンピューターと人間がそれぞれ隔離されている部屋に質問状を送付する。どの部屋にコンピューターがあってどの部屋に人間がいるのかはわからない。判定者の役目は、どっちがどっちの回答か見抜くことだ。

✓ **チェックポイント**

> 『**デ・アニマ**』において、アリストテレスは魂を、「生命力を宿す自然な肉体の第一の現実態」と定義した。つまり、魂あるいは心は事物の活動であり、顕在化する可能性を秘めているとみなしたのだった。

> 心を「**計算機**」にたとえたトマス・ホッブズ（56-57頁参照）は、現代の機能主義の先駆けだった。

> **現代の機能主義**は、心脳同一説（152-53頁参照）と行動主義（150-51頁参照）を修正し発展させた態度だ。

ヒラリー・パトナムは、『心的状態の本性』などの論文でこの理論を発展させ、心的状態はコンピューターのソフトウェアに相当すると説いた。心は脳という「計算機」の機能の状態なのだと。コンピューターが入力された電子データを処理して出力するように、脳は認知データ（感覚を通じて入力された情報）を行動として出力する。この斬新な発想はいまも影響力をもつ。しかし心をコンピューターと呼ぶのは論点先取の誤りだとの批判もある。コンピューターは人的活動を模倣するための機械であること、そして「処理」は意識のはたらきのほんの一面にすぎない、というのだ（146-47頁参照）。

人造人間

チューリングテスト（下記参照）は興味深い問いを突きつける。用意されたコンピューターが、その人間よりはるかに賢かったとしたら？　人間と見た目がまったく同じで、部屋のなかにいないとしたら？　私たちに混じって生活し、表出された感情に反応するようプログラミングされていたら？　テストに合格したコンピューターに「知性」があると言えるなら、「感情」もあると言えるか？　言えないとしたら、その理由は人工的なものだからか？　私たち「人間」も——物理学や生物学、進化による——「人工的な」生き物だとは言えないか？

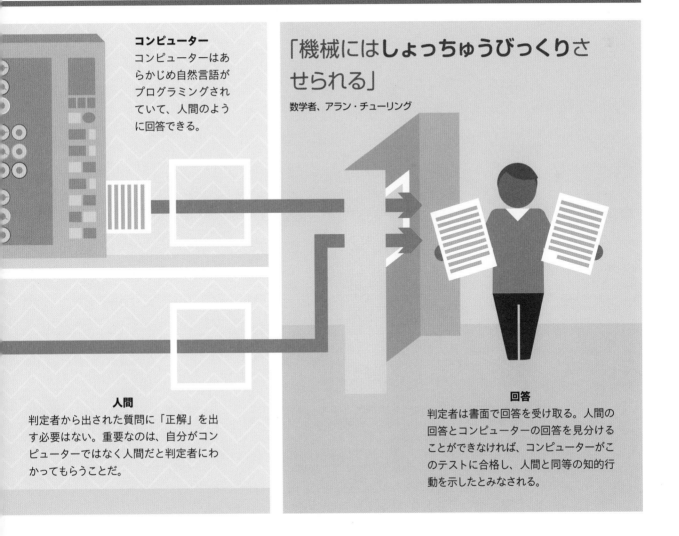

コンピューター
コンピューターはあらかじめ自然言語がプログラミングされていて、人間のように回答できる。

「機械にはしょっちゅうびっくりさせられる」

数学者、アラン・チューリング

人間
判定者から出された質問に「正解」を出す必要はない。重要なのは、自分がコンピューターではなく人間だと判定者にわかってもらうことだ。

回答
判定者は書面で回答を受け取る。人間の回答とコンピューターの回答を見分けることができなければ、コンピューターがこのテストに合格し、人間と同等の知的行動を示したとみなされる。

生物学的自然主義

機能主義は心をコンピューターにたとえるという、せいぜい有効なメタファーにすぎない理論に惑わされている、と哲学者のジョン・サールは指摘する。サールは心を、物質がもつ自然的な特性とみなした。

中国語の部屋

　心の問題にかんして機能主義者が犯した過ちの原因は、統語論を意味論と混同したことだとサールは言う。統語論は記号論理学に還元可能な文の文法構造を分析するが、意味論は文が伝える意味を研究する。同じ意味がそれぞれ独自の統語構造をもつ無数の言語によって伝達される場合もありうる。

　サールは次のようなたとえを提示した。部屋にひとりの人間がいて、ドア越しに漢字が書かれたカードを受け取る。彼は中国語が読めない。でも、部屋にマニュアルが置いてあり、「これこれという文字列にはこれこれという文字列を書き加えてドアの外に出せ」という指示が書いてある。このシステムを使えば外部とコミュニケーションが取れるし、もしかすると外にいる中国人から「この部屋には中国語話者がいる」と勘違いされることすらあるかもしれない。指示は理解できるが意味は理解していない。つまり、統語論は理解できるが意味論は理解できない。これがコンピューターの機能だとサールは考えた。したがって、心と脳の関係はコンピューターとソフトウェアの関係に似ているという機能主義者の主張には、理解という現象についての説

科学的根拠の有無

サールの「中国語の部屋」論は機能主義の限界を示している。中国語が理解できない被験者のように、チューリングテストに合格したコンピューターも「思考する」とは言えない、とサールは主張する（156-57頁参照）。

人間機械
被験者は、ドアの隙間から差し出される漢字にマニュアル通りに対応することで「中国語でのコミュニケーションが可能になる」。しかし、意味は理解できない。

質問　回答

明が抜けていると指摘したのだ。

　心的状態の生物学的特徴を強調するサールの立場は、「生物学的自然主義」と呼ばれる。彼は、二元論（146-47頁参照）と神経科学還元主義（154-55頁参照）はどちらも間違いだと語っている。サールにとって意識とは、脳が引き起こすと思わ

れる生物学的現象だ。たしかに、心的特性は物理的特性の一種であることは間違いない——この物理的特性が私たちに主観性を与えるしくみについては、今後、自然科学によって明らかになるかもしれない。

ライプニッツの風車小屋

17世紀、ゴットフリート・ライプニッツ（62-63頁参照）は「中国語の部屋」に似た思考実験を行い、論証した。人間のように「感じたり考えたり」できる風車小屋ほどの大きさの機械があって、その内部に入ってみたとする。すると、その機械のしくみは観察できるが、意識と呼べるものは見当たらない。「したがって意識を探し求めるべき場所は単一の実体のなかであって、複合体や機械のなかではない」。

> 「私の車も計算機も何も理解していない。そういうふうにはできていないのだ」

ジョン・サール著『心・脳・科学』（1984年）

あの部屋にいるのは中国語がわかる人に違いない。

回答の回収
部屋の外にいる中国語のネイティブスピーカーは、被験者がマニュアル通りに書き加えた漢字を読んで、中にいる人は中国語を話すと誤解する。

ポスト

汎心論

近年、数多くの哲学者たちが二元論（54-55頁参照）と「宇宙意識」と
いう古代思想に新たな興味を示している。

ハード・プロブレム

　哲学者のデイヴィッド・チャーマーズは、「意識がある
とはどういうことか」を問う「意識のハード・プロブレ
ム」がいまだ解決されていないと主張し、主観的な「感じ」
（146-47頁参照）は物理学では説明できないと説く二元論
を復活させた。チャーマーズは、物質主義が正しいなら経
験は必要ないはずだと説く。ストーブに触って手をヤケド
した場合、同じ過ちを繰り返さない術を神経学的プロセス

によって学べるなら、なぜ、痛みを感じる必要があるのか？
私たちが「ゾンビ」——人間そっくりだが、主観性のない
化け物——と違うのはなぜなのか？

　温度変化に自動で対応するサーモスタットとは違い、人
間には物理学では説明できない「心」という特別な「内的」
側面がある。だが、この物質的な現実世界でそれはどうや
って生じたのか？　そのひとつの答えとして、心はデカル
ト的な意味における「物質」（52-53頁参照）ではなく宇

ラッセル的一元論

バートランド・ラッセルは、1927年に出版した『物質の分析』
のなかで、科学は物質の形・量・傾向などの外的特性につ
いては説明できるが、物質の内的特性——本性——につい
ては何も解明できないと述べた。この見解に従えば、意識の
本性にかんする心身問題が未解決なのは科学の不備が原因
だ。ラッセルの「中立一元論」は、意識は物質の隠された特
性だと説く。科学では吟味できないが、単純な石ころから複
雑な人間に至るまで、さまざまなすべての物質に意識が存在
するとみなす。

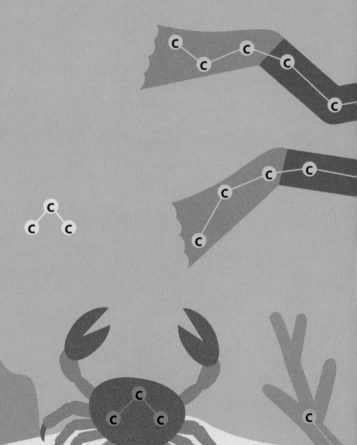

「万物は神々で満ちている」
ミレトスのタレス（紀元前6世紀）

C ＝意識

宙の基本性質だという回答が挙げられうる。「汎心論」と呼ばれるこの理論に従えば、物質にはすべて心がある。たとえば石は感覚器がないから「見聞き」はできないものの「心」はある。汎心論者たちから見れば、私たちが「意識」があるとみなすのは人間と生物学的に似ているものにたいしてだけだ。汎心論は19世紀に人気を博したが、やがて論理実証主義（92-93頁参照）に取って代わられた。そし

てその論理実証主義もその後、勢いを失う。おおもとをたどればアナクサゴラス（28-29頁参照）にたどり着く汎心論は、近年では、物理学者のデヴィッド・ボームによって擁護された。

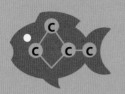

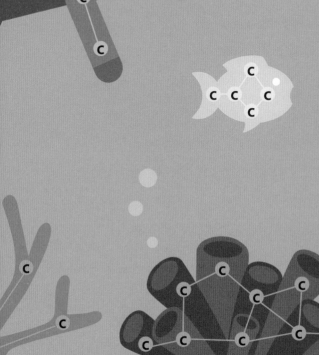

ショーペンハウアーの「意志」

ドイツの哲学者、アルトゥール・ショーペンハウアー（1788 ～ 1860年）は汎心論の発展の立役者であった。彼は、感覚的な現象世界と物自体（66-67頁参照）の世界とを区別したカントから影響を受けたが、カントが物自体を人間には知りえないものと定義したのにたいし、ショーペンハウアーは、人間は自分たちの本性については特別に知りうると主張した。内省を通して私たちは表象と異なる内的現実、「意志」に遭遇するという。そして、この「意志」はたんなる欲求や願望ではなく、宇宙を支える推進力なのだ。

しかし、ショーペンハウアーは悲観主義者（ペシミスト）であった。意志は万物に内在するが、何の秩序も目的もない無意識的な衝動だ。これが私たちを苦しめるあくなき欲望の原因であり、平穏を手にするには慈悲の心をもつことで自身の欲望を抑え込むしかないと考えていた。

身体の本性

言語学者のノーム・チョムスキーは、心身問題が系統立てて定式化された
と言えるのは17世紀と18世紀のごく短いあいだだけだった、と指摘する。

機械論的哲学

アリストテレスの思想はカトリックの教義と融合し、中世を通じて主にスコラ哲学（46-49頁参照）の形でヨーロッパに普及した。アリストテレスは、岩が坂を転がり落ちるのは岩が地球の中心に属すものだからであり、炎が上がるのは炎が天に帰ろうとしているからだと説いた。16世紀には、磁石と鉄くずがくっつくのは互いに「共感」し合

っているからだと言われた。17世紀にはじまった科学革命が目指したのは、このような超自然的解釈を、因果律を土台にした機械的な解釈と取り換えることだった（50-51頁参照）。物事の因果関係さえわかれば、他に説明すべきことはないと考えられた。1739年にこの考えを具現化したのがフランスのオートマタ職人、ジャック・ド・ヴォーカンソンだ。彼は、穀物をついばみ、消化し、排泄する機

科学とわかりやすさ

科学が17世紀に革命的進歩を遂げたことは、今日ではほとんど忘れられているとチョムスキーは言う。科学の力で世界の謎が解き明かされるだろうと当時は信じられていたが、それが必ずしも可能ではないことをニュートンが証明した。せいぜい科学にできるのは、私たちが世界について論じるたたき台をつくること。それをありのままの世界を理解することと混同してはいけないのだ。

共感

1　解明された世界

中世ヨーロッパでは、ある意味では、すべての謎が解明された。生命・世界・天界は「身体」と「心」の区別をつけないスコラ哲学の観点から説明された。たとえば磁石と鉄がくっつくのは「共感し合っている」からだと考えられた。

2　再定義された世界

17世紀には、デカルトが世界を物体と精神の2つに分けた（146-47頁参照）。注目すべきは、彼が「身体」を機械的な観点から定義し、歯車や滑車と似たようなはたらきをする、目的をもった機械として表現していたことだ。

械仕掛けのアヒルを製作した。すべての事象の生成変化を因果関係によって説明しようとする「機械論的哲学」は、最初にガリレオ（「近代科学の父」）によって採用され、その後、ガリレオの後継者アイザック・ニュートンによって追求された。

ニュートンは晩年に、自分は使命を全うできなかったと告白している。彼が挫折したのは、彼が発見した重力についての解明だった。重力は、離れて作用する。どうして滑車や鎖など使わずに重力は地球に太陽を周回させるのか？彼は重力を、誰も受け入れられない「きわめて不合理な作用」と呼び、天界を支配している「超自然的な力」と評した。物質は再び謎となり、科学者は自分たちの使命はどうあるべきか見直しを迫られたのだ。しかし、科学者らは世界をわかりやすいものにする理論を組み立てること──ガリレオが目指していたよりもはるかにスケールが小さい使命──に注力し、世界をありのままに「理解する」ことにはさほど関心をもたなくなった。

ノーム・チョムスキーは、これが心の哲学に大きな影響を与えたと考える。彼が言いたいのは、心「そのもの」か、もしくは心との「相互作用」かといった単純なメカニズムとして説明しえないものは、まだ明確な定義がなされていないということだ。チョムスキーはC・S・パースにならい、人間の認識能力で解明できる「問題」とそれ以外の「謎」を区別した。心と物質とそれらの可能な相互作用は「謎」の部類に入るのかもしれない。おそらく、機械仕掛けのアヒルが生きたアヒルにとっての謎であるのと同様に。

3 謎と化す世界
ニュートンは、デカルト的二元論における機械的な身体は存在しないと結論した。ただし、ニュートンが発見した重力が示す「遠隔作用」の現象は、世界が機械的なものでなく、したがってなお謎に包まれていることを明らかにした。

4 わかりやすい世界
身体や「物質」についてはまだ謎が多いものの、科学者と哲学者たちはそれを説明するたたき台をつくることはできる。彼らの目標は、他の何かに還元せずに心について説明できる物質のモデルをつくることだ。

第 **5** 章

倫理学

道徳的価値を探求する部門の哲学を「倫理学」という。道徳の源泉は何なのか？
道徳を真理だと信じる根拠は？　これが倫理学の中心的な問いだ。

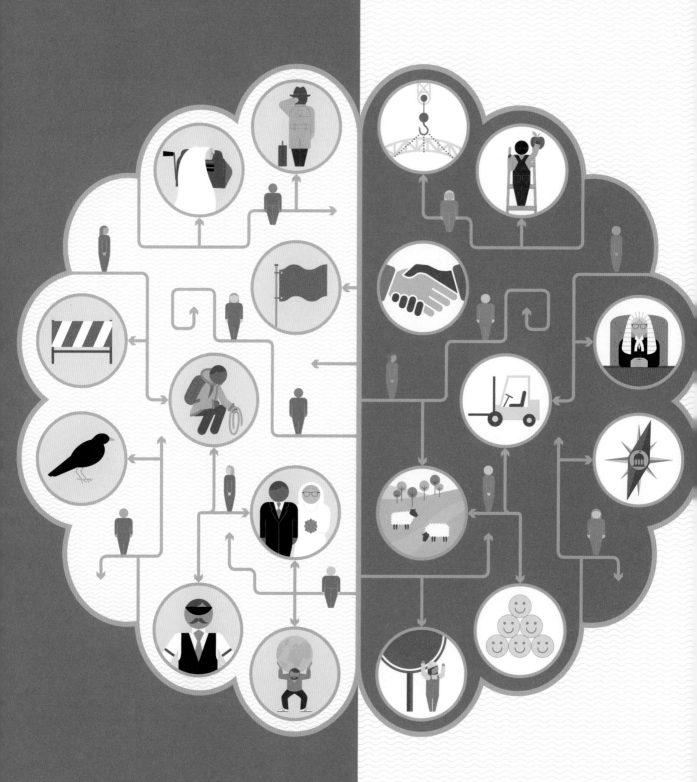

倫理学──良いと悪い

　多くの人々は道徳をある種の行動ルールととらえている。しかし、あるルールと別のルールが矛盾していたらどうなるのか？　正しい行いを知るということは、単にルールに従うこととは限らない。では、私たちに道徳を守らせるものは何なのか？　その道徳的権威の本性を探ること、これが倫理学の中心的課題のひとつである。

　アリストテレスは、倫理学はまずルールについて考えることからはじめなければならないと説いた。ルール間に矛盾があれば、私たちは自分の頭で考えざるをえなくなる。そして、こうして「正しい理性」をはたらかせることが道徳の構築につながるという。しかし、アリストテレスは道徳ルールを否定することで、ふるまい方の「経験則」やガイドラインなどあっても役に立たないと言っていたわけではない。彼は、絶対的な、もしくは永遠の拘束力をもつルールなどありえないと言いたかったのだ。

　だが、多くの哲学者がアリストテレスに異を唱えている。道徳とは人間の本性に深く根づいている一連のルールだと信じる哲学者もいる。たとえばイマヌエル・カントは、道徳は、理性的思考によって導かれる普遍的な拘束力をもったルール、いわゆる「定言命法」を原理とすると信じていた。カントにとって行為の道徳的価値は、行為の動機によって、あるいは道徳律に則っているかどうかによって判断されるべきものだった。功利主義哲学者のジェレミー・ベンサムもルールを重視し、「最大多数の最大幸福」を実現するための行動ルールが必要な唯一のルールだとも語っている。つまり功利主義者たちは、行動の道徳性は動機の問題ではなく、行動が世界にどんな影響をもたらすことができるかで決まると考えたのだ。

　「理性は情念の奴隷である」と説いたデイヴィド・ヒュームの考え方にならう哲学者たちもいる。ヒュームのこの言葉の意味は、道徳的行為とは誰かにとって好ましい状況をもたらす行為がそう呼ばれるにすぎない、というものだ。彼の見解に従えば、たとえば「嘘をつくのは悪いことだ」という発言は「私は嘘が嫌いだ」を別の言い方に変えたものだ。つまり、道徳とは個人的な好みの表出にすぎず、したがって理性的なものとは言えない。このヒュームの説を支持する哲学者たちは、理性より感情を道徳的判断や道徳的行為の基盤とみなしている。

　道徳は選択の問題だとほとんどの哲学者は考えている。道徳ルールは物理法則と違って破ることは可能だが、自由意志によってのみ破られる。たとえば、泥棒は盗もうと思って盗んだときだけ道徳に反したとみなされる。もし、盗まざるをえない状況に追い込まれていたとしたら、私たちは別な見方をするだろう──助けが必要な状態だったと同情するかもしれない。とすれば、私たちのふるまいは自然法則によって決められているとする決定論的立場から見れば、道徳は無意味だ。ジャン゠ポール・サルトルが論じたように、私たちを道徳的行為者にするのは自由に行動できるという私たちの能力なのだ。

　現代の倫理学は「第一階の倫理学」と「第二階の倫理学」の2つに大別される。第一階の倫理学には、「人間のクローン作成は倫理的に許されるか」「動物にも権利はあるか」「自殺ほう助は法律で認められるべきか」などの特定の道徳的問題が含まれる。第二階の倫理学はそれよりも包括的で、「道徳はルールの体系か」「人間に自由意志はあるか」「人間に善悪の区別はつくか──もしくは善と悪は実在するか」といった、道徳性の本質について考える。

ルールと原理

道徳的判断にはルールが必要だと考える哲学者もいれば、道徳ルールなど存在せず、私たちはそのつどそれぞれの状況に応じて道徳的な判断を下すしかないと考える哲学者もいる。

ルールに従うか従わないか？

ほとんどの人々は、ルールに従って善悪を判断するよう教わって大人になった。子供は大人から教わった道徳ルールを正しい行いのフレームワークにする。まだ自分の頭で考えることができない小さな子供にはこうしたフレームワークが必要だ。けれども子供も成長するにつれ、個々の状況に融通の利かないルールを当てはめるのが難しいことを経験から学ぶ。ある道徳ルールが別の道徳ルールと対立する状況や、道徳ルールに従えばとんでもない結果になりそうな状況にも遭遇するだろう。だと

すれば、子供にはルールを教えるよりも道徳性を身につけさせるほうが肝心だ。

私たちの道徳性はルールからなると言えるのかどうかについては、哲学者たちのあいだで意見が分かれている。アリストテレスに言わせれば、道徳的判断にルールが必要とは限らず、その分、私たちは理性をはたらかせて自分で判断しなければならないという。ルールはある程度しか助けにならない。ほとんどの道徳的判断はそのときの状況に左右されるからだ。

道徳的個別主義と道徳的普遍主義

「道徳的個別主義」という理論が広がりつつある。これは、どんな道徳的判断もそのときの状況に左右されるため、道徳原理など存在しないとする立場をいう。ふたつとして同じ状況はありえないのだから、道徳的判断は自分自身で下すべきだ。そう考える道徳的個別主義者のなかで最も有名なのが哲学者のジョナサン・ダンシー（1946年〜）だ。ダンシーは、道徳はルールで支配できないと説く。私たちがある行為をする理由やある行為をしない理由はすべて、そのときの状況に依存するからだ。

道徳的個別主義を否定する哲学者は、「道徳的普遍主義者」と呼ばれる。彼らは道徳にはルールが必要だ

と信じているが、それは必ずしも子供時代に教わった柔軟性のない画一的なルールを指しているわけではない。彼らが提案するのは、個別の状況により合わせやすいもっと普遍的なルールである。たとえば、「最大多数の最大幸福」を実現させる行為を私たちはなすべきだと求める功利主義者（186-87頁参照）の考え方は、道徳的普遍主義者ならすすんで受け入れる。「自分がしてほしいことを相手にもしてあげなさい」という黄金律もまた道徳的普遍主義の一例である。道徳的ジレンマに直面した道徳的普遍主義者はこうしたルールに従うに違いない。

道徳的ジレンマ

日常生活において、私たちはしばしば「道徳的ジレンマ」というものに直面する。それは、子供時代に教わった一般的な道徳ルールが矛盾をきたす特定の状況のことだ。たとえば、私たちは常に誠実にふるまい、嘘を言わないようにと教えられるが、真実を言うことが誰かの迷惑になる状況も多くある。道徳的ジレンマに直面した道徳的個別主義者は、そのときの状況だけに基づいて道徳的判断を下すだろう。道徳的普遍主義者はその場合もルールに従うだろうが、そのルールは子供時代に教わったものより柔軟性があるものだ。

黄金律

黄金律とは、「おのれの欲するところを人に施せ」「自分がしてもらいたいと思うような行為を他人にせよ」という道徳原則のことだ。そこには、道徳的判断のための具体的な指示はない。前述の原則を守るには、そのつど個別の状況下で自分が人からどうしてもらいたいか、そしてどんな行動なら相手に喜んでもらえるのか、自分で考えなければならない。これは、まだ自分の頭で物事を考えられない小さな子供には不向きながら、道徳的ジレンマに陥った道徳的普遍主義者にとっては役に立つルールである。

道徳的個別主義

道徳的個別主義者は、個別の状況下では一般的なルールを用いて道徳的判断を下すことはできないと考える。私たちの行動の理由はそのつどの状況に左右されるので、状況を把握しないと道徳的判断は下せない。

道徳的普遍主義

道徳的普遍主義者は、ルールが道徳的判断に役立つと信じているが、彼らが重視するのは子供時代に教わるような画一的なルールではなく、個別の状況に当てはめやすい黄金律（囲み参照）などの柔軟性のあるルールだ。

「道徳性は原理がなくても完璧に機能する」

ジョナサン・ダンシー著『Ethics Without Principles（原理なしの倫理学）』（2004年）

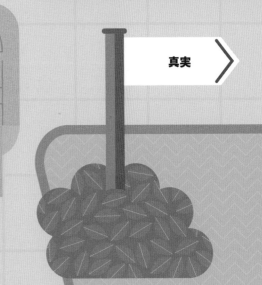

誠実

真実

倫理学と法律

特定の国や地域に適用される法律は、従うことが義務だとそこでは誰もが承知しているルールだ。私たちの行動を管理するこの種のルールは破ることが許されない。

国の法律

法律を知らないからといって、法律を破っていいことにはならない。だからこそ、法律は誰もが中身に納得するような形で周知することが必要だ。しかし、道徳性の根源的ルールというものが仮にあるとすると、それと国の法律になっている諸々のルールとのあいだには、どんな関係があるのか?

道徳性のルールと国の法律とが異なることは明らかだ。法律は必ずしも公平とは限らず、不当な法は廃止されることがある。たとえば現在、多くの国々で自殺ほう助を法律で認めるべきか否かの議論が展開されている。この種の議論をすることは、殺人を禁じる現行法に異議を唱えることでもあろう。その法案は可決されるべきでない、この法案は可決されるべきだ、……と評価の違いが生じるのは、道徳性がなんらかの仕方で国の立法行為に影響しているということだ。でも、もし道徳性が立法を左右するのだとして、その道徳性の根拠は何なのだろうか?

私たちが守るべき道徳ルールとは、子供時代に教わったルールだと信じる哲学者もいれば、別のルールだと信じる哲学者や、道徳ルールは存在しないと信じる哲学者もいる。いったいどの意見が正しいのだろう?

道徳的知識

道徳ルールというものがあるとして、どのルールにどう従うべきかを

法
道徳法則に沿った法律を制定し、調和させるのが国家の義務。

悪い

道徳的指針

哲学者のジョン・ロックは、人間の良心の道徳法則は国の法律よりも(時間と重要性の観点から)優先されると信じ、「道徳法則」に沿う法律を導入することが政府の義務であり、(道徳法則に沿わない)法律より道徳法則のほうを尊重すべきだと説いた。さらに、国が定めた法律が道徳法則から大きく外れて国民の権利を侵害した場合は、国家にたいする国民による反逆行為が正当化されると主張した。

研究、174-75頁参照）だ。自分の理性を頼りにするにせよ、ルールに当てはめるにせよ、自分の下した判断が正しいとどうやってわかるのだろうか？ 観察や実験ではわからないから科学は役に立たない。一部の

哲学者は、人間には道徳的真理を「見抜く」特別な直感力があると主張するが、その一方で、人間は行動を通して徐々に道徳的知識を獲得し、自らの経験から道徳観念を身につけていると説く哲学者もいる。

調和

良い

法
国家が道徳法則に沿わない法律を制定した場合、国民による反逆が正当化される場合がある。

反逆

「法律の目的とは自由の廃止や抑制ではなく、その保護と拡大である」

ジョン・ロック著『統治二論』（1690年）

不平等との闘い

人間は不当な法律に直面したときには権力に抵抗する傾向をもつ。1980年代のイギリスでは、政府が導入を図った新たな地方税システムに多くの国民が反発し、各地で暴動が起きた。2000年代のアメリカでは、白人に比べて黒人の命がないがしろにされていることに抗議する人々によって、全米で暴動の兆候があった。多くの人々は、法律が道徳法則から大きく外れた場合は国家にたいする反逆行為が正当化されると信じているようだ。

ブラック・ライブズ・マターは黒人にたいする差別の撤廃を訴える運動。

自由意志は存在するか？

道徳的行為は自由意志によるものだとほとんどの人たちが信じている。自由意志とは、自分の行動とその理由を何の制約も受けずに自由に選択することだ。だが反対に、自由意志の存在を否定する人たちもいる。

理性と道徳

　自由意志は通例、道徳的行為者——行動の責任主体——の必須条件だとみなされる。というのも自由意志には、個別の理由のために行動する選択の自由が含まれるからだ。道徳原理に従って行動するという理性的な選択を下した場合、その行動は道徳的だとみなされうる。これは、理性と自由意志が道徳の本質的側面であることを示す。ほとんどの一般成人は理性的であるという事実にもかかわらず、感情や本能的な反応、衝動的なふるまいといった多くの人間の営みは非-理性的だ——これらには正当な理由どころか不当な理由さえもない。道徳的行為者には理性が求められる以上、非-理性的な行為は道徳的行為ではない。ということは、小さな子供は十全な意味での道徳的行為者にはなりえない。たとえ自由意志があったとしても、小さな子供は道徳的な理由からなんらかの行動を選択するのに必要な十分な合理性（と善悪についての理解）をまだ身に着けて

選択の自由は存在するか？

伝統的な道徳観に立てば、ある行為が道徳的行為と言えるのは自由意志によってその行為を選択した場合だけだ。自由意志の存在を信じない人たちはこの伝統的な見解を再考し、道徳性は行動を選択する自由意志以外のものに依存すると主張したり、あるいはこの伝統的な見解をいったん受け入れつつも、自由意志というものは存在しないから道徳的行動など存在しないし、道徳性それ自体も存在しないと主張したりする。

強い決定論
自由だという感覚は錯覚だ。人間に自由意志はない。人間の行動は自然法則とそのときの状況に支配される。

弱い決定論
人間の行動を決定づける条件には、その人の信念と欲求も含まれる。これは、決定論が自由意志と矛盾しないということだ。

自由意志論
人間の行動にはさまざまな理由がある。人間には、どの理由を選んで行動するかを自分で決める自由意志がある。

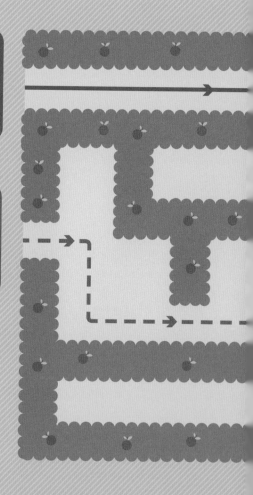

いないからだ。

　しかしながら、一部の哲学者は、正常な一般成人ですら道徳的行為者になりえないのではないかと考えている。一部の心理学者たちによると、人間の心は2つの「システム」によって動いているが、理性的な思考を伴うのは片方のシステムだけだという（234-35頁参照）。成人が下すいかにも道徳的に見える判断のほとんどが非−理性的な判断と言えることさえ一部の心理学者たちは示唆する。このことを説明しようとする論として、道徳的判断の理由は主に「事後合理化」されるという説が生まれた。つまり、人は過去の自分の非−理性的な行動に、事後的に合理的な説明を後づけしがちだということだ。

自由意志をめぐる議論

決定論

世界は自然法則に支配され、そこには人間の行動や思考が入る余地はないと決定論者は言う。人間の行為やふるまいも自然法則に支配されているため、自由意志というものは存在しないと考える。

自由意志

人間は自然法則とはまったく別の、自分個人の理由づけに沿った行動を選択すると主張する人たちもいる。人々が特定の理由で特定の行動を自由に選択できる以上、自由意志は存在すると考える。

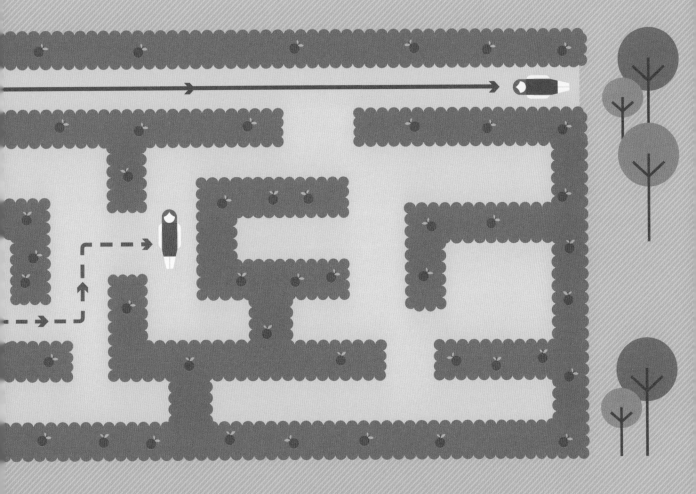

道徳は知識の一種か?

人間は善悪の区別について知識をもっていると大半の人たちは信じている。しかし、一部の人たちは、道徳的行為にかんする意識は知識の事柄ではなく、感情的もしくは生物学的な事柄だと主張する。

「方法についての知識」と「事実についての知識」

道徳的知識とは善悪の判断にかんする知識のことだ。それがどういうものかを理解するには、まず知識とは何かをはっきりさせなくてはならない。知識は主に2つのカテゴリーに分類される。ひとつは「方法についての知識」、もうひとつは「事実についての知識」だ。

「方法についての知識」とは、たとえば自転車の乗り方のように、体にしみ込ませる行動やスキルについての知識を指す。この種の知識は他人に説明しにくい。一方、「事実についての知識」は事実や感情、そして事実だと「わかっている」認識を土台にした知識のことで、これは言葉にして他人に説明できる。

道徳的知識は存在するか?

道徳的知識は「事実についての知識」のひとつだ。「事実についての知識」はすべて叙実的、つまり、真でなければ知りえない命題の表出である。もし道徳的知識が存在するなら、私たちの道徳的信念は、道徳的事実ないし少なくとも合理的な根拠によって裏づけられているはずだ。

私たちは日頃、自分には善悪の判断がつくと思いながら暮らしている。しかし、道徳的信念の土台は事実や理性ではなく、感情や心理状態、あるいは生物学的進化であるため道徳的知識は存在しないとする論者たちもいる。その一方で、道徳について理性的に考えることができる以上、私たちには道徳的知識があると主張する論者たちもいる。

> ## 「人間の**道徳感情は先天的なものではなく**、後天的なものだと私は思う」

ジョン・スチュアート・ミル著『功利主義論』(1863年)

「ばんざい・くたばれ説」

非認知主義者(182-83頁参照)は、道徳的信念は知識や理性の問題ではなく感情の問題だと説く。彼らにとって行動の道徳的善悪について語ることは、真か偽かについての信念の表明というより、むしろ感情の表出に近い。客観的な道徳的事実は一切存在せず、ゆえに道徳的な言明はある行動についての話者の賛否を示すものにすぎないという。

非認知主義のひとつのかたちとして「ばんざい・くたばれ説」というポピュラーな道徳論がある。たとえば「人を殺すのは悪いことだ」という発言は、実際には「殺人者はくたばれ!」という、人を殺すという行為を否定する情動の表明であり、「約束を守るのは良いことだ」という発言は、「約束ばんざい!」という情動の表明だ。この理論に従えば、これらの発言は真か偽かの信念の表明ではなく、個人的感情によるリアクションということになる。

道徳的ニヒリズムvs.道徳的知識

　道徳的ニヒリズムとは、善悪も道徳的事実の存在も否定する態度のことだ。道徳的事実が存在しないなら道徳的真理（176-77頁参照）も存在しない。そして道徳的真理が存在しないなら、知るべきものが何もないから道徳的知識は存在しえない。心理学、神経科学、進化生物学はこの道徳的ニヒリズムを支持し、道徳的信念が人間の進化と心理状態の産物であることをいつか科学が証明するだろうと主張する。だが、その一方で、こうした科学的見解は単なる可能性論であり、道徳観はただの生物学的進化だと科学が証明できるようになるまでの道のりはきわめて遠いという反論もある。その日が来るまで私たちは、道徳的信念には合理性があること、私たちには自由意志があること、そして少なくとも私たちの行動の一部は遺伝や生物学的進化によって決定されるものではないことなどの根拠について考察を重ねてゆくべきだろう。根拠が見つかれば、私たちには道徳的知識があることになる。

主張	道徳的ニヒリズム（虚無主義）	道徳的知識
根拠	**事後合理化** 一部の心理学者によれば、私たちは自分の行動を事後合理化し、道徳的行為として説明づけている。つまり、善悪の判断は理性的な反応というより感情的な反応の場合が多く、私たちはそれにもっともな理由を後づけしようとする。	**道徳的信念の合理的な根拠** 善悪の判断は理性的に下せないことを、科学ではうまく証明できないだろう。多くの哲学者たちは道徳を合理的に考えることに長い時間を費やしてきた。
自由意志	**強い決定論** 強い決定論者（172-73頁参照）は自由意志の存在を否定し、私たちの行動は自然法則とそのときの状況に支配されていると信じる。神経科学の分野では、自由意志は幻想だとする彼らの主張を裏づける実験結果もある。もし、人間は行動を自由に選択できないとしたら、私たちの行動は道徳的知識に基づいているという考えも合理的に説明することができない。	**弱い決定論** 弱い決定論者（172-73頁参照）は、自由意志と決定論は両立すると考える。私たちの行動を支配する条件には信念や欲求も含まれているからだ。もし、これらの信念に道徳的信念が含まれているとしたら、私たちは道徳的な理由による行動を選択することができる。
進化	**進化的適応** 一部の進化生物学者に言わせれば、道徳的行為にたいする人間の意識は社会環境への適応反応にすぎない。人間は社会的動物なので、「正直」「親切」「協力的」「忠実」という評判は本人にとって有利になる。評判の獲得につながらない遺伝子は消滅する可能性が高い。	**利他主義** 多くの人間は、「進化」という言葉では説明できない利他的な行動をとる。人知れぬ利他的な行動は、「寛大な人物」という評判の獲得につながらない場合もあるだろう。それでも人は、見も知らぬ他人のために行動することがある。この場合の利他的な行動は、行為者の社会的成功には役立たない。

道徳的真理は存在するか？

道徳をめぐる従来の議論には、道徳的信念（善悪にかんする信念）は真か偽かという問題が暗に含まれている。しかし、道徳的真理とはそもそも何だろう？　道徳的真理が存在しない可能性はあるのだろうか？

道徳的事実

　道徳的信念は真であったり偽であったりするのならば、真である道徳的真理というものが存在すると言えることになるだろう。だが、信念が事実によって「真」と確認されるのだとするならば、道徳的真理は道徳的事実に依存せざるをえない、ということになる。道徳的ニヒリストたち（174-75頁参照）は道徳的事実の存在を否定し、ゆえに道徳的真理というものの存在も否定する。たしかに、道徳的事実の存在を観察や実験によって証明するのはきわめて難しい。しかし、古代から現代に至る長きにわたって、哲学者たちは、道徳的信念を「真」にするような種類の事実とはどのようなものであるか説明する理論や、人々が道徳的決断をおこなう際に役に立つような理論を、発想し、提案し続けてきたのだ。

道徳論

　アリストテレスは、有徳な人物が遂行する行動が正しい行いなのだと説いた（180-81頁参照）。アリストテレスの言う有徳な人物とは、何が「善」かを理解し、正しい理由で正しい行いをする人を指す。義務論者（184-85頁参照）は、道徳は不可侵な道徳法則を土台にしていると考える。不可侵な道徳法則、もしくは有徳な人物が示す正しい行いにかんする事実は、道徳的真理の土台になりうる道徳的事実だと言えよう。非認知主義者（182-83頁参照）は、道徳的信念は理性の問題ではなく感情の問題であり、ゆえに道徳的な言明は真偽を問えないと主張する一方、「安定した俯瞰的な視点」を取り入れることによって、道徳的判断に役立つ一種の道徳的事実にたどり着けるとも説く。つまり、自分たちが賛同する物事や反対する物事について、できるだけ多くの情報を収集し、自分たちの見解とは合わない意見をも幅広く考慮して、その物事を多角的に吟味するということだ。

事実は非－道徳的？

　功利主義者（186-87頁参照）にとっては、「最大多数の最大幸福」を実現する行動こそが正しい行いだ。それが道徳的事実であり、善悪という厄介な概念も「人間の幸福」を基準に考えれば理解できる。彼らのこの見解に従えば、ある行動が「最大多数の最大幸福」を実現する可能性はそのときの状況と文脈に依存するため、行動それ自体には善悪はそもそも存在しないことになってしまう。だから、あ

観察可能な事実に欠けた真理

観察可能な事実によって「真」だと立証されえない信念は、道徳的信念だけではない。

▶ **新しい理論**も観察や実験では立証されえず、その根拠とされるのは既存の理論や法則、公理だけだ。こうした既存の理論・法則・公理は具体的な事実ではなく抽象的な事実である。したがって、これらも新しい理論と同様、観察では立証されえない。

▶ **一般論**も観察や実験では立証されえない。なぜなら、それらは過去と現在と未来の状況にかんする主張であるけれども、未来は観察できないからだ。このような一般論や一般的な考え方は、具体的な事実ではなくモーダルな事実（可能性や必然性にかんする様相の事実）によって「真」となる。

▶ **分析的真理**（たとえば「氷は凍った水だ」などの言明）は、その言葉の意味に依存する真理だ。それらは定義上、「真」であり、外部の世界の観察可能な事実から真偽を問うことはできない。つまり、具体的な事実ではなく、概念的な事実によって「真」となる。

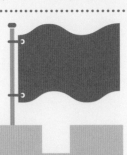

る特定の行動が特定の状況下で「最大多数の最大幸福」を実現するかどうかについては、功利主義者たちのあいだで必ずしも意見は一致しないだろう。また、人間の幸福を基準にして道徳性をとらえてしまうと、動機や義務といった道徳的事実は善でも悪でもない非−道徳的事実になり下がってしまうのではないかと指摘する人たちもいるだろう。

自然主義的誤謬

　哲学者のG・E・ムーアは、「善」と「幸福」を同一視し、道徳を自然科学的事実と同じように分析しようとする功利主義者たちを「自然主義的誤謬」を犯していると非難した。ムーアに言わせれば、「善」は「快楽」や「幸福」には還元不可能な概念だ。行動の善悪はそれ以上他の事実によって分析できない「生(なま)の事実」である。道徳的主張の真偽を問うには本質的な善悪にかんする事実に注目する以外になく、その種の事実は私たちの特別な道徳感覚や直観で見つけられる。特定の行動が悪い行動だという事実は見て気づかなくても、特別な道徳感覚を通じて「直観」できるのだ。

「道徳法則とは、良い影響をもたらす行動もある、と言明したものにすぎない」

G・E・ムーア著『倫理学原理』（1903年）

道徳的信念・道徳的真理・道徳的事実

信念が事実によって「真」になる場合、道徳的真理の存在は道徳的事実——行動の善悪にかんする事実——に依存する。道徳的信念から直接真偽を問うのは難しい。道徳的事実は——もしそういう事実があるとして——観察によって立証できないからだ。しかし、多くの哲学的論証は道徳的真理と道徳的事実を土台に展開される。

道徳的信念

道徳的信念とは、善悪にかんする信念のこと。ほとんどの人たちは、信念は真偽の区別が可能であり、その真偽は事実によって判断されると考えるだろう。つまり、道徳的信念は道徳的真理によってのみ正当化され、道徳的真理は道徳的事実によってのみ「真」になりうる。しかし、人々が善と悪に区別するものにかんする言明は、そのまま直接的に真偽を問えるだろうか？　また、どんな類の道徳的事実なら、これらの信念を「真」にできるだろうか？

道徳的真理

信念は事実によって「真」になると主張する人々は、真理を、ある信念とある事実がつながったものとして解釈している。多くの言明はそのままで真偽を問える。その判断材料となる事実に基づいたエビデンスは観察できるか、もしくは実験によって固めることができる。だが道徳的信念にかんする言明は、観測可能な経験的事実から直接的に真偽を問えない。それでも、道徳的事実——道徳的信念を真か偽にしうる事実——は存在すると言えるのだろうか？

道徳的事実

道徳的事実が存在するとしても、それは具体的な事実ではない。つまり、触ることも、見ることも、眺めることも、聴くことも、実験で発見することもできない。それでもほとんどの哲学者は道徳的事実の存在を信じている。たとえば功利主義者にとっては、「最大多数の最大幸福」を実現する行動が正しい行い（道徳的事実）であり、義務論者（184-85頁参照）にとっては、規範に沿った行動が正しい行いだ。これらは観察によって確認できる事実ではないが、功利主義者と義務論者それぞれにとっては道徳的信念を「真」にする事実である。

事実と価値の区別

デイヴィド・ヒューム（182-83頁参照）は、事実（物事の本性を述べた言明）から価値（物事の理想を述べた言明）を導くことはできないと説いた。なぜなら価値は、私たちの願望を基準にしているからだ。

価値とは何か？

　一部の哲学者は、価値判断には賛否が論じられないという大きな特徴があると考える。価値判断は自分にとって大切なもの、価値を置くものにたいする固い信念の表出だ。自分が価値を置いていないものを大事にしろと言われてもなかなかそうはできない。脅迫めいたやり方で説得されても、それを心から大切にすることなどできないだろう。すでに価値を置いているものを手段にして新しいものに価値を置くよう説得されたら、もともと大切にしていたものにたいする敬意が失われてしまいかねない。どうやら、価値にかんする判断は事実にかんする判断とはまるで異なるようだ。

事実
事実言明

「〜である」という事実言明は、事物がどうあるのかを伝えているにすぎない。事実言明は直接的に真偽を問える。

ギャップは埋められるか？

ヒュームは、事実を表す「事実言明」（「記述的言明」とも言う）と個人の価値観を表す「当為言明」を区別した。そして、ときに人は「〜である」という事実言明の代わりに「〜すべし」という当為言明を用いるという過ちを犯し、価値と事実の役割を混同していると説いた。事実と価値とのあいだのギャップを埋めようとする試みはさまざまになされてきたが、しかし、何が大切で何が大切でないかについての前提なしにそうした試みを遂行することは誰もできない、とヒュームは述べる。価値判断は、事実にかんする判断と同じようには下せないのだ。

「道徳ルールは理性から生まれたものではない」

デイヴィド・ヒューム著『人間本性論』(1739年)

価値

当為言明

「〜すべき」という当為言明は、個人の価値観や、ある事実の潜在「価値」にかんする判断を示す。これらの判断は、私たちにとって重要か否かという観点からのみ真偽を問える。

功利主義

最大多数の最大幸福

「ある特定の行動は『最大多数の最大幸福』をもたらさない」という功利主義（186-87頁参照）的な発言は事実を表す事実言明であり、その後に続きそうな「そういう行動はとるべきではない」という発言は価値を表す当為言明である。このように功利主義者は事実から価値を導くことによって、「最大多数の最大幸福」が私たちにとって重要だともっともらしく主張してきた。

相対的な真理か？　絶対的な真理か？

どんな状況下でも真になるのが絶対的な真理であり、何かと関連したときだけ真になるのは相対的な真理だ。道徳的言明は絶対的な真理なのか？　それとも相対的な真理にすぎないのか？　相対的な真理だとしたら何と関連してなのか？　多くの人は、道徳的判断と道徳法則は文脈に左右される以上、道徳は絶対的真理ではないと考える。文脈にはコミュニティや文化、状況、人などが挙げられる。功利主義者には「『最大多数の最大幸福』を実現する行動をとるべきだ」という言明は絶対的真理だが、行動の善悪にかんする道徳的言明は、その行動が特定の状況下で「最大多数の最大幸福」をもたらすかどうかという相対的な真理にすぎない。

アリストテレスの徳倫理学

アリストテレスが唱えた道徳論は、現代のごく最近になって「徳倫理学」と呼ばれるようになった。徳倫理学における道徳的に正しい行いとは、有徳な人物による行為を指す。

何が正しい行いか理解する

アリストテレスの言う有徳な人物とは、何が正しい行いかを理解し、正しい理由で正しい行いをする人を指す。徳倫理学の根幹にあるのは「理性」だ——理性があるという点で人間は他の動物と異なる、とアリストテレスは信じていた。事実と理想を区別できるのは人間だけだ。それは、道徳的に生きることによって——すべきことをすることによって——理想の自分になれるのは人間だけであることを意味する。アリストテレスは、人間の真の役割と目的は理性をはたらかせて行動することだと説いた。理性をはたらかせて行動する（自分がすべきことをする）ということは、行動するたびに美徳を発揮することである。

有徳な行い

行動するたびに美徳を発揮した人間だけが「エウダイモニア」を実現できる。ギリシア語の「幸福」「繁栄」にあたる「エウダイモニア」は、「人生の目的」を意味する。だが、快楽は「エウダイモニア」ではない。アリストテレスに言わせれば、一生を通じて有徳な行いをすることが「エウダイモニア」を実現する唯一の方法である。正しい理由による行動だけが有徳な行いだ。したがって、「エウダイモニア」の実現を目的にした行動はそれに当てはまらない。有徳な行いとは徳が求める行動のみを言う。たまたま徳が求める行動をとった場合はその行動そのものが有徳なのであって、行為者本人が有徳なわけではない。

2つの徳

徳は一朝一夕では身につかない。私たちは行動を選択するたびに、どんな人間になるかを自ら選んでいる。常に正しい理由で正しい選択をすれば、有徳な人間になれるだろう。アリストテレスは徳を「倫理的徳」と「知性的徳」の2つに分けた。

中庸

有徳な人間になるには徳とはどういうものかを理解しなければならない、とアリストテレスは言った。道徳的なふるまいを教えてくれるマニュアルは存在しない。正しい行いを実践する唯一の方法は、どんな場合でも「中庸」の徳を守ること。つまり、極端に偏った行動を避けることだ。たとえば「勇気」という美徳は、「無謀（勇気が過剰な状態）」と「臆病（勇気が欠乏した状態）」という悪徳の中間にある。どんな行動が中庸と言えるのかは、状況によって異なるだけでなく、人によっても異なるだろう。したがって、有徳な人間になるには自分自身のことも理解しなければならない。

知性的徳

理論的・実践的な知恵である「知性的徳」は、親や教師から教わって身につく。

「美徳は私たちの力のなかにある。悪徳もそうだ。なぜならそれは**行動する力**にも、**行動しない力にも存在する**からだ」

アリストテレス著『ニコマコス倫理学』（紀元前4世紀）

アドバイスを求める

徳倫理学の問題点のひとつは、明確な行動規範がないことだ。アリストテレスは、有徳な人物を模範にせよと説いた。それはたとえば、賢明な友人にどんな行動をとるべきか尋ねることだ。

倫理的徳

「倫理的徳」は人から教わることができないため、自分自身の力で身につけなければならない。生まれつき正直な人間でも、正直という美徳をもって生まれてきたわけではない。正直という美徳があるということは、正直とはどういうものかを理解し、常に正しい理由で正直な行為に徹することだ。

行為か？　それとも行為者か？

アリストテレスは有徳な行為と有徳な行為者を区別した。道徳的ジレンマに直面した場合、どう行動すべきか、私たちそれぞれが理性をはたらかせて自分で決断しなくてはならない。その行動が有徳な行為と言えるのは、道徳的ジレンマという文脈内で正しいことをしたときだけだ。ただし、私たち自身は常に正しい理由による正しい行いをする場合においてのみ、有徳な行為者となる。

ヒュームの倫理学

哲学者のデイヴィド・ヒュームにとって、「正しい行い」とは「真なる判定者」が認めた行為のことであり、「間違った行い」とは真なる判定者が認めなかった行為のことだ。

理性ではなく、情念が引き起こす行動

ヒュームの理論は一見すると、アリストテレスの徳理論（180-81頁参照）に似ているが、ヒュームの言う「感情的是認」はアリストテレスの言う「何が正しい行いか理解する」こととは違うし、「真なる判定者」も「有徳な人物」のことではない。ヒュームは「非認知主義」の唱道者であった。つまり、道徳は理性の問題ではなく、したがって道徳的言明は真偽を問えないと考えていたのだ。

ヒュームが唱える倫理学は、彼流の心の哲学——とりわけ心的状態や認識状態にかんする独自の理論（178-79頁参照）——がベースになっている。彼は、信念や知識などの認識状態は行動を誘発できないと主張する。行動を誘発できるのは、欲求や価値観、感情などの「情念」だけだ。たとえば、コーヒーの淹れ方を知っていても（認識状態）、飲みたいという気持ち（情念）がなければコーヒーを淹れようとはしないだろう。

ヒュームによれば、理性は私たちに「事実の問題」と「観念の関係」を伝えるが、しかし、私たちに動機を与え行為へと動かすのは情念だけだ。道徳的判断は本質的に行為することにつながっている、とヒュームは述べる。したがって道徳的判断は信念などの単なる認識状態の表われではありえない。道徳的判断は情念の表出なのだ。これは、道徳的判断に基づく行動に私たちを駆り立てるのは理性ではなく情念であることを意味する。

道徳的判断

信念が行動の動機になりえないなら、行動の動機である道徳的判断は信念を表出できないとヒュームは言う。したがって道徳的判断は情念の表出だ。情念は信念と違って真偽を問えないが、道徳的判断が私たちの行動の動機であるということは間違いなく真だ。「嘘をつくのは悪いことである」と信じるのは、「嘘をつくべきではない」と信じることだ。「～である」という言葉をどんなに積み重ねても「～すべき」という言葉を導き出すことはできないのに、それをやってのけることで信念それ自体を行動の動機にしている、とヒュームは指摘する。さらに、この解釈の飛躍によって私たちの信念（正しいと信じる自分の考え）は価値観（自分にとって重要なこと）に変わるため、道徳的判断は信念ではなく情念の表出ということになる。

道徳的判断は理性の表出ではなく情念の表出だというこの主張は、当時では画期的な見解だった。たとえば、「嘘をつくのは悪いことである」という言明は、真偽を問えるある種の行為（ここでは「嘘をつく」という行為）にかんする信念の表出に見えるかもしれない。しかしヒュームは、この言明は世界にかんする信念の表出ではなく——嘘をつくのが嫌いだという——感情の表出だと訴える。道徳とは単に「好き嫌い」の問題だという主張はきわめて主観論的だ。だがヒュームはそこに、「俯瞰的な視点」を身につけた「真なる判定者」の概念を導入することで、道徳的判断にある種の客観性を与えた。

「真なる判定者」の必要性

ヒュームは、道徳的判断に客観的な基準を提供する「真なる判定者」となるには、幼少期の「前道徳的な共感力」を発揮することよりも真の道徳的態度を身につけることが必要だと説いた。「前道徳的な共感力」とは、他人に感情移入することだ。たとえば泣いている友達を見て自分も泣いてしまうような幼少期の体験がそれにあたる。つまり、「真なる判定者」になるには、生来の共感力以上の資質が大いに必要になる。

「理性は情念の奴隷であり、またそれだけのものであるべきだ」

デイヴィド・ヒューム著『人間本性論』（1739年）

人生経験

「真の判定者」になるために必要な知識は自然のなりゆきで獲得できる。たとえば私たちは、友達を傷つければその友達を失うということを親や教師から教えられたり、体験から学んだりして大人になる。「真の判定者」になる以前の問題として、私たちは人生経験を通して、自分の行動から影響を受ける人の立場に立って考えてから行動する習慣をつけなければならない。

真なる判定者

俯瞰的な視点

「真なる判定者」になるには、対象物と世の中のしくみにかんする膨大な知識が必要だ。偏見で目が曇ったり、自分の行動に影響される相手への配慮が足りないようでは、「道徳的態度」を身につけた判定者としての資格はない。サイモン・ブラックバーンをはじめとする現代のヒューム主義者たちによれば、俯瞰的な視点をうまく手に入れた人間は、道徳的判断の真偽を問う「権利を獲得する」。これらの判断も理性の表出ではなく情念の表出だが、この場合の情念は理性から多くの情報を与えられ、信念とほぼ対等な地位を得ていると言える。

義務論

義務論（deontology：ギリシア語のdeon-「束縛しているもの、必要なもの」から）では、道徳性は絶対的で不可侵なルールに基づいていると考える。「道徳法則」に則った行動こそが正しい行為なのである。

傾向か？　義務か？

　最も有名な義務論者はイマヌエル・カントだろう。カントは、私たちの行為は、望む結果を得るためになされるか、あるいは道徳的義務感——道徳規範に従う必要性——からなされるかのどちらかだと考えた。望む結果を得るための行為は「傾向（一種の情念）」によって引き起こされる。カントは、情念によって駆り立てられる行動は道徳的行為になりえないと説いた。その種の行為には道徳規範で禁じられているもの、奨励されているものとさまざまあるが、どちらの行為も動機となるのは道徳法則ではなく行為者の個人的な目的だ。カントはアリストテレス（180-81頁参照）と同様に、有徳な行為は有徳な人物でなくてもなしうるが、道徳的行為はただ行為者が自分の傾向を捨て、（道徳法則から求められる）義務感によって実践する行為だけだと主張した。つまり行為は、「道徳法則への尊敬による」良き意図での行為のみが、道徳的であるのだ。

　カントのような義務論者たちは、道徳的な行動は欲求を満たすための行いではなく、道徳法則の求めに従った行いだと考える。では、この「道徳法則」とは何なのか？　カントの説では、それは「定言命法」だ。

傾向

登山者Aが遭難者にロープを下ろしたのは、勇敢で思いやりのある人間だと登山者Bに思われたかったからだ。Aは道徳的義務感からではなく、傾向によって行動したことになる。

助けて！

道徳の高次の根拠

登山をしていたAとBが、滑落して必死に助けを求めている男性を見つけたとしよう。ふたりはそれぞれ、その男性にロープを下ろす。ふたりがとった行動は同じでも、動機は違う。一見どちらも道徳法則に則った行動だが、道徳的な動機があるものだけが道徳的だとカントは語る。

道徳的義務感

登山者Bがロープを下ろしたのは、それが正しい行いだと信じていたからだ。義務感から行動したBは道徳法則に従ったことになる。

命法

　命法とは「〜せよ」という指示のことだ。カントは命法を2つのタイプに分類した。目標達成の手段としての行動を命じるのは「仮言命法」といい、「〜ならば、〜せよ」として、その特定の目的達成を望む者だけに適用される。他人の承認を求めてする行動も仮言命法に従っている。それにたいし、個人の欲求や状況を一切無視し、「〜ならば」という条件なしに行動を無条件に命じるのは「定言命法」という。ある行いを道徳的に正しいとみなすことは、その行いを義務だと信じているということだ。道徳的な義務感から行動する人は、定言命法に従って行動している。

方式

　カントは定言命法を2つに分類し、ひとつめの「普遍法則の方式」で、自分が他人にされてうれしいと思うような行動を常に心がけるべきだと説いた。言い換えれば、道徳ルールはどんな状況下でも誰にたいしても等しく当てはまるものでなければならない。ふたつめの「目的自体の方式」では、人格の内にある人間性を常に「目的それ自体」として扱い、単に手段として扱ってはならないとする。つまり、個人的な目的のために他人の要求を無視したり、他人を非人間的に扱ったりしてはいけないということだ。

普遍法則の方式

「きみの意志のルールが常に同時に普遍的法則となるように行為せよ」

目的自体の方式

「きみや他者にある人間性を常に同時に目的として扱い、決して単に手段としてだけ扱わないように行為せよ」

> 「道徳性は**幸福になる方法を教えるもの**ではない。**幸福に値する人間になる方法**を教えるものだ」
>
> イマヌエル・カント

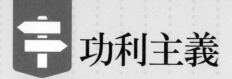

功利主義

功利主義哲学の土台となっているのは、「最大多数の最大幸福」を実現する行動こそが正しい行いだとする考え方だ。

結果優先

　　功利主義は行為の結果を重視し、正しい行いとは最も望ましい結果をもたらす行為だと考える。ジョン・スチュアート・ミルによれば、人間に共通する望みはただひとつ、「幸福」であり、したがって私たちの究極の目的は誰もが幸福になることだ。彼は幸福を「意図的な快楽と、苦の欠如」、不幸を「苦と、快楽の欠如」と定義した。

　　子供の頃に教わった道徳ルールは役に立たない、とミルは言う。私たちはそれを絶対的なルールととらえていないからだ。代わりに私たちに必要なのは、どんな状況にも当てはまるルール——例外のないルールである。功利主義者にとって、「最大幸福原理」がまさにそれだ。この原理における正しい行いとは、「最大多数の最大幸福」を実現する行動だけ。意志の有無は関係ない。功利主義者は結果だけで行動を評価する。

功利主義の解釈

「最大幸福原理」はさまざまな解釈ができる。したがって、幸福の尺度は量か質か、あるいは行為がもたらす利益で評価すべきか（行為功利主義）、規則に適っていることで評価すべきか（規則功利主義）など、功利主義者のあいだでも判断が分かれている。

最大幸福原理

「最大幸福原理」では、「最大多数の最大幸福」を実現する行為が正しい行いだ。功利主義者にとっては、「最大幸福」を経時的・効果的に実現していく人間が真の道徳的行為者である。

質か量か、それとも両方か？

もうひとりの有名な功利主義者ジェレミー・ベンサムは、幸福は量が重要だと考えた。そして自ら考案した「快楽計算」を用い、「プッシュピン」というボードゲームと詩の鑑賞は快楽度数が同じだと主張した。それにたいしてミルは、幸福は質と量の両方が重要なので、（彼が「高次の快楽」と呼んだ）詩の鑑賞はボードゲームよりも価値が上だと反論した。

行為功利主義

「その嘘は悪い嘘だ」という発言は、特定の嘘が悪いことを意味する。行為功利主義者はひとつひとつの行動を「最大幸福原理」に照らし、「最大多数の最大幸福」を実現する行動だけを重視する。嘘をつくことが「最大幸福」を促進させる場合は、嘘をつくのは悪いことだという道徳的な経験則を破る。つまり、行為功利主義者は絶対的な道徳ルールなどは存在しないと考える。

観察と経験

功利主義者（少なくとも行為功利主義者）は、一般的な道徳規範はどれも絶対的な真もしくは偽だという考えを受け入れない。そして絶対的な真は「最大幸福原理」だけであり、道徳は帰納的手段によって身につくと信じている。さまざまな行為の結果を見て過去と照らし合わせ、「最大幸福」を実現しそうな行為を正しい行い（である可能性が高い）と判断し、実現しそうにない行為を悪い行い（である可能性が高い）とみなす。つまり、功利主義者にとって道徳とは、カントが言うように直観によって獲得されるものではなく、観察と経験によって身につくものなのだ。

「行動の正しさは、それが**幸福を促進させる**傾向と比例する」

ジョン・スチュアート・ミル著『功利主義論』（1863年）

規則功利主義

「嘘をつくのは悪いことだ」という発言は、すべての嘘を否定している。規則功利主義者はひとつひとつの行為の結果よりも「最大多数の最大幸福」の促進を軸にした一連の道徳ルール（規則）を重視し、個々の行為をそれらのルールに照らして評価する。しかし、規則功利主義者は「最大幸福原理」を侵害するルールにすら従おうとするため、「ルール崇拝者」と非難されることも多い。

実存主義の倫理学

ジャン=ポール・サルトルの実存主義は、神の本性と人間の本性（私たちの思考や行動を決定づける一連の共通特性）の存在を否定し、自分の生き方を選ぶことができるのは自分だけだと説く。

選択する自由

　人間には神から与えられた目的も、「固定された本質」——人間を人間たるものにする特性——もない、とサルトルは主張する。しかるべき考え方や行動を決定する神聖な目的もなければ、しかるべき生き方を説く神聖なルールもない。もっと言えば、神聖で"ない"目的やルールもない。サルトルに言わせると、人間本性が存在すると肯定してしまうと、神の存在の否定を論理的に結論できなくなり、つまりそれは、何かが——神でないとしても——私たちの思考や行動を決定づけているという考え方を放置することになってしまうのだ。

　実存主義に従えば、私たちの生き方を律する客観的なルールは存在しない。つまり、人間は「根本的に自由」ということだ。本性でひとくくりにされる存在でもなく、本性によって生き方の選択肢が決まることもない。神が求める行動や価値観も存在しない。その代わり、自分の価値観も信念も行動も、自分で選択しなければならない。いまの自分は過去の選択の上に成り立っている。将来どんな人間になるかは、これからの選択に——それだけに——かかっているのだ。

自己欺瞞

　個人の選択的自由に伴う責任の重荷を、理由をつけて放棄しようとする人間は、「自己欺瞞」（126-27頁参照）に陥っているとサルトルは非難する。たとえば、「夢中になって我を忘れていた」と言う人は、自分の選択を自分の経済的貧しさのせいにする人と同様、自己欺瞞にとらわれている。

　自分の生き方を決められるのは自分だけだと気づけば、自分の主観を大事にできる。他の動物と違って人間だけが「未来に目を向け前進する」とサルトルは言う。「実力以上」の力を発揮して現状を乗り越え、なりたい自分になれるのは私たち人間だけなのだ。

放棄から絶望へ

人間である以上、責任ある選択をしなくてはならないという考え方を私たちは重荷に思う。その理由のひとつは「見捨てられた」ように感じるからだ。意志決定という負担をひとりで受け入れなければいけないこと、そして頼りにできるものが何もないことに気づくと不安に襲われる。しかし、有徳な人物だと思える人に助言を求めるときでさえ、私たちは——誰に聞くべきかという——選択をしているはずだ。したがって自己欺瞞に陥らず、良き人生を歩もうとするなら、自分の決断に責任を負う以外ない。たとえその決断が絶望をもたらすとしても、私たちは逃れられない自由を受け入れ、最善を尽くすと決意しなければならないのだ。行動しないということは、行動しないという選択をすることだ。こうしたさまざまな決断を通して、私たちは自己を形成する。つまり、いまの自分は過去の行動の総和にすぎないのだ。

自由

　私たちには自分で選択する自由がある。ゆえに、どんな状況下でどんな選択を下そうと、選択的自由を行使している自覚をもたなければならない。サルトルは——たとえば人間はみんな死ぬという——ある種の普遍的な事実が私たちに制約を課すと認めている。しかし私たちはこうした普遍的な事実のみならず、さまざまな要素が組み合わさったひとりひとり異なる状況に直面しながら生きている。私たちが個人的に対応しなければならないのは、こうした独自の状況だ。人間は自由から逃れることはできない——「自由という刑に処されている」。決断しないこともまた、決断なのだ。

責任

　自由には、自分のために自分で選択するという責任だけでなく、すべての人のために選択する責任も伴う。選択するということは、それが誰にとっても良い選択だと信じることだからだ。つまり選択とは、他者もこういう生き方をすべきだという確信に等しい。したがって実存主義者は、選択を正しいもの（責任を自覚している人たちの選択）と間違ったもの（責任から逃れ、自己欺瞞に陥っている人たちの選択）に区別する。反対に、人間の選択は偶発的なものだから正誤はないと主張する別の考え方もある。

助言を求める

　サルトルはこんな例を挙げている。道徳的ジレンマに直面したある青年がサルトルのもとにやって来て、助言を求める。他に面倒をみてくれる者がいない大切な母親と一緒に暮らすべきでしょうか？　それとも愛する母から離れ、フランスのレジスタンス組織に入ってナチスと戦うべきでしょうか？　従来の道徳ではどちらの決断も正しいとみなされるが、実存主義の哲学者に助言を求めた時点で、この青年は自分で決断を下すべきだと言われるだろうとわかっていたのだ、とサルトルは指摘する。要するにこの青年は、ある意味、自己決断の必要性をすでに受け入れていて、単に決断を先送りにしていただけなのだ。

「私たちが重要なのは、私たちの決断においてのみだ」

実存主義者、ジャン＝ポール・サルトル

動物の権利

これまで人間は、あらゆる目的のために動物を利用することの倫理性をあまり問題にしてこなかった。しかし今日では多くの人が、人間には動物の命を尊重する義務があり、さらには動物にも権利があると主張している。

理性と感情

義務論者のイマヌエル・カント（184-85頁参照）は、生き物はそれ自体が目的として存在する場合、かつその場合にかぎり権利を有すると説いた。それ自体が目的として存在するには理性と自律性がなければならず、理性も自律性もない動物には権利もないと主張した。しかし、一部の動物は行動を選択しており、したがって動物の行動

には私たち人間とは違うにせよ、ちゃんと「理由」があるのだと考える義務論者もいる。この論に従えば、動物には理性も自律性もあり、ゆえに権利もあるが、それは必ずしも人間と同じ権利ではないということになる。

一方で、たとえ動物に理性がなくても、感情はあって人間のように苦楽を感じられる以上、権利はあると考える哲学者もいる。「最

大多数の最大幸福」を実現する行為だけを正しい行いと信じる功利主義者（186-87頁参照）は、苦楽を感じられる生き物は、たとえ理性的な思考があると証明できなくても権利を有すると主張する。だがデカルト（52-53頁参照）は、動物が苦楽を感じないと信じていた。彼にとって動物は、単なる「機械（オートマタ）」にすぎなかったのだ。

動物の権利と最大幸福原理

動物には感情があると信じる功利主義者たちは、どの行為が「最大多数の最大幸福」を実現するか評価する際には動物の存在も考慮すべきだと説く。だが、すべての功利主義者が動物の幸福を人間の幸福と同じくらい重視しているわけではない。動物にも人間のように幸福になる権利があると考える功利主義者でさえ、どんな行為が動物と人間の「最大幸福」を実現するのかという問いにはなかなか答えを出せないでいる。

ベジタリアンとヴィーガン

「ベジタリアン」や「ヴィーガン」のなかには、動物を殺したり苦痛を与えたりするのを悪いことだと考える人たちもいれば、菜食主義ダイエットによって人的被害を最小限に抑えることができると考える人たちもいる。彼らは、肉や乳製品を食べるよりそういうダイエットをしたほうが健康にも環境にもいいと信じている。だが、肉や乳製品を摂る人たちは、そういう食生活のほうが健康にもよく、人間としての大きな喜びも感じられるうえに畜産農家も助かると主張し、人間の幸福という観点から自分たちの行為を正当化するだろう。

ペットを飼うこと

動物をペットとして飼うのは残酷だ、動物は野生環境の中で固有の潜在能力を存分に発揮しながら生きたほうが幸せだ、という考えもある。だが本当に、動物は野生環境の方が幸せに生きられるのだろうか？ ペットは人間の伴侶として、安全で快適な家庭での暮らしを楽しんでいると言う人は大勢いる。また、動物にとっては野生環境のほうが幸せだとしても、人間にとってはペットを飼うことが大きな喜びであり、その喜びのためなら動物が苦痛を感じても仕方がないと考える人もいる。

権利か義務か

　哲学者のロジャー・スクルートンは、動物には理性があるけれども義務というものを理解できないから権利はないと説く。人間の生存権には殺生を避止し、他人の命を尊重する義務が伴う。だが、この殺生の避止義務が理解できないライオンには、生存権を有することはできないというのだ。

　しかしながら、たとえ動物に権利がなくても、私たち人間には動物にたいする義務がある、とスクルートンは訴える。私たちの行動が動物に与える影響を考えれば、これは大きな義務だ。カントも人間には動物にたいする義務があると信じていたが、その理由はただひとつ、動物を虐待する人間は他人の命もないがしろにする傾向があるからだった。つまり、カントの言う「動物にたいする義務」は、他の人間にたいする間接的な義務を指し、スクルートンの言う「動物にたいする義務」は、動物にたいする直接的な義務を指す。

他者の視点

　非認知主義者（182-83頁参照）は、動物にたいする倫理的な扱い方の判断には俯瞰的な視点が必要だと考える。そのような視点を得るには、対象についてできるだけ多くを学び、とくに自分とは意見が異なる他者の視点を参考にするべきだ。とはいえ、俯瞰的な視点の獲得に努力している哲学者たちのあいだでも、動物の権利については意見がバラバラだ。

　徳倫理学者（180-81頁参照）は、有徳な人物が正しいと信じることが正しいと説く。有徳な人物は動物にも権利があると考えるだろうか？それを知るのはきわめて難しいことだが、実際に国が「善良な有識者」たちを招集し、動物実験などの問題に助言する組織を立ち上げる場合もある。

「動物の利益になることは、人間の利益に反することではない」

トム・リーガン著『The Case for Animal Rights（動物の権利）』（1983年）

動物実験

　動物の権利を訴える一部の活動家たちは、化粧品・医療・医薬の安全性の確認のためなどに行われる動物実験はいかなる場合も間違った行為であり、動物に与える苦痛は決して正当化できないと訴える。しかし、多くの人たちは人間への恩恵を重視し、とくに病気の治癒につながる医療目的の動物実験を道徳的に正しい行いとみなすだろう。

動物園

　動物を動物園に収容することは道徳的に間違った行為だと非難する人たちは、人間だって檻の中に入れられたら嫌だろうと主張するかもしれない。しかし、動物園は絶滅の危機に瀕した種の保護に役立っていると言えなくもない。それに、人間が動物園から得られる娯楽や教育上の利点は、動物を檻の中で飼うことを正当化するのに十分だと考える人たちもいる。

種差別

動物には希望や恐怖心やライフプランなどがない分、苦痛は人間の苦痛より小さいと考える人は多い。功利主義者のピーター・シンガーは、こうした態度を「種差別」と呼ぶ。シンガーによれば、種差別は人種差別や性差別と同様、道徳的には許されず、私たちは自分たちの行動が動物の苦楽の原因になることを常に意識していなければならないという。

動物と同様、幼児にもライフプランはないが、幼児を殺すことは道徳的に許される行為だとは誰も思わない。

安楽死

「安楽死」は「慈悲殺」とも呼ばれ、助かる見込みのない病人やケガ人を苦痛から解放するために死なせることを言う。安楽死は多くの国々で法的に禁じられ、人間の命の尊厳について議論を呼ぶ問いを提起している。

安楽死の種類

安楽死にもさまざまな種類がある。死を目前にし、自ら命を終わらせることを選びながらも自分では実行できない病人やケガ人を死なせることを「死のほう助」、切迫した状況ではない人の自死を手助けすることは「積極的」安楽死（「自殺ほう助」）、そして、植物状態からの回復が見込めないような、死ぬことへの同意を示せない患者を死に至らせることは「消極的」安楽死と言う。

たとえば鎮静剤を大量投与して死なせることは「積極的」安楽死の部類に入り、必要な延命措置を行わないことは「消極的」安楽死の部類に入る。

安楽死の倫理的正当性

義務論者（184-85頁参照）のなかには、モーセの「十戒」の第六戒（「汝、殺すなかれ」）を、どんな状況にあっても他人の命を奪ってはいけないという不可侵な道徳的掟と解釈する人もいるだろう。しかし、カント派の義務論者のなかには、苦痛を終わらせるために自らの意志で理性的に死を選択した人の手助けをしないのは間違っていると考える人もいるかもしれない。

功利主義者（186-87頁参照）にとって安楽死は、「最大多数の最大幸福」を実現する場合、かつその場合にかぎり正しい行いだ。軽減できない痛みに耐えかねて死を望む

安楽死にたいする懸念

多くの道徳的・宗教的規範では故殺は禁じられていても、たとえば延命措置を行わないなどして人を死に至らしめる行為については禁じられていない。ということは、故殺を禁じる規範を絶対視する強硬派の義務論者でさえ、苦痛を終わらせるために死なせることを正当な行為と認める可能性があるということだ。しかしながら、「安楽死が苦痛を終わらせるという目的以外に利用される恐れはないか？」「社会的弱者に自殺する義務があると思わせる風潮が生まれる恐れはないか？」など、安楽死の正当化・合法化については検討すべき課題がいくつかある。

反対論

過大評価
調査によると、健常者は障がい者の苦痛や困難を大げさに考える傾向がある。

意図
死にたいともらす病身の家族を、死んでほしいという自分の望みをかなえるために殺した場合、その行為は殺人だともいえる。

滑り坂論
安楽死の合法化は、成立したとたんに一気に悪い結果を招く恐れがある。老人や障がい者が他人の負担になるより死んだ方がましだと思ったり、終末期医療の改善に対するモチベーションが下がったりするかもしれない。

人がいて、その家族も本人を苦痛から解放してあげたいと願っているのであれば、安楽死は道徳的に許される行為だとみなすだろう。不治の病の人間が死ぬのを許さないのは、本人とその家族に幸福より不幸をもたらすことになるからだ。

功利主義哲学者のピーター・シンガーは、大切なのは生活の質であって、命の尊厳ではないと説く。意識（と苦楽を感じる能力）が二度と回復できない状態にある人や、生きるに値しないほどの苦痛を感じている人には安楽死を許すべきだという。そして現行法の変更を訴えると同時に、死のほう助や自殺ほう助、消極的な安楽死にさえ反対する人たちの意見を、長期的な苦痛を抱えて生きている人たちの体験や苦しみを根拠に退ける。もし、積極的な安楽死を禁じれば、彼らは苦痛そのものだけでなく、その苦痛がいつまで続くかわからない恐怖をも抱えて生きなければならない、とシンガーは訴えている。

合法化と非犯罪化

安楽死を処罰の対象から完全に外してしまったら、誰でも自分の勝手な判断で他人の苦しみを終わらせていいことになってしまう。これは「最大多数の最大幸福」を実現する行為でもなければ、「誰もが目的それ自体として扱われる」（185頁参照）結果を必ずもたらす行為でもない。

しかし、安楽死を合法化すれば、その行為は規制され、厳しい条件がつけられるだろう。自殺ほう助はオランダ、ベルギー、ルクセンブルク、スイス、コロンビア、カナダの各国で、死のほう助はアメリカ合衆国のオレゴン、ワシントン、バーモント、モンタナ、カリフォルニアの各州で法的に認められている。安楽死を合法化しているどの国も、対象者は成人であること（ベルギーとオランダは除く）、精神状態が正常であること、他の選択肢について知らされていること、死への意思表示を（文書や口頭で）していることなどの条件をつけている。このような国々では苦しみながら生きている本人の意思をくみ、命の尊厳より生活の質が重視されているのだ。

安楽死を違法としている国々でも、いくつかの条件をもとに、苦痛を終わらせたいと願う患者を死なせる方法がある。たとえば、心臓発作を起こした患者の病室に医師がわざとゆっくり向かって手遅れの状態にするという、「作為・不作為の原則」に基づく消極的安楽死の方法もある。この場合、患者を殺したのは心臓発作であって、医師ではない。他に、「二重結果の原則」を利用する手もある。医師が、苦痛を終わらせる意図をもって鎮痛剤を投与する場合がそれだ。死を招く危険性があると知りながら、薬剤の高用量投与を必要とみなして実施する。その医師の目的が患者を殺すことではなく、患者の苦痛を和らげることである以上、この処置は合法だ。だが安楽死を合法化することで、医師がこの「二重結果の原則」や「作為・不作為の原則」を利用しにくくなるような厳しい規制がかかるかもしれない。

賛成論

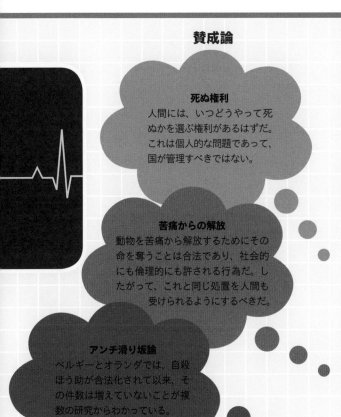

死ぬ権利
人間には、いつどうやって死ぬかを選ぶ権利があるはずだ。これは個人的な問題であって、国が管理すべきではない。

苦痛からの解放
動物を苦痛から解放するためにその命を奪うことは合法であり、社会的にも倫理的にも許される行為だ。したがって、これと同じ処置を人間も受けられるようにするべきだ。

アンチ滑り坂論
ベルギーとオランダでは、自殺ほう助が合法化されて以来、その件数は増えていないことが複数の研究からわかっている。

「他国における**死にたいする医学的援助**には……**一気に悪しき結果を招く兆候は一切見当たらない**」

功利主義者、ピーター・シンガー

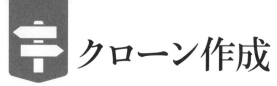

クローン作成

医療や生殖を目的とした人間のクローン作成は原理上、可能だ。しかし、
人間のクローン作成は物議をかもす多くの倫理的問いを投げかける。

クローン作成の目的

　人間のクローン作成には潜在的な目的が2つある。ひとつはヒト胚のクローンを作成して医学研究に用いること（治療型クローニング）、もうひとつはクローン技術を用いて人間の新生児を誕生させること（生殖型クローニング）だ。どちらも倫理的な問題を提起する行為である。生殖型クローニングはほとんどの国で禁じられているが、医療型クローニングにかんしては一部の国で一定の条件のもとで許されている。

治療型クローニングの倫理的問題

　治療型クローニングには、ヒト胚の生成にかんする研究を目的とした人間のクローン作成も含まれる。その成果は先天性疾患の診断技術や治療法に役立つ可能性がある。

　しかし、ヒト胚の研究は道徳的に許される行為なのだろうか？　人間の生命を尊いものと信じる義務論者（184-85頁参照）はそうは思わないだろう。他人を自分の目的の手段にしてはいけないと考える義務論者であればなおさらだ。彼らが治療型クローニングを容認するとしたら、それはその胚が（まだ）人間ではないと認められた場合だけである。

　功利主義者（186-87頁参照）は、治療型クローニングが「最大多数の最大幸福」を実現するなら反対しない。それが新たな診断技術と治療法につながれば、「最大多数の最大幸福」に貢献することはほぼ間違いな

クローン作成は倫理に反する行為か？

治療型クローニングも生殖型クローニングも、その是非が大いに議論されている。医療型クローニングにはヒト胚の研究が含まれるうえに、そのヒト胚は最終的に処分される運命にあることから、その議論では、人間の生命はどの時点からはじまるのかが大きな焦点になっている。主に安全性の理由からほとんどの国で禁止されている生殖型クローニングは、さらに論議を呼んでいる。技術はどんどん向上しており、生殖型クローニングは不妊治療に役立つ可能性も指摘されているが、反対の声は根強い。

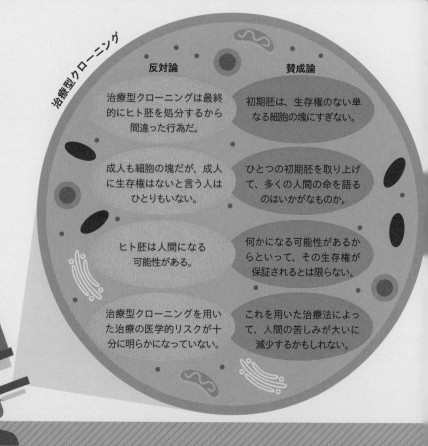

治療型クローニング

反対論

治療型クローニングは最終的にヒト胚を処分するから間違った行為だ。

成人も細胞の塊だが、成人に生存権はないと言う人はひとりもいない。

ヒト胚は人間になる可能性がある。

治療型クローニングを用いた治療の医学的リスクが十分に明らかになっていない。

賛成論

初期胚は、生存権のない単なる細胞の塊にすぎない。

ひとつの初期胚を取り上げて、多くの人間の命を語るのはいかがなものか。

何かになる可能性があるからといって、その生存権が保証されるとは限らない。

これを用いた治療法によって、人間の苦しみが大いに減少するかもしれない。

いからだ。
　有徳な人物と思われるメンバーを招集し、治療型クローニングが道徳的に許される行為か否か議論させるのは、アリストテレスの徳倫理（180-81頁参照）に従った行為だと言えるだろう。一方、ヒューム（182-83頁参照）なら、クローン作成を「安定した俯瞰的な視点」で検討するために関連情報をできるだけ多く収集し、（自分と異なる意見を含む）さまざまな意見を検討し参考にするよう勧めるに違いない。

羊のドリー

羊のドリーは、成体細胞を使ってクローン作成に成功した世界で初めての哺乳動物だ。1996年の7月に生まれたが、発表は1997年2月だった。「体細胞核移植（SCNT）」と呼ばれる技術が使われた。このドリーの誕生によって、人間のクローン作成も少なくとも原理上は可能であることが証明された。だが、その数カ月後には、ほぼ世界中で生殖型クローニングが禁止される。生殖型クローニングの技術はまだ進歩の途上にあり、人間の健康に大きなリスクを及ぼさないという保証がないことがその理由であった。だが、この技術もどんどん向上している。

ドリーの剥製は、エディンバラのスコットランド国立博物館に展示されている。

生殖型クローニング

反対論

生殖型クローニングは自然に逆らうことだから、倫理に反する行為だ。

クローンはドナーと遺伝的に同じ性質をもつので、両者の関係が奇妙なものになりうる。

クローン作成は、たとえば死んだ子供の複製をつくることに利用されかねない。

クローン作成は、生物多様性に悪影響を及ぼす可能性がある。

賛成論

多くの医療・延命技術だって自然に反する行為だ。

生物の特性形成には、遺伝だけでなく環境も大きな役割を果たす。

不道徳な理由でクローン作成をしようとする人間を、規制によって取り締まればいい。

いくら子供がほしくても他に手段があれば、人々がクローン作成に頼るとは思えない。

「**クローン**とはいわば**一卵性双生児**だ」

生物学者、リチャード・ドーキンス

第 6 章

政治哲学

政治哲学は個人と国家の関係に着目する分野だ。とくに、政治権力の本
性とそれを正当化する手段が、政治哲学のテーマになる。

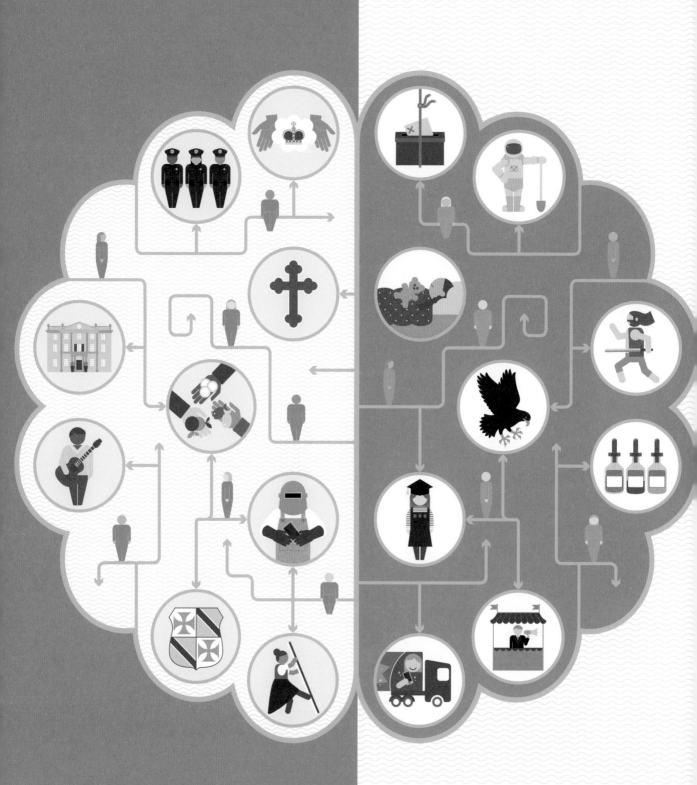

政治哲学

　政治哲学は、社会、国家、政府、司法、個人の相互関係を考察する学問分野である。その目的は、政治権力のあり方——なかでも、自らの権威を正当化したい国家によって利用される、さまざまな論議主張の性質を理解することだ。

　政治哲学は他の哲学分野と同様に、議論を分析するが、とくに事実に基づくと言われるさまざまな主張を分析する。たとえば、「国家権力はどうあるべきで、市民はどんな権利を有するべきか？」という問いにたいし、「国家は市民にたいして広範囲に権力をふるうべきだ。そうでないと、人間は堕落して闘争状態に陥る」という人間本性理解を前提にした答えが提示される場合もある。そうではなく、人間は協力的な生き物だと前提すれば、もっと楽観的な主張が打ち出せる。この視点の違いが、トマス・ホッブズとジョン・ロックの政治思想の違いであった。

　「国家の主権は誰にあるべきか？——ひとりの人間（王制）か、エリート集団（貴族制）か、国民（民主制）か？」「政治的義務の基盤は何か？」「所有権とは何か？」「既存の政治体制はこのまま維持して、少しずつ変化を許容するべきか？　それとも正義の名のもとに一気に全面的に打倒すべきか？」　政治哲学的探究の主軸となるのはこうした問いだ。民主主義が世界中に波及した現代では、「民主主義は守られるべきか？」「守られるべきでないなら、他の選択肢は何か？」という問いのほか、社会内および社会間での力と富の不平等な配分など、多くが階級・人種・性別に根差した懸念も提起されている。そして哲学者たちはこうした問いを前にして、客観的な答えが出せるのか、自分たちの答えは単なる個人の政治的傾向の表出にすぎないのではないかどうかと、さらに問いを重ねるのだ。

　これらの問いのなかには長い歴史をもち、プラトンの時代から議論されていたものもある。かと思えば、ごく新しい問いもあるし、一度決着を見たのに蒸し返された問いもある。たとえば、ファシズムは20世紀の中頃に、そのあまりの恐ろしさから永久に人々から見放され、息絶えたと思われたが、私たちがその言葉をどう定義するかにもよるけれども、息を吹き返す可能性もある。そのとき、私たちはどう対処すべきなのだろうか？　他の問いも複雑化の一途をたどっている。今日、一部の政治家たちは「客観的真理」など神話だと断言する。客観的な事実など存在せず、存在するのは物事にたいする各個人のバラバラな視点だけであり、それらはすべて等しく妥当である。これが彼らの主張だ。たとえば、気候変動の問題にたいする姿勢はそれぞれ異なっても、すべての立場にそれなりの理由があるという。この考え方に従えば、事実は民族やコミュニティによって異なる「局所的」なものになってしまう。

　おそらく政治哲学の問いには、そのときの時代の出来事にかんする懸念が反映されているのだろう。しかし、そうした問いのすべてに共通点がある。それは、客観的真理とは何か、それが単なる個人的意見とどういう点で異なるのか、このことの答えを追求する義務を私たちに負わせることだ。

どのような者が国を統治すべきか？

現代世界では——人民主権の——民主主義が理想の政治形態だと広くみなされている。しかし、過去の哲学者たちはひとりの君主か貴族のエリート集団による統治を強く擁護することもあった。

正当性をめぐって

少数者や一個人による統治は、これまでさまざまな形で擁護されてきた。古代ギリシア・ローマでは王権神授を主張する統治者もいれば、自らを神と名乗る統治者さえ存在した。プラトンは『国家』のなかで、貴族制（優秀な集団による支配体制）について実際的な事例を挙げて賛成している。プラトンは、不敬罪に問われた師のソクラテスが民衆裁判で有罪判決を受けた後、自死に追い込まれたことに反発し、民主政治では迎合主義の無教育な有権者によってポピュリズム的な誤った判断が下されかねないと指摘し、国の統治者としてふさわしいのは知恵と分別をもった哲学者たちだけだと主張した。

トマス・アクィナスをはじめとする中世の哲学者たちは、政治体制には天の秩序が反映されるべきだと説き、神学に基づいて君主制（一個人による支配体制）を正当化する独自の理論を展開した。この思潮は何世紀も生き残り、17世紀にはトマス・ホッブズが、君主は「自然法」によって社会が混乱に陥るのを防ぐ存在だとし、絶対君主制を擁護した（202-203頁参照）。

さまざまな統治形態

今日では受け入れがたく見えるかもしれないが、君主制や貴族制の利点を指摘する論や事例はさまざまにあった。その声の主たちは、個人的自由の保障より社会の安定・安全を重視する傾向にある。

君主制

ひとりの王による支配は、国の安定や王権神授説、あるいは聖書の記述などさまざまな根拠から正当化されてきた。

独裁的な統治

ホッブズは、権力が分散すれば分断や内戦が引き起こされると考え、「リヴァイアサン（国王）」に全権が委ねられた、誰も異議を唱えることのできない絶対君主制を支持した。

王権神授

ルイ14世などは、聖書中のアダムの創造を王権の理論的根拠として利用し——さらには聖書に市民の支配権について言及されていないことを理由に——自らの主権を主張した。

神の秩序

アクィナスは、君主制こそが神が定めた自然法を反映する最善の政治形態だと信じ、市民の代表である貴族階級によってチェックされる君主政治を支持した。この政治形態は現代でも共和制という形で生き残っている。

君主

貴族

人民

統治者のための原則

アリストテレスの『政治学』（紀元前335年頃）には、統治者としての心構えが次のように記されている。

> **万人の利益を求めること**　統治者は万人の利益を最優先しなければならない。さもなければ、君主政治は専制政治に、貴族政治は寡頭政治に、民主政治は暴民政治に堕落する。

> **有徳であること**　最大の権力者は誰よりも有徳でなければならない。

> **法を遵守すること**　君主制にせよ、貴族制、民主制にせよ、統治者は法に従った統治をしなければならない。

貴族政治

プラトンは『国家』（紀元前380年頃）で、哲人王というエリート階級による支配を唱道した。

あなたたちのためを思えばこそ！

最善の者による統治

プラトンは、哲学者という優秀な集団による統治こそが、政治が段階的に腐敗し専制政治に帰着するのを防ぐ唯一の手立てだと説いた。

1 名誉政治
私有財産や軍功を保持している人間が社会を支配する。

2 寡頭政治
支配階級が社会的弱者から搾取しながら、私利私欲のために行動する。

3 民主政治
市民が自由を乱用し、相反する個人的願望を追求する。

4 専制政治
独裁国家の絶対権力者が市民を抑圧する。

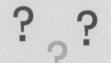

哲人王／女王たち

プラトンは、以下の理由から哲学者こそが理想の統治者だと主張した。

> **権力・富・地位**に惑わされに惑わされて腐敗することがない。
> 質の低い議論や、教養のない人をだますための詐欺的な議論を、**相手にしない**。
> **最大の関心**は真理の哲学的探究。
> **熟慮**を欠かさない。

絶対君主制のための弁明

一部の哲学者たちは、政治的権威は人間を「自然状態」——市民社会や市民政治とは対立し対比される、ネガティヴなものとして仮定された社会状況——から守るのだと説いた。

永続的な闘争 —— 自然状態

うわべの文明を剥ぎ取れば、理性的な人間も利己心や「欲求と嫌悪」に駆られて競い合い、争い合う。トマス・ホッブズ（1588 〜 1679年）は『リヴァイアサン』（1651年）にそう記す。イングランド内戦という流血の激動のさなかに書かれたため、こう断定するのも無理はないかもしれないが、人間の人生は「孤独で貧しく、つらくて野蛮で短い」とホッブズが描く「自然状態」にはぞっとするものがある。

ホッブズは、秩序と平和をもたらし、永続的な闘争状態に終止符を打つ国王（「リヴァイアサン」という不気味な称号で呼ばれる独裁者）の必要性を説いた。男性たちも女性たちも——、ホッブズは明確に女性にも言及している——は、自然状態への回帰を防ぐために、この絶対的な権力者擁立の社会契約案に賛同するのだ。さらにホッブズは市民国家の建設に必要な条件と恐ろしい自然状態との二者択一で、この

政治体制に従うべき理由を述べる。市民は実質上、すべての権利を放棄しなければならない——抵抗はこの政治体制の本質を損ねる行為である。この契約は永久的で白紙に戻すことはできない——市民は永久的な臣民となるのだ。

王権は神が認めたものと当たり前のように語られていたこの時代、ホッブズの絶対君主制擁護論は論理的・合理的な論という点で斬新であり、人間は自然状態でもさまざまな権利を有していたとする彼の考えは物議を醸した。

リヴァイアサンが秩序をもたらす

ホッブズは、自然状態における人間の日常はあまりに野蛮なため、平和は人間たちを社会にまとめ繁栄させる絶対君主の保護下でのみ可能だと説いた。

1 **ホッブズの意味での「自然状態」**とは、時間、法律、社会、産業、農業、私有財産が存在せず、文化の概念も他人への信頼もない、野蛮で特徴のない世界。

2 **暴力や殺人**などの永続的な闘争状態——「万人の万人にたいする戦い」——が起こるのは、ほしいものを力ずくで奪おうとする人間たちを抑止する法律や権力者が存在しないから。

3 **暴力を終わらせるに**は、男女とも自分で判断して行動する権利——いわゆる「自然権」——を放棄してひとりだけの絶対権力者と「社会契約」を結ばねばならない。この「リヴァイアサン」は契約の外側に位置し、永久的に将来の臣民を律する。

独裁政治にたいする擁護論

> **議会制は低次な政体** ホッブズは、議会制はどうしても不安定だとして、王がひとりで意見対立のない君主制が、国家が最も安定すると考えた。

> **市民同士の闘争状態を防ぐには、君主に絶対的な権力が必要** 自然状態に回帰するリスクを考えると、市民に権利を譲渡することはできない。

> **社会契約は撤回不可能** 自然状態における野蛮で秩序のない状態に比べればリヴァイアサンの統治による平和状態のほうが好ましいため、市民は絶対君主に従う。

絶対君主

人民の意志

宗教的権威

軍事的権威

5 **平和を保障**するために、リヴァイアサンは絶対権力を用いて——軍事的・宗教的権威という2つの剣をふるって——支配をし、打倒されることがない。

4 **個人は自主性**を捨て、平和を維持し、社会契約を実行し、社会が自然状態に回帰するのを防いでくれるリヴァイアサンに従う。

人民による政治

17世紀の哲学者、ジョン・ロックも「自然状態」という概念が含まれた「社会契約」論を展開した。ロックが主張したのは、神が人間に与えた人間固有の権利とロックがみなすものを保障する政治体制の必要性であった。

自然状態での生まれつきの自由

ジョン・ロック（1632～1704年）のいう「自然状態」は、ホッブズのいう「自然状態」とは対照的な、誰もが神から与えられた平等を享受する権力関係のない自由な世界だった。ただし「誰もが自由な状態ではあるが、なんでもありの状態ではない」。そこの住民たちはみな理性的で、他人を傷つけたり他人の所有物を盗んだりしないのが普通だ。ホッブズの闘争的自然状態とは違い、ロックの自然状態は人々が互いを尊重し合い、他人の所有権を侵害しないことを基本原理にしている、内戦状態ではない世界である。

自然状態の人々には「自然法という執行権」があり、人々にはそれぞれ自分の頭で判断して行動する権利がある。そこでロックは所有権をめぐる争いなど、いくつかの問題に対処する市民政府の設立の有用性を説いた。そうしたいかなる政府も市民の権利を尊重すべきであり、「誰も自らの同意なく所有地から追い出されることも、他の政治権力に従わされることもできない」とした。

コンセンサスという足場

ロックの理論によれば、政府は、財産と権利を有する自由で平等な市民の総意に基づいてつくられ、市民の意向に沿って行動しなければならない。政府の最大の役割は市民の私有財産を守ることである。

1 **自然状態における人々**には、理性と協調性という神から与えられた能力と所有権という固有の権利がある。

2 **自然状態での人々**は他人を傷つけたり他人の所有物を盗んだりしないのが普通だが、私有財産をめぐる争いが起こる可能性もある。

3 **すべての人間男女**が、市民同士の所有権争いを調停し、市民の固有の権利を保障する政府をつくるという社会契約に同意する。そうすることで、市民は自然状態から脱する。

制限つきの統治

ロックは制限つきの政府を論じ、市民には自分たちの総意をもとにつくられた政府にだけ従う義務がある、と強く主張した。市民が国家に委ねるべき権利は「処罰権」だけであり、何より政府の最大の役割は市民の私有財産を守ることだ。そして政府を設立する社会契約は撤回不可能とした。ロックは革命家ではなかったが、こう述べている。「法が終われば専制政治がはじまる。そのとき権力の座にある者は誰であれ、市民に打倒されるだろう」。

ロックの思想は（イングランド国王ジェームズ2世が追放された）1688年の名誉革命を理論的に正当化し、その100年後にアメリカ独立宣言を執筆することになるトマス・ジェファソンに多大な影響を与えた。

国家権力の限界づけ

› **万人が法の支配に従う** 市民社会では、「誰も……その社会の法を免れない」——君主、立法者（議員）、政治的リーダーも例外ではない。

› **絶対的権力や神授王権は存在しない** 君主は神から支配権を与えられたわけではない。君主は権力を有するが、その権力には限界があり、無制約ではない。

› **「国教」の信仰は強制できない** 市民に宗教を選ぶ自由を与えること。「力ずくで国教の信徒を増やす」ようなことをしてはいけない。

› **多数決原理** 国家の運営には、政府への抵抗権を有する市民の過半数の同意が必要。

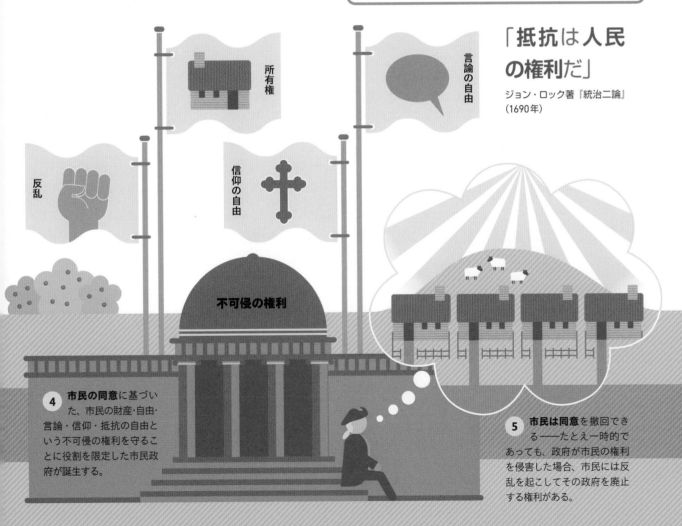

「抵抗は人民の権利だ」

ジョン・ロック著『統治二論』
（1690年）

所有権

言論の自由

反乱

信仰の自由

不可侵の権利

4 **市民の同意**に基づいた、市民の財産・自由・言論・信仰・抵抗の自由という不可侵の権利を守ることに役割を限定した市民政府が誕生する。

5 **市民は同意**を撤回できる——たとえ一時的であっても、政府が市民の権利を侵害した場合、市民には反乱を起こしてその政府を廃止する権利がある。

人民主権

ジャン＝ジャック・ルソーは『社会契約論』で、どんな政治形態であれば——財産や法律などの——社会的利益を守りつつ、市民ひとりひとりに以前と変わらぬ自由を保障しうるかを検討した。

鎖につながれた人間

ホッブズやロックと同様、ルソー（1712～78年）の理論も「自然状態」と「社会契約」という概念を土台にしている。ルソーが考える自然状態では、人々は基本的に幸せで、互いを思いやりながら自由を謳歌している。しかし、文明が発達して政府が誕生すると、社会が不平等化して富者が貧者を支配し、暴力や危険が蔓延しはじめた、という。「人間は生まれたときは自由だが、至るところで鎖につながれている」とルソーが記すように。

不平等の解決策としてルソーが提示したものは、難解であり、論争を呼んだ。「ひとりひとりのメンバーがその全体の不可分の一部である《一般意志》という最高次の指導に従うこと」を理想としたのだ。ルソーは《一般意志》という概念を定義してはいないが、代表制民主主義とは別のものとして説明している。ルソーが《一般意志》を重視したのは、市民全員の合意がない法律には何の効用もないと考えたからであった。

自由の強制

《一般意志》の下では誰もが「自由であるよう強制され」、「市民は、たとえ自分個人の意志に反するとしても、あらゆる法に従わなければならない。国家の全メンバーの不断の意志が《一般意志》である」。全体が部分的集団に支配される危険を防止するために、政党や派閥の長期的持続を禁止すべきだとルソーは主張した。ただしこのことはルソーが全体主義者であることを意味しない。彼は『社会契約論』のタイトルページに、自分はジュネーヴ市民だと明記している。彼の故郷であるスイスの都市国家、ジュネーヴでは必ず屋外広場に市民が集まって議員の選出を挙手で投票しており、派閥の形成は許されなかった。政治課題の解決策は公開討論から生み出され、したがって市民全員が納得のうえで最終判断が下された。だが、彼自身も認めていたように、これは小規模な共和国だったから実現できたことだ。とすれば、彼の「自由意志」という概念は国民国家より地方議会にあてはまるのかもしれない。

「《一般意志》において各メンバーは全体の不可分の一部だ」

ジャン＝ジャック・ルソー著『社会契約論』（1762年）

基本理念

理性 vs. 情動

自由や幸福を求める自然な人間固有の傾向を理性は損ねると信じていたルソーは、啓蒙思想運動が当時流行していた理性主義（合理主義）に傾くことに反発し、そうではなく、感情を優先させるべきだと説いた。共同体への誇りと愛着が《一般意志》への関与につながるはずだと考えたのだ。

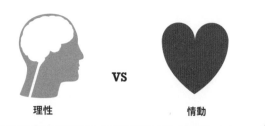

理性　　VS　　情動

全員から全員のために

市民は彼ら個々人よりも大きなものの一部——集団的な決定プロセスの一部——であり、自分が一部をなす共同体と一体化している、というのがルソーの《一般意志》の中心的概念。

1 《一般意志》は万人に由来し、万人に適用されるもの。共同の利益から生まれて共同の利益を生み出すもの。

2 《一般意志》は、押しつけがましくなく個人の自由を守る「法律」という形で表出される。

3 共通善を志向し、**万人の自由と平等を守る**ための法律はあらゆる人民の利益になる。

人民主権

政治に国王や国会議員たちは必要ない——市民たちがダイレクトに自ら直接民主制を成立させる。

《一般意志》

市民が投票によって——政党・社会集団・派閥のない——ひとつの集合体として人民主権を行使する。

教育

市民は生まれつきの良い傾向を伸ばし、ひいてはそれを《一般意志》に貢献できるような教育を子供の頃から受けるべきだ。

民主主義の制度

直接民主議

全市民ひとりひとりが投票などの政治に直接参加する制度。紀元前5世紀頃に古代アテネの市民たちが、公共広場で政策課題について採択したのがはじまりだ。ルソーにとっての自由とは、自分たちが策定に直接かかわった法律に従うことであった。

代表制民主主義

市民が自分たちの代表として政治を運営する政治家たちを選出する、現代では最も一般的な民主主義制度。しかしルソーは、市民だけに与えられた直接行使すべき権利を搾取する制度だと代表制民主主義を非難した。

所有権はどのように正当化されるか?

ジョン・ロックは『統治二論』において、「自然状態」では私有財産はどのように獲得されるのか、そしてそれにかんする権利はどのように正当化され、保護され、継承されるのか考察した。

私有財産は国家に先立つ

　トマス・ホッブズは、財産の獲得には人々の同意が必要であり、それは政府の保障があってはじめて実現しうると説いた（202-203頁参照）が、それにたいしてロックは、財産の所有は「自然状態」における人間固有の権利だと主張した（204-205頁参照）。世界は神によって人々に共通に与えられ、そして個々人には自分自身にかんする所有権——文字通り、自分の身体にたいする所有権——と、労働とその生産物にかんする所有権がある。たとえばある人が土地を耕せば、「労働に利用した自分の身体とその土地が一体化する……ゆえに、その土地は自分の財産になる」。

　私有財産は「自分と同等の十分な取り分を、他人のために残しておく」かぎり、いくらでも獲得してよい。自分で消費しきれない必要以上のものを占有したり、共有財産を無駄にしたりするのはご法度だ。無駄を避けるために——プラムなどの——傷みやすい余剰物を、保存可能なもの——木の実などの——と交換することは許される。それなら財産の最初の獲得手段の正当性に傷はつかない。反論もある論点だが、ロックは生産物と貨幣との交換を妥当な行為とみなしていた。貨幣は労働や生産物と違って価値が下落しないし、腐りもしないからだ。ただし、貨幣は蓄蔵できるがゆえに貧富の差が拡大した。また、自分の身体を使って土地を耕すことでその土地の所有権を主張できるというロックの見解は、暗に植民地政策を正当化する理論だとも考えられるだろう。

財産の相続は同意をもたらす

ロックは、政権の誕生に関与していない人であっても、私有財産を相続することで国の政治運営に暗に同意したことになると主張した。相続した財産の所有権を国に保護してもらう必要をそうした人々ももっているからだ。こうして市民は「社会契約」を更新し、国の政治運営に正当性を与えている、と。このロックの論じ方は、既存の資産配分がくつがえされるきっかけになりかねない定期的な通常選挙制度の実現を阻む試みになったのかもしれない。

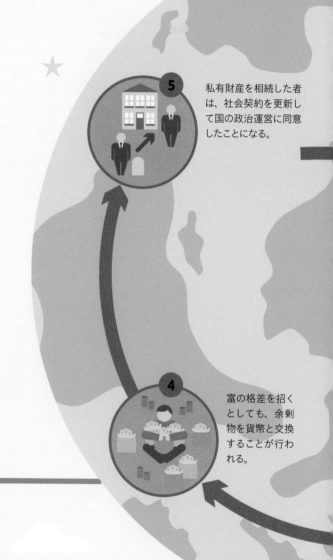

私有財産を相続した者は、社会契約を更新して国の政治運営に同意したことになる。

富の格差を招くとしても、余剰物を貨幣と交換することが行われる。

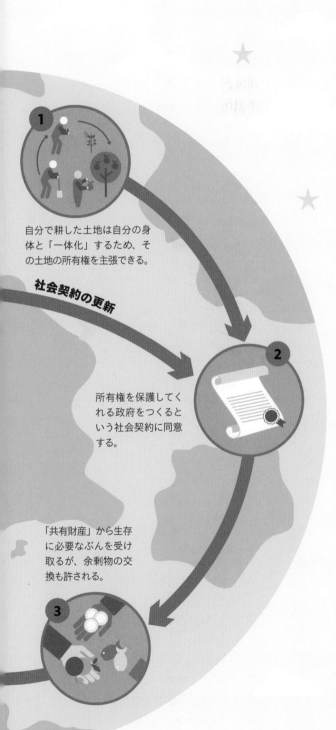

1

自分で耕した土地は自分の身体と「一体化」するため、その土地の所有権を主張できる。

社会契約の更新

2

所有権を保護してくれる政府をつくるという社会契約に同意する。

3

「共有財産」から生存に必要なぶんを受け取るが、余剰物の交換も許される。

私のものだ！

ロックの理論の欠陥

所有権の正当化にかんするロックの理論にはいくつか問題点がある。まず、所有権の主張に必要な労働量と労働の内容が明確に定義されていない。たとえば、宇宙飛行士が火星でニンジンを育てたら、彼が所有権を主張できるのは火星全体にかんしてか、それともニンジンを植えた一角にかんしてだけか？　所有地は柵で囲えばいいのか、それとも土地を柵で囲えば所有権を主張できるのだろうか？　自分がつくったトマトをジュースにして海に注ぎ込んだら、その海は自分のものにできるのだろうか？

火星

うーむ……

功利主義者と所有権

功利主義哲学者（186-87頁参照）たちが財産や富を正当化する基準は、その獲得や交換の方法ではなく、財産や富の分配が最大多数の最大幸福を実現できるかどうかにある。たとえば功利主義者なら累進所得税を支持するだろう。大多数の市民がその税収で運営される公共サービスから受けられる恩恵は、高額納税者の金銭的負担を上回るからだ。

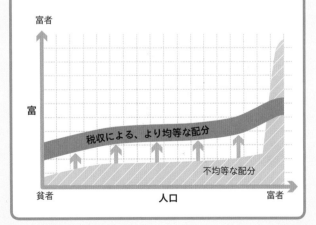

富者

富

税収による、より均等な配分

不均等な配分

貧者　　　　　　人口　　　　　　富者

同意と義務──自由至上主義

民主主義では、政府は被統治者である市民の同意に基づいてつくられるが、その同意の源泉と同意することによって国民が負う義務は政府のあり方に関係がある。

なぜ私たちは従うのか?

政府に従うという私たちの義務について、ホッブズは、「自然状態」に戻るより国家権力の濫用に耐える方がまだましだという人々の考えから生じたものだと語り、ジョン・ロックは、「社会契約」を通じてみんなの同意のもとにつくられた政府である以上、私たちが従うのは当然だと考える。とはいえ、ほとんどの人間はすでに既存の契約がある社会に生まれるから、その契約に異議を唱えるチャンスがない。ロックによれば、私たちは知らず知らずのうちに既存の社会契約に同意しているという──行政サービスの利用や財産の相続、幹線道路の無料利用などによって、政府の政治運営に暗黙のうちに同意したことになりうる。

この見解はさかんに議論された。財産の相続などの受け身的な行為は、政府に同意を示したり、政府に従う義務を生み出すようなものには見えない。しかしロックは、世代ごとに新たに社会契約を結び直すべきかという問いについては避けている。

明確な同意

同意にかんする問題は、1974年に発表されたノージックの『アナーキー、国家、ユートピア』で再び取り上げられた。自由至上主義（リバタリアン）社会を擁護する理論の一環として、ノージックはこんな思考実験を紹介している。ある地域の一部の住民たちがある放送システムを見つけ、地域主催の公開演芸番組を提供することにした。そのためには住民全員が一日ひとりずつ、番組のホストを務めなければならない。さて、番組がはじまって数カ月が過ぎた。この間、音楽や物語を楽しんだ住民たちはみんな、自分の番が来たら必ずホストを務めなければいけないのだろうか?

ノージックの答えは「ノー」だ。恩恵を与えているからといって、設立に関与していない人間に義務を負わせることはできない。ノージックはそう結論することで、財産の相続や幹線道路の無料利用のように一方的に与えられた恩恵であっても義務が生じると説いたロックに反論した。政府にたいする暗黙の同意は、その政府に従う義務を伴わない──義務が生じるのは明確な同意を示した場合に限る。政府による個人への干渉は最小限に抑えるべきだと考えるリバタリアンのノージックは、暗黙の同意だけではどんな統治体制も正当化されえないと主張したのだった。

「恩恵を与えた見返りとして義務を求めることはできない」

ロバート・ノージック

参加と義務

ロバート・ノージックの仮説シナリオによれば、あなたは地域主催の放送サービスの恩恵を受けている。その件についてあなたに選択の余地がなかったにもかかわらず、一日、その番組のホストを務めることを求められている。さて、あなたにはこの要求に従う義務があるだろうか?

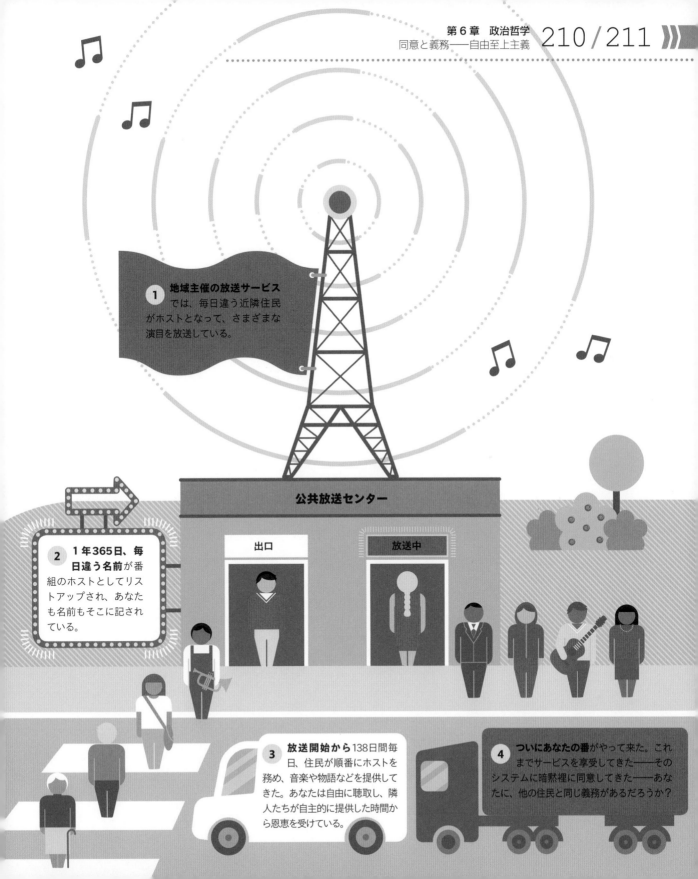

1 **地域主催の放送サービス**では、毎日違う近隣住民がホストとなって、さまざまな演目を放送している。

公共放送センター

出口

放送中

2 **1年365日、毎日違う名前**が番組のホストとしてリストアップされ、あなたも名前もそこに記されている。

3 **放送開始から**138日間毎日、住民が順番にホストを務め、音楽や物語などを提供してきた。あなたは自由に聴取し、隣人たちが自主的に提供した時間から恩恵を受けている。

4 **ついにあなたの番**がやって来た。これまでサービスを享受してきた——そのシステムに暗黙裡に同意してきた——あなたに、他の住民と同じ義務があるだろうか?

人々はどんな権利を享受すべきか？

たいていの民主主義社会は、市民に幅広いさまざまな自由を保障している。
国家は市民にどんな権利を認めるべきかについて、ヴィクトリア朝の哲学
者ジョン・スチュアート・ミルがひとつのシンプルな原則を提唱した。

柔軟な考え方

多数派が少数意見を抑え込む専制の登場を警戒していたミル（1806〜73年）は、権利のシステムは民主的に決定されるという考えを否定し、「危害原理」によるいっそう広範な権利を訴えた。この「危害原理」とは、他人に危害を加えたり、他人の権利や自由を侵害しないかぎり、人は自由に行動してよいと定義したリベラルな自由概念だ。そこには、表現の自由や信仰の自由だけでなく、合意のあるパートナーとの性行為の自由さえも含まれていた。

宗教迫害の記憶が色濃く残り、同性愛も違法だった時代に、ミルは誰も関係者を傷つけないことだけを条件にあらゆる権利や考え方を——どんなに少数意見であっても——きっぱりと擁護する原理を提示した。

危害原理

ミルが唱えた「思想の自由市場」では、誰かに危害を及ぼさないかぎり、どんな意見も歓迎される。正しい考えが抑え込まれれば、間違った考えをもつ人たちは自分の考えを改める機会を失ってしまうし、間違った考えが抑え込まれれば、みんなが正しいとみなした意見が本当に正しいのか確かめる機会を個々人は失ってしまう。しかし、一見有害に見えない一部の自由が思いがけず誰かを傷つけてしまうこともある。

感情を害する権利

ミルにとって、他人の感情を害する行為は「危害」に含まれない。どんな意見も尊重すべきだからだ。しかし、ここからヘイトスピーチや人種差別的行為など、社会的弱者を不当に攻撃する権利もあるのかという問題が立ち上がる。自分が攻撃に参加していなくても、しばしば深刻な傷がそこにある。

リベラリストたちは、不寛容な考え——たとえば平気で権利を踏みにじる権威主義者——にどこまで寛容であるべきといういうジレンマに昔から頭を悩ませている。正しい考え方と、重大な害を及ぼす行為を煽る考え方とを線引きする者もいる。しかし、明確な線引きによって、かえって実際的な場面で被害を防止できない可能性もある。

過度な自由
「思想の市場」それ自体が論議を呼ぶ概念だ。たとえば、満席の劇場で「火事だ！」と大声で嘘をつくなどの虚偽の主張をする権利が思わぬ事態を招く場合もある。

有害な思想
「思想の市場」から排除すべきは、他者に危害を加えかねない権利と信念のみ。

自己にかんする行為

「危害の原理」は他人にたいする考えや行為に適用されるが、ミルは、自己への行為については明言していない。「危害の原理」に当てはめれば、自己への行為は他人に危害を及ぼしえないため自由を保障されているように見えるが、実はこの種の行為でさえも他人に危害を及ぼす可能性がある。たとえば、自宅でひとりっきりでしょっちゅう飲んだく

れていても誰にも危害を及ぼさないから、この権利は「危害の原理」で守られると言えるかもしれない。だが、国民の大多数がこの権利を行使すれば、社会全体に甚大な被害が及びかねない。このように、何をもって「危害」やその可能性とみなすのか、厳密に定義するのは難しいことだ。

言論の自由
ファシストたちが、他人の自由を抑圧するなどの目的のために、この権利を利用した場合はどうか？

選択の自由
茶色の靴が最も多く売られているとしたら、選択の自由は黒い靴墨のメーカーに害を及ぼすことにならないか？

信仰の自由
信仰の自由を認める宗教的寛容のもとでは、他宗教を迫害する信仰も保障されるのだろうか？

思想の自由市場

有害な思想は禁止

「私たちはすべての考えを**聞く必要**がある。どんな考えにも真実の**一側面が含まれている**のだから」

ジョン・スチュアート・ミル著『自由論』（1859年）

自由の種類

20世紀には、哲学者や政治家たちは自由という伝統的な概念を再定義し、自由には積極的自由と消極的自由との2側面があることを強調した。

自由の定義

ミルは自由を束縛のない状態と単純に定義した（212-13頁参照）が、20世紀の自由論はミルを越えて展開し、アメリカのフランクリン・D・ルーズベルトやイギリスのW・ベヴァリッジなどの政治家、ロシアに生まれイギリスに渡った哲学者アイザイア・バーリンらが、ミルの考えの不十分な点を見出した。バーリンは『二つの自由概念』という論文で、「束縛のない状態」という自由（た

とえば、権力者から強制されずに行動し、話し、集う自由）を論理的な帰結まで推し進めれば、非自由に行き着くと指摘した。「人間は相互依存しているから、他人の生活を少しも妨害せずに完全に私的に行動することなどできない」。言い換えれば、誰かの自由は他の誰かの苦境になりうるということだ。バーリンはそれをこんな言葉で表現した。「カワカマス（大型の魚）の自由はミノウ（小魚）にとっての死だ」。たとえば、

表現の自由はヘイトスピーチにつながりかねず、ひいてはマイノリティの悪魔視を引き起こしかねない。

バーリンが言いたいのは、「自由」は政治的議論の場においてはしばしば混乱を招く、複雑な概念だということだ。バーリンはこの事態を解消するために、「積極的自由（自分の人生を歩む自由）」と「消極的自由（束縛からの自由）」を区別し、真に自由な社会とは、この自由の2つの側面が両方とも満たされ、必然的に

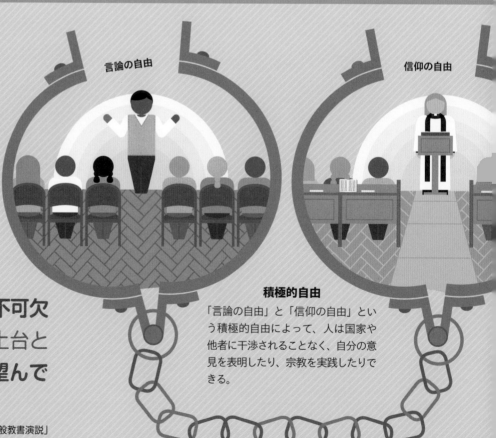

4つの自由

1941年、アメリカ合衆国大統領フランクリン・D・ルーズベルトは、世界中のすべての人間が享受すべき「4つの自由」を提唱した。それは、2つの積極的自由——「言論の自由」「信仰の自由」——と2つの消極的自由——「欠乏からの自由」「（軍事侵略の）恐怖からの自由」で構成されている。どの自由もそれだけでは不十分であり、他の自由とのバランスが必要だ。

言論の自由

信仰の自由

積極的自由
「言論の自由」と「信仰の自由」という積極的自由によって、人は国家や他者に干渉されることなく、自分の意見を表明したり、宗教を実践したりできる。

「……私たちは、**不可欠な4つの自由**を土台とした**世界を待ち望んでいる**」

フランクリン・D・ルーズベルト「一般教書演説」（1941年）

人々の歩み寄りにつながる社会のことだと説明した。

自由の限界

長らく哲学者たちは、消極的自由は自由のための必要条件かもしれないが、十分条件ではないと言い続けてきた。たとえば表現の自由は、衣服に困り、読み書き教育を受けられない人たちや、飢えに苦しんでいる人たちには何の価値もない。アメリカの上院議員だったヘンリー・カボット・ロッジもかつて、「空腹の人間は自由よりサンドイッチに関心がある」と書いた。だから哲学者たちは、束縛からの自由と他の自由——たとえば貧困や欠乏、病気からの自由——との両立を訴えてきたのだ。後者の自由は、他者の協力が必要な実際上の（食べ物、住居などの）社会保障の権利である。

政府がこの自由を強化するために増税という手段を選択する場合もあるが、増税を自由の侵害とみなす者もいる。カント（184-85頁参照）は政府によるこうした介入を「想像しうる最大の暴政」と記した。現代人には大げさに聞こえるかもしれないが、このような手段は権威主義的だと言われるのも正当ではあり、今後もずっと、一部の者からは反自由主義的だと非難されるだろう。

> **チェックポイント**
> - **積極的自由**とは、社会的・経済的不安なく自分の人生を自分で生きられる自由——とくに、国家や他者の抑圧を受けない自由。
> - **消極的自由**とは、束縛からの自由——とくに、貧困からの自由。
> - **フランクリン・D・ルーズベルト**は、日本が真珠湾攻撃を開始するほんの数か月前に「4つの自由」という目標を提案した。そのなかのひとつ、「恐怖からの自由」は、この日本軍の攻撃という出来事によってその必要性にスポットライトが当たることになった。

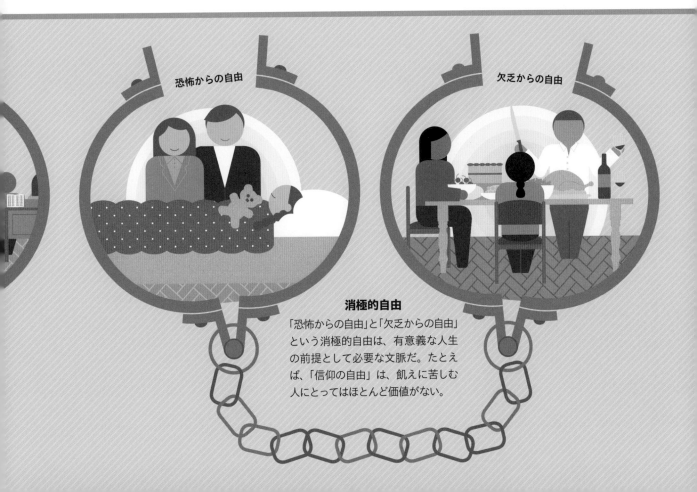

消極的自由
「恐怖からの自由」と「欠乏からの自由」という消極的自由は、有意義な人生の前提として必要な文脈だ。たとえば、「信仰の自由」は、飢えに苦しむ人にとってはほとんど価値がない。

権利は制限されるべきか？

一部の哲学者たちは、個人の権利が社会全体の安全や安定と矛盾する場合は、それがマイノリティの権利であっても、制限されるべきだと論じる。

広範な権利

西洋民主主義国の人々はかつてないほど多くの権利を享受している。いまや多くの国々が、普通選挙権や差別からの保護、言論の自由、性と生殖にかんする権利、労働組合などの団結権、被疑者を公平に扱う法的プロセス、弱者にたいする法的保護などを保障している。こうした権利を制限する理由というものはあるのだろうか？　ベンジャミン・フランクリンは、「少しの安全を得るために自由を放棄する人たちは、自由も安全も得るに値しない」と書いたが、一部の哲学者たちは、テロリズムな

自由の度合い

実際上は、ほとんどの人たちが権利の厳しい制限（権威主義、独裁主義）と無制限（自由至上主義もしくは無政府主義）との両方を否定するものだ。現実世界の政治では、自由の制限が正当化されるのはそれが大多数の利益になる場合だけだが、その利益の具体的な中身は議論の的になりうる。たとえば多くの国々では、ヘイトスピーチを法律で取り締まることで言論の自由の権利が制限されているが、誰かにとって有害なものが別の誰かには無害とみなされることもある。多くの国々がテロリズムという実際的な脅威に直面しているいま、国家安全保障の必要性が、表現の権利やプライバシーの権利、抵抗する権利を踏みにじっている可能性もある。ほとんどの先進国は移民によって徐々に多文化化したが、それは同時に、宗教的・文化的実践を自由に表現する権利を慎重に取り扱わねばならないことを意味する。リベラルな文化主義者はインクルーシヴで寛容なアプローチを支持するのにたいし、懐古主義の共同体主義者は、マイノリティは社会の支配的な大多数の文化規範に従うべきだと主張する。

極端

1

2

制限のある権利

1 人の権利の剥奪

国家権力の保護と秩序の維持が最大の関心事である権威主義の独裁政権は、政権維持と秩序確保のために市民の権利に重い制限をかけて、批判や抵抗を封じ込めようとする傾向がある。

2 国益優先の行動

個人の権利の制限を国益のためと称して正当化する国は多々ある。そのような国は、たとえば監視力を強化することでプライバシー権を侵害したり、尋問中に拷問を行って人権を無視したりする。

どの世界的脅威に対抗し、より広い
コミュニティの利益を守るためには、
一部の権利を人々は手放すべきだと
主張している。

正当化可能な制限

　市民は国家に安全を保証してもら
うために権利を放棄せねばならない、
と説いたのはホッブズだ（202-203
頁参照）。個人の権利を制限するこ
とが秩序を行き渡らせる唯一の手段

であり、そうしないと人々はいわゆ
る「自然状態」に戻って互いに争い
合うとホッブズは信じていた。
　満席の劇場で「火事だ！」と叫ぶ
という事態は、個人の権利が公共の
治安を脅かす例として哲学的考察の
際に習慣的に言及され用いられてき
たものだ。公共空間のメンバーに危
険が及ぶ可能性を考えれば、「言論の
自由」の権利は制限されうると論じ
る正当性もまったくないとは言えない。

✓ チェックポイント

> **リベラルな文化主義者**とは、マイノ
リティのアイデンティティとニーズ
の尊重を擁護する。
> **共同体主義者（コミュニタリアン）**
は、道徳的概念を定義・形成する際
のコミュニティの役割を重視する。
> **自由至上主義者（リバタリアン）**は、小
さな国家と大きな個人的自由を求める。
> **無政府主義者（アナーキスト）**は、
市民は政府による束縛なしに自由に
生きるべきだと信じる。

中庸

3

バランスをとる
政府は、市民の権利に制限を課すべき
かどうか——また、どの場合に権利を制
限すべきか——を判断する際、どんな
社会枠組が受け入れられるか想定したう
えで個人の自由と集団の責任とのバラン
スをとらなければならない。

無制限な権利 →

4

極端

「言論の自由は、自由な政府の大黒柱だ」

ベンジャミン・フランクリン著『On Freedom of Speech and the Press（言論の自由と新聞について）』（1737年）

3　マイノリティの権利の保護

社会的変化によって徐々に多様な社会が生まれてきた。共同
体主義者（コミュニタリアン）たちは、権利は多数派の価値
観と基準に軸足を置くべきだと主張し、リベラルな文化主義
者たちは少数派の権利の保護を目指す。

4　権利の制限の撤廃

人間は十分に理性的だから自律できると考えるリバタリアン
たちは、国家権力を最小限に抑えるべきだと説く。また、ア
ナーキストたちは、人間の権利に制限を課すべきではなく、
誰も他者にたいする支配権をもたないと考える。

私たちは変化に どう対応すべきか？

政治哲学は、どうすれば社会が良くなるか、どうやって社会に変化を導入すべきか検討する学問だ。エドマンド・バークとカール・マルクスは、上からの着実な改革と下からの急進的な革命について、対照的な論を提示した。

守るべきか、打倒すべきか

変化という問題にかんする保守的なアプローチは変化の完全拒否だと言えるかもしれないが、たいていの保守主義者がそう考えてはいない。保守主義の古典とも言われる『フランス革命についての省察』（1790年）を書いたバークは、「変化の手段をもたない国家には、国を保守する手段もない」と述べている。制度や伝統——彼はそれを「先入見」と呼ぶ——を尊重することが社会を団結させる。そして、変化はエリート集団によって引き起こされ、社会全体の最良の利益をゆっくり着実に実現するのだという。

しかし、急進的な変化を求める者たちは、社会制度は自分たちの地位を脅かす変化を阻止しようとするエリート層を守るためのものだと主張し、だから変化を起こす手段は全面的な革命以外にないと訴える。手段は革命以外にないと訴える。

上からの着実な変化

バーク（1729～97年）が世襲制の支配体制——たとえば、王位や貴族などの継承的特権を擁するイギリスの伝統的体制——を支持したのは、保守主義の理念と改善・変化の可能性が両立するという理由からだった。彼に言わせれば、社会の安定は、過去の社会に長いこと貢献してきた制度を尊重することによって保障される。人は「祖先を振り返らない子孫を望まない」。国家の転覆は改革をもたらす手段になりえない。どんな変化も試行錯誤を繰り返しながら漸進的に実現させるべきだ。さらにバークはこうも述べている。「この種の改革には長い年月を要するだろう……用心と警戒は知恵の一部である」

変化をめぐる保守主義の考え方

> **社会**は生者とその祖先、そしてこれから生まれてくる子孫たちとのあいだの契約として理解されうる。

> **社会を結びつけるもの**は、確立している既存の憲法やプロセス、制度にたいする愛着や愛情だ。

> **国の改革**は既存の体制や伝統を壊すのではなく、ゆっくり徐々に着実に実現するべきだ。

> **特権的なエリート集団**が変化の担い手であり、国家による公教育や民主的な改革など、社会全体を利する改善点を監督する役目がある。

各イデオロギーの実際的な問題

保守主義の短所

バークのモデルは漸進的な変化を重視する一方、必要な改革を認識し実現する役目をエリート集団に委ねている。これだとエリート集団の利益を損う変化は避けられる結果になる。

　左翼的思想家たちの指摘では、国家は福祉に変化を提供せず、エリート集団を利するメカニズムであり続けている——労働者階級は、マルクスがはじめて彼らを擁護してから1世紀以上経つというのに、いまだ十分な権利も与えられず不当な環境で働いている。実際に、現体制の維持を擁護するバークの理論からは、どうやって変化を実現するのかわかりにくく、バーク自身も具体的な例をほとんど挙げていない。

革命主義の短所

マルクスが説く革命的変化は社会の解体を要する。これにはバークが予想したリスクが伴う。バークは、社会のよりどころが断ち切られた後、市民の関与や制御が不可能な出来事が起こることを懸念したのだった。マルクス主義登場の100年前に民衆が蜂起したフランス革命は、ナポレオンによる軍事政権の成立で幕を閉じた。1917年のロシア革命はマルクス思想から直接影響を受けてはじまったが、その後スターリン率いるソ連共産主義の残忍な抑圧体制に姿を変えた。どちらも革命家たちが望んでいた結果ではない。この2つの事例が迎えた結末は、革命的変化は独裁体制につけ込まれる空白を生みやすいという批判を裏づける。

下からの革命

急進的な変化を求めたカール・マルクス（1818～83年）は多くの著述のなかで、社会のすべての歴史は階級闘争の歴史だと説いている（74-75頁参照）。また、資本主義社会では、国家はブルジョワジーという支配的な（中産）階級の庶務に成り下がっていると非難した。彼の考えでは、この社会集団は自分たちの権力の座を揺るがす漸進的な変化を許さない。マルクスにとって社会主義革命は——これまで以上に屈辱的でむなしい労働を強いられたプロレタリアートと呼ばれる（労働者）階級への搾取が高じて生まれる——もはや避けられない出来事だった。マルクスは、この労働者階級による革命を、新たな社会の夜明け、人と人とが新たな社会関係を結ぶ時代の到来とみなしていたのだ。

変化をめぐる革命主義的な考え方

› **人間の歴史**は、プロレタリアートとブルジョワジーとの格差によって繰り返された階級闘争の記録だ。

› **このサイクルを変える変化**は、旧体制の崩壊と新形態の社会の確立を目指す労働者の社会主義的蜂起によってもたらされる。

› **労働者たち**は新たな社会秩序の最前線に立ち、自分たちの正当な取り分を要求すると同時に、団結して平等主義・共産主義的なシステムを実現させる。

働くことは人間の本性

哲学者のカール・マルクスは、人間には互いに協力し創造的に働く傾向があるのに、
この固有の傾向が資本主義体制によって搾取されていると信じていた。

人間本性にかんする理解の違い

人間本性と国家の役割にかんするマルクスの考えは、先行者たちのそれとは大きく異なっていた。たとえばホッブズ（202-203頁参照）は、人間の本性を競争心が強くて利己的・攻撃的なものととらえ、市民同士の争いを防ぐには政府の強い介入が必要だと説いた。それに比べればジョン・ロック（204-205頁参照）の考えは寛大だ。ロックはマルクス同様、人間は生まれつき協力的だとみなしていたが、一定の自然権を保護してくれる政府の存在を支持した。

マルクスが考える人間の本性――彼は「種の性格」という言葉を用いている――は労働すること、協力的・社会的・創造的に成果や製品を生み出すことであった。生産物は労働者の人格を表出し具体化したものであり、ゆえに労働を通じた創造行為は本質的に彼らに満足感をもたらす。それなのに、政府は人民にこうした「自然状態」――人間本性を表現する自由と能力――を与えようとしないのだ。

資本主義による搾取

マルクスは、資本主義経済システムの全体――政治という社会の上部構造はその最も目立つ一部にすぎない――が、利益を最大化するために労働者を抑圧していると主張した。資本主義体制では、人間が働くことの本性が満たされていないという。

効率の追求のために分業が進んだ結果、労働者の仕事は専門化し、ひとりで製品を完成させることができなくなった。資本主義の発展が加速すれば、労働者は次第に自分たちの活動や生産物、仲間たちから疎外され、労働の社会的側面が失われ

マルクスの労働論

資本主義の生産様式によって、労働者たちが労働行為と労働生産物、そして労働者仲間から疎外され、以前のように自由に協力し合う代わりに、職を求めて互いに競い合わせられている。

労働者と資本家
マルクスによれば、労働者たちは労働の報酬や成果物を十分に受け取れない一方で、雇用主である資本家の富は増大する。

てしまう。労働者はもはや自由に協力して生き生きとものづくりに励むことがなくなり、代わりに、職を求めて競い合わざるをなくなる。

商品となる労働力

資本主義下の労働者が売り物にできるのは――実質上、商品と化した――労働力だけであり、生産物自体は資本家たちのものになる。労働者が懸命に働けば働くほど雇用主の懐に利益が入るので、雇用主たちは生産性を上げるためにさらに多くの労働力を求める。

抑圧の打倒

資本主義体制をうまく機能させるには、労働者にその地位を甘んじて受け入れさせる力をもった国家という政治的上部構造が必要だ。国家は、マスコミや公共団体、著名なスポークスマンなどを操ることによって、資本主義は何ものにも代えがたい価値のあるものだというような「誤った認識」を労働者に植えつけ、服従させることができる。仮にその手が通じなければ、強制や投獄などの力ずくの手段も使える。

マルクスが資本主義体制とそれを支える国家の打倒を訴えたのは、労働を昔のような自由で社会的な表現活動に戻すためだった。国家から階級がなくなれば、国家は階級支配の道具でなくなる。最終的には権力が衰退し、もっぱらその役割は行政機能を果たすだけになるだろう。マルクスも多くのアナーキストらと同様、理想の世界では、国家は最小限の役割を果たすだけになるか、あるいは廃止されるべきだと考えていた。

> 「あまりにも多くの有用なものを生み出せば、あまりにも多くの人間が無用になる」
>
> カール・マルクス

国家統制
資本主義下では、国家は警察などによる強要・抑圧等の手段を用いて労働者を服従させる。

生産物の奴隷
労働者は「物神崇拝」の犠牲者となる――つまり、熱心に働けば働くほど、自分がつくり出すものに踊らされているように感じる。

⚖ できるだけ客観的な政治判断とは

ほとんどの人たちは──誰に投票し、どの政策を支持するかなどの──政治的な問題
に主観的な観点からアプローチするが、客観的な手法を提案する哲学者たちもいる。

客観性の主張

人は、政治思想を個人的なメリットという観点で評価しがちだ。たとえば、「その政党もしくは政策は万人にとって良いものか？」ではなく、「自分にとって良いものか？」と考える。不利な立場に立たされている人たちは現行の政治システムを変えたいと思い、特権集団──決定的な政治権力をもつ人たち──は反対に変化を歓迎しないだろう。

カール・マルクスは、自身の思想を客観的な思想だと思っていた。共産主義は圧倒的多数の人々の利益になるし、社会的弱者も新体制が「各人の自由な発展が万人の自由な発展の条件になる協力社会」（218-19頁参照）を実現させるとわかれば歓迎するだろうと信じていたからだ。「最大多数の最大幸福」を中心的信条とし、たとえ自分に利益のない政策でも、それが大多数を満足させるものなら受け入れるべきだとする功利主義も客観性を重視する（186-87頁参照）。

だが、ジョン・ロールズ（1921〜2002年）は「原初状態」という概念をもち出し、マルクスや功利主義者の言う客観性に取って代わるものを提示した。「原初状態」とは社会が創出される以前の、まだ富や財産が分配されていない世界のことで、そこでは各自が自分の最終的な生活状態について何もわからない。自分の社会的・経済的背景も、「自然資産」──相対的な生来の能力や強み──も、性別や人種すらわからない、「無知のヴェール」をかぶった状態にいる。このとき、私たちは社会のためにどの正義原理を選択し、どんな富の分配を支持するのだろうか？ ロールズは、「ヴェール」の下の私たちが判断の基準にするのは、「自由原理」と「格差原理」という2つの原理（囲み参照）だと指摘する。

最低値の最大化

私たちは自分の置かれた立場がわからなければ、社会で最も不遇な人たちの生活を最大限改善する、いわゆる「最低値を最大化する」世界をつくろうとするだろうとロールズは言う。「ヴェール」を脱いだとき、自分が最も不遇なグループの一員だと知るかもしれないからだ。「最低値の最大化」によって、より公平な富や資源の分配が実現する。このロールズの理論は配分的正義を主張する正義論だ。彼の思考実験は、各人の主観的価値観を超えたところにある正義と言える何かに依拠しようとする上訴なのだ。できるだけ多くの人が採用しうる個人的な政治的意思決定に健全な哲学的根拠を与えようとみんなで努力することが、理想の社会を実現するための一歩だとロールズは考えたのだった。

「一部の人間の**自由の喪失**が、他の**多くの人間の大きな利益**によって**正当化される**ような正義は、本当の**正義ではない**」

ジョン・ロールズ著『正義論』（1971年）

自由と富の共有

ロールズの「原初状態」では、人々は「無知のヴェール」をかぶっていて、自分の相対的な資産や社会的地位、自然資産を知らない。こうした状況下だと、個人は社会全体の利益のために行動し、自由と富が公平に分配されるような正義原理（公正の原理）を選ぶ。

1 私は自由に
なりたい

2 豊かな暮らしを送る
可能性を最大限に
高めるべきだ。

3 自分が
どの社会的ヒエラルキーに
属すのかわからない。

4 経済秩序の最底辺に
陥らないように、
できるかぎりのことを
しなければ。

5 自分が最終的に、
不平等な社会のどこに
行き着くのかわからないから、
できるだけ平等な社会を
つくるべきだ。

ロールズの正義原理

想像上の「原初状態」では、私たちは公正な社会・経済状態を生み出すために「自由原理」と「格差原理」の2つの正義原理を活用する可能性が最も高い、とロールズは言う。

自由原理
基本的自由を平等に分かち合うことが望ましいとする原理。

> **良心の自由** 信仰や考え方を選択する自由。
> **集会の自由** 公私において他人と一定の場所に集う自由。
> **表現の自由** 批判を恐れずに自由に意見を表明する自由。
> **私有財産** 私的な財産を所有する権利。
> **民主主義** 投票権を行使する自由。

格差原理
一定の条件に基づく社会的・経済的不平等のみを許す原理。

> **格差は最も不遇な人々の生活改善につながるものでなくてはならない。** 富や機会の不平等は恵まれない人たちの便益になるときだけ正当化される。
> **社会的立場に関係なく、誰もが自分の富を拡大できる。** 富はすべての人に開かれている職務・地位に付随するからだ。

パースペクティヴィズムと政治

遠近法主義（パースペクティヴィズム）——客観的真理は存在しないという考え方——は、私たちが合意を形成する助けになるとして支持する哲学者もいれば、専門家の意見が無視されるのではと危惧する哲学者もいる。

主観的な真理

フリードリヒ・ニーチェ（78-79頁参照）は、客観的な事実は存在せず、存在するのはどれも等しく妥当な主観的な解釈だけだと説いて、「遠近法主義」哲学の最初の形態を展開した。20世紀後半にこの哲学的立場は再興され、ジャン=フランソワ・リオタール（1924 〜 98年）などいくらかの哲学者がニーチェと同様の結論を出した。リオタールは『ポストモダンの条件』で、彼が言うところの「大きな物語」を批判する。「大きな物語」とは、歴史や文明の全体を説明すると自負する、ひとつだけの画一的な語りを設定する試みのことだ。どの「大きな物語」も「真理」を基にしていると声高に主張するが、私たちはそれを退け、どれも等しく妥当な個々の文脈に基づいたさまざまな「小さな物語」に耳を傾け世界を見るべきだ、とリオタールは説く。

リチャード・ローティ（1931 〜 2007年）は『偶然性・アイロニー・連帯』で、私たちは「自由の面倒を見るべきだ。真理は自分で自分の面倒を見るだろう」と述べる。事前に定義された唯一の客観的真理より、主観的な真理にかかわるある程度幅広い合意（コンセンサス）のほうが望ましい。ローティの考えでは、この種の合意によって、私たちはより賢明に政治的選択にかかわれるようになる。

ニーチェ
客観的真理というものはない。存在するのは各個人の主観的な視点だけだ。

科学

リベラリズム

客観的真理は死んだ

ニーチェが唱えた遠近法主義は、解放や進歩といった宗教的理念や啓蒙思想の理想を否定する概念であった。ニーチェによれば、これらの理想は個人の視点を考慮せず、すべての人間に一律の道徳基準を守るよう要求するものだ。リオタールも、啓蒙思想や科学、宗教を時代遅れの抑圧的な「大きな物語」とみなして却下した。リチャード・ローティは、完全なる客観的真理という観念を拒否し、私たちは互いの声に耳を傾け、さまざまな真理はさまざまな形で表現されうるのだという考えを受け入れるべきだと説いた。

1979 1989

リオタール
私たちは世界を、唯一的で画一的な真理という観点からではなく、「小さな物語」の観点でとらえるべきだ。

ローティ
民主的な議論を介して広い合意に達することのほうが、それ自体が目的である真理よりも重要だ。

客観的真理

啓蒙思想の理想

前進する進歩

解放

道徳判断

信仰

遠近法主義の危険性

多くの論者たちは、個人の意見を尊重し合い、主観的真理の合意（コンセンサス）に達するべきだとするローティの考えはあまりに楽観的であり、遠近法主義は実際に、政治に憂慮すべき影響を与えると指摘している。客観的な真理がないと、人々は歴史や選挙にかんして良い判断ができない。自分が満足するメッセージを選択し、事実を自分なりに解釈して、ますます視野が狭くなっていくだろう。専門家の意見や自分と異なる意見にも耳を貸さなくなりがちだろう。その結果、不十分な情報や迎合主義的なアピールをうのみにして、短絡的な解決策を選ぶというお粗末な判断を選挙で行うことになりかねない。

遠近法主義は政治哲学自体をも間接的に攻撃する──客観的真理がないなら、希求すべき理想の基準など存在しえないからだ。もっと言えば、遠近法主義は自己破壊的な哲学的見解でもある。すべての考え方は等しく正しいと主張するが、遠近法主義自体もひとつの考え方、ひとつの観点であり、ゆえに他の考え方よりも正しいと自ら断言できないからである。

「事実というものは存在しない。存在するのは解釈だけだ」
フリードリヒ・ニーチェ

正しい戦争なんてあるのか？

政治哲学者たちは何世紀にもわたり、戦争は道徳や宗教という観点から正当化できるのか、交戦時の道徳的な戦い方やふるまい方というものが存在するのかについて、議論を重ねてきた。

戦争と道徳性

　戦争は正当化できるのか？　できるとすればその根拠は何か？　戦争はどのように戦われるべきなのか？「正戦論」は戦争にかんするこの3つの問いを柱に展開される。その起源は主に、戦争や虐殺は道徳やキリスト教信仰と両立しうるかを問うた、ヒッポのアウグスティヌス（『神の国』）やトマス・アクィナス（『神学大全』）などのキリスト教神学者たちの思想にさかのぼる。

　アクィナスは戦争行為について、それはあらゆる平和的手段を講じて尽くしても国家間の紛争が解決されなかった場合の最終手段にすべきであり、また、戦争行為をする際には正当化可能な大義も必要だと説いた。そして最後に、勝算も必須条件とみなし、勝ち目がなく、ただ苦痛や死をもたらす戦争は間違っていると断言した。

　また、アクィナスは正しい戦争かどうかのこうした基準（jus ad bellum：「戦争のための法」）以外に、「必要最小限の武力行使であること」「戦闘員と市民を区別し、市民に危害を加えないこと」「捕虜の権利を認め、虐待しないこと」と

いう、戦争が正しく行われるための条件（jus in bello：「戦争における法」）も提示した。

　これらの原理は、政治権力や戦闘員が自分たちの戦争の正当性を判断し、批評家や歴史家が彼ら

> 「私たちは**戦争をする**ために**平和を求める**のではない。**平和の実現**を求めて**戦争をはじめる**のだ」
>
> ヒッポのアウグスティヌス

平和主義と現実主義

平和主義と現実主義のなかにはより極端な論も存在する。平和主義者のなかの強硬派はどんな戦争も倫理に反するとみなし、現実主義者の強硬派は、人間は戦争について道徳的判断を下せないと考える。しかしながら、平和主義者のなかの穏健派は、自己防衛のための戦争は正当化されると説き、穏健な現実主義者の多数派は正戦論を広く受け入れている。

限定的関与
平和主義者の多くは、平和侵略への対抗策は限定的かつ可能なかぎり非暴力的であるべきだと説く。

完全な非暴力
平和主義者の強硬派は、暴力行為であるいじょう、戦争は決して正当化できないとして、すべての戦争を否定する。

平和主義

に戦争する正当性があったのかどうかを事後的に判断する基準にもなりうる。

戦争にかんする現代の見解

正戦論はこの100年のあいだに、平和主義と現実主義（リアリズム）という対立する両方の哲学者たちから非難されてきた。平和主義者は可能なかぎり戦争を否定するというスタンスをとり、なかには戦争はどんな理由があっても決して正当化されないとする論も存在する。一方、現実主義者たちは、戦争の正当性は道徳的観点からではなく、国益という観点で判断すべきだと主張する。

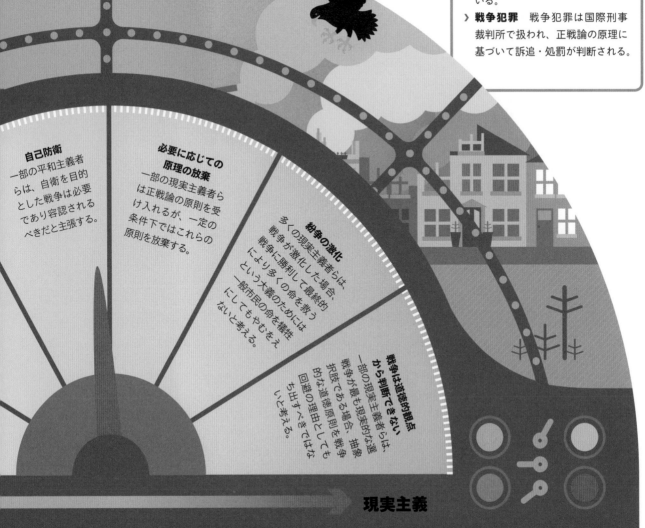

自己防衛
一部の平和主義者らは、自衛を目的とした戦争は必要であり容認されるべきだと主張する。

必要に応じての原理の放棄
一部の現実主義者らは正戦論の原則を受け入れるが、一定の条件下ではこれらの原則を放棄する。

紛争の激化
多くの現実主義者らは、戦争が激化した場合、戦争に勝利して最終的により多くの命を救うという大義のためには一般市民の命を犠牲にしてもやむをえないと考える。

戦争は道徳的観点から判断できない
一部の現実主義者らは、戦争が最も現実的な選択肢である場合、抽象的な道徳原則を戦争回避の理由としても一般市民の命を犠牲に出すべきではないと考える。

現実主義

正戦原理の適用

> **ジュネーヴ諸条約** 戦争捕虜の権利と市民（非戦闘員）の保護を含む、戦争遂行にかんする国際的ルールが示されている。

> **国際連合憲章** 国際連合加盟国の戦争は、紛争解決のあらゆる手段を講じてもなお解決をみない場合の自衛権行使の手段としてのみ、あるいは国際安全保障維持という目的としてのみ、許されるとしている。

> **戦争犯罪** 戦争犯罪は国際刑事裁判所で扱われ、正戦論の原理に基づいて訴追・処罰が判断される。

女性と家父長制

すべてのフェミニストが女性は男性と同等の権利を有するべきだと考える
が、権力の大半が男性に集中する状況のなかで男女同権を実現するための
最善の方法については、まだ多くのフェミニストたちが議論を続けている。

家父長制という問題

　女性は家父長制という男性優位の社会システムの下で抑
圧され、男性と同じ条件の雇用や政治的権利をなかなか得
ることができない。この傾向は職場と家庭両方に広がって
おり、家事や子育ては女性の役目だといまだみなされてい
る。フェミニスト運動の目的はこの家父長制を取り除き、
男女の平等を実現することだ。しかし、家父長制を除去す
るための最も有効な手立てが何かについては、フェミニス
トたちのあいだで意見が一致していない。

フェミニストにできることは？

　フェミニスト関連の最初の発行物のひとつに、メアリ・
ウルストンクラフトの『女性の権利の擁護』がある。彼女
は、社会が男性中心なのは、女性が小さい頃から男性に服
従するよう教育されてきたためであり、より公正で平等な
社会を創出するには女性の再教育がひとつの方法だと論
じた。哲学者であり、リベラルな政治家でもあったJ・S・
ミル（186-87頁参照）は、女性だけでなく男性も家父長
制を問い直す教育を受けるべきだと主張した。

　しかし家父長制の消滅には教育だけでは不十分であり、
現に家父長制はいまも色濃く残っている。一部のフェミニ
ストたちは、職場で被差別者を優遇する「アファーマティ
ヴ・アクション」などの賛否両論ある手法での対抗を訴え
ている。さらに物議をかもしたものとして、社会学者のキ
ャサリン・ハキムは、女性が家父長制社会で生き残るには、
性的魅力を訓練活用して男性より優位に立つべきだと提案
した。

対処法

これまで提案された家父長制消滅への方法の多くに
メリットとデメリットがある。教育はやはり重要だが、
それだけでは問題を解決しきれない。アファーマテ
ィヴ・アクションは職場にいまだ残る女性差別の是
正手段だが、これも別種の差別ではあり、適任の男
性候補者を差し置いて女性を役職に就けることによ
って、その女性本人が非難され、不当な優遇と感じ
る恐れもある。多くの人たちは、家父長制社会と戦
うにはまず男女ともに自己批判することが必要だと
言うだろう。自己批判することで、女性は男性に服
従するよう条件づけられてきた経緯を疑問視するよ
うになり、男性は自分が男性というだけで特権を得
ていたことに気づき、女性たいしてもっと思いやり
をもてるようになるだろう。

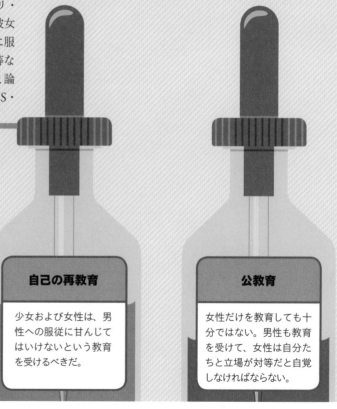

自己の再教育

少女および女性は、男
性への服従に甘んじて
はいけないという教育
を受けるべきだ。

公教育

女性だけを教育しても十
分ではない。男性も教育
を受けて、女性は自分た
ちと立場が対等だと自覚
しなければならない。

特効薬

家父長制の諸相

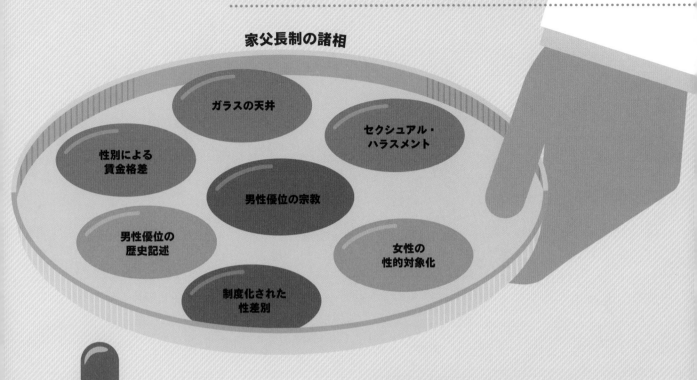

- ガラスの天井
- セクシュアル・ハラスメント
- 性別による賃金格差
- 男性優位の宗教
- 男性優位の歴史記述
- 女性の性的対象化
- 制度化された性差別

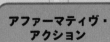

アファーマティヴ・アクション

雇用や賃金の面や大学入試にかんして、女性を優遇する措置を導入すべきだ。

「女性の精神を鍛えよう。そうすれば盲従に終止符が打てる」

メアリ・ウルストンクラフト著『女性の権利の擁護　政治および道徳問題の批判をこめて』（1792年）

フェミニスト哲学

1960年代から70年代にかけて起きた女性たちによる女性解放運動（130-31頁、138-41頁参照）以前の時代には、哲学は、それ自体が家父長的で、哲学的議論の大多数が男性によって展開されていた。フェミニスト哲学はこの問題を、主に次の3つの問いを軸に検討する。

> **ジェンダーの役割**　伝統的な哲学の問題や概念の形成過程において、ジェンダーはどんな役割を果たしてきたのか？

> **偏見**　伝統的な哲学は女性にたいするバイアスをどのように反映し、かつ助長しているか？

> **平等**　女性の平等を主張する哲学的概念や理論を擁護するための最善の方法は何か？

第 **7** 章

論理学

哲学者たちは論証という手段を通じて自分の考えを主張すると同時に、論証そのもののあり方についても研究する。「説得力のある良い論証の条件とは何か？」 この問いを追求するのが論理学という分野だ。

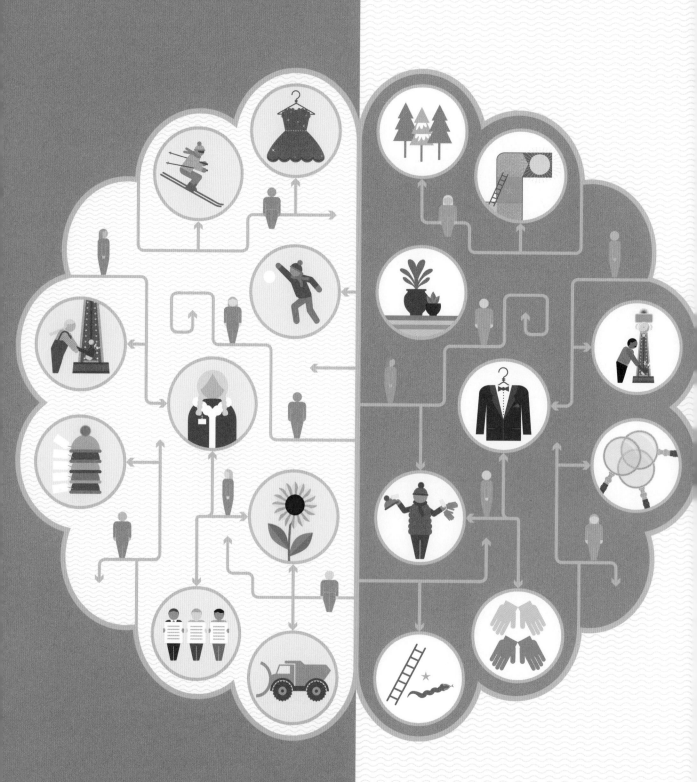

論理学

アリストテレスは人間を唯一の理性的動物だと考えていた。それに異を唱える哲学者もいたが、人間の理性（reason）が他の動物の理性と異なることは間違いない。人間は理性のおかげで月に立ち、地球のしくみを理解し、協力が競争に取って代わる社会を生み出すことができたのだ。

より小さな次元で具体的に言えば、計画を立てて目標を達成するのも理性のおかげだ。どんな目標であれ、達成するには推論（reasoning）を働かせて最善策を選択しなければならない。理性には2種類ある。私たちは一方の「理論的推論」によって真理を認識し、もう一方の「実践的推論」によって目標の実現に向けて行動をコントロールする。誤った理論的推論はたいてい偽をもたらし、誤った実践的推論は失敗をもたらす。アリストテレスは推論について、「正しい推論」と「誤った推論」として区別する形で説明しようとした。これは、論証——真である前提から真である結論を導き出すプロセス——という論理学のテーマのひとつである。

論証は演繹を用いたものと帰納を用いたものに二分される。演繹は、一般的な法則から個別の事実を求めることだ。たとえば、「すべての犬は茶色だ。ポチは犬だ。ゆえにポチは茶色である」という論証は、犬の本性にかんする一般的な法則からポチという個別の事実を導出している。これは、「三段論法」というアリストテレスが確立した論証形式で、「すべてのAはXだ。BはAだ。ゆえにBはXである」というように、2つの事実を関連づけて新しい事実を導き出す。演繹の論証においては、「すべての犬は茶色だ」という命題が実際に真であろうとなかろうと、論理上ではポチについての論証自体には妥当性があることに注意しなければならない。他方で、帰納とは——「私がこれまで見た白鳥はすべて白かった。ゆえにすべての白鳥は白い」のように——個別の具体的事実から一般的な法則を導くことだ。帰納による結論に妥当性はない。その結論は前提に基づく推測でしかないからだ。それでも帰納は、経験や実験によって理論を構築したり改訂したりするための科学的方法にあたる。

アリストテレスは演繹的論理学に重点的に取り組み、2000年以上経ったいまでも使われている三段論法という推論形式を案出した。19世紀には、ドイツの数学者ゴットロープ・フレーゲが論理学を近代化し、曖昧な表現が多い日常言語の文を論理的・科学的に分析し表現する表記体系を編み出した。

しかし、こうした形式論理学の有用性には限界がある。演繹的論証の結論がすべて真とは限らないし、帰納的論証のプロセスには論理的な根拠はない。きわめて説得力のある帰納的論証でさえ、前提が真なら結論にも真の可能性がある、としか言えない。それでも、どちらの論証形式も「実践的推論」にとってはきわめて有用であり、また、コンピューターでは何をするにせよ論理型言語が求められる。つまり、論理学の探求を通して私たちは、人間の認識能力の可能性と限界を垣間見ることができるのだ。

理由をもって行為する理性的動物

人間は唯一の理性的動物であると信じていたアリストテレスは、理由をもって行動し、
理性的な推論を用いて古い信念から新しい信念を得られるのは人間だけだと説いた。

理由に基づく行動

　理由（reasons）に基づく行動とは、たとえ結果がどうであれ、目標の達成を願って、そこに至る道筋を頭に描きながら行動することだ。たとえば、私がコーヒーカップを取ろうと手を伸ばしたら、その手が花瓶にぶつかって倒してしまうこともあるかもしれない。それは私が意図した行為ではなかったと言えるが、これとコーヒーに手を伸ばすという行為──意図的な行為──とは区別できない。コーヒーを飲みたいという欲求を満たそうと選んだ行為の一部だからだ。

　特定の理由をもって行動するという点において、正常な人間は通常理性的だ。これは、私たちの行動の多くが「推論（reasoning）」というプロセスに支えられていることを意味する。推論は合理的な考えを関連づけるプロセスで、1つの考えに別の考えを裏づける根拠が含まれていたり（この場合は最初の考えが真なら、2つ目の考えも真の可能性が高い）、2つの考えから必然的に3つ目の考えが導出されたり（この場合ははじめの2つの考えが真なら、3つ目も必ず真になる）、1つの考えが他の考えと矛盾したりする（最初の考えが真なのに2つ目の考えが偽となるか、あるいはその逆）場合がある。こうした理性的な紐づけは

すべて、私たちが既存の考えを真としてどの程度受け入れるべきか──あるいは受け入れないべきか──を判断するのに役に立つ。

論理学とは何か？

　論理学は論証を研究する学問だが、同時にそれは推論的思考を研究する学問でもあることを意味する。推論は論証に基づくからだ（236-37頁参照）。論証には説得力のある良い論証と説得力のない悪い論証があるように、推論にも良いものと悪いものがある。このように、私たちの行動の基準は論理学によって設定されている。興味深いことに、仮に私たちが理性的な生き物でないなら、私たちの行動は非理性的にはなりえない。良くない理由であれ、理由に基づいて行動していることに変わりはないからだ。間違った理由で行動するときの私たちのことを非理性的と形容するのだ。

　ただし、多くの行動は理性的だとも非理性的だとも言えない。そうした、理由に基づかない行動は「不合理」だ。たとえば本能的・感情的な反応などは不合理な行動に含まれると言ってよい。

2つの思考様式

現代の心理学者は、「二重過程」理論を採用している。私たちの思考には2つのプロセスないしシステムがあると想定する理論だ。「システム1」は刺激に直感的・感情的にすばやく判断する思考様式、「システム2」は論理的・分析的な判断をゆっくり行う思考様式である。

システム1

自分の顔をめがけて飛んできた雪玉を見て、ひょいと身をかがめる。この行動は──雪玉をよけるという──理由に基づいているように見えるかもしれないが、実際には何の考えも欲求もない──反射作用に近い、単なる直感的な──行動である可能性が高い。だとすれば、これは「システム1」の思考様式による行動だ。

動物の理性

人間以外の動物の行動にも理由があるのだろうか？　ペットを飼っている人たちやテレビのネイチャー番組が好きな人たちは、動物も理由に基づいて行動している——すなわち理性がある——と思うだろう。でも、それは早計かもしれない。動物は人間と違って、自分の行動の理由を言葉で説明できないのだから。説明できないからといって動物の行動が理由をもたないとは言えないが、答えを見きわめるには慎重な実験や観察が必要だ。いまの私たちにわかるのは、論理を理解するには言葉の理解が不可欠ということだけである。

言葉を話すような音で鳴く動物もなかにはいるが、人間以外の動物は自分の行動を言葉で説明できない。

「あなたがあることを考えているとき、人生において、それと同じくらい重要なことは存在しない」

ダニエル・カーネマン著『ファスト&スロー』（2011年）

システム2

たくさんの労力と集中力を伴う判断が必要な場合は、「システム2」の思考様式が用いられる。心理学者のダニエル・カーネマンは、「システム2」の必要性を示すこんな問題例を挙げている。「手袋と帽子を併せて買うと1ポンド10ペンスする。帽子は手袋より1ポンド高い。では、手袋はいくらか？」（「システム1」の思考様式を用いれば即座に「10ペンス」という答えが出てくるが、正解は「5ペンス」）。

論証を見分ける

論理学においては、私たちがひとつの主張をするときには、その主張を正当化し、その主張にたいする反証となるような論が存在しないと示すことが私たちに課せられる。論理的な主張をするには、私たちはまず、論証とそうでないものとを見わけられるのでなければならない。

論証とは何か？

うまく推論するには——主張を裏づける議論を構成し、反論への対処を準備するには——論証の言葉づかいを他の用途の言葉づかいから私たちは区別できねばならない（下記参照）。論証は一連の文か、複雑な一文かであり、それらは単純で小さな「原子」文に分解できるはずである。複雑な一文でできている論証は、1つの原子文が次の原子文の根拠になるという仕方で議論が追加されていく（原始文とは、その構成要素が文よりも小さい要素だけの文のこと）。

前提と結論

どんな形式の論証も必ず前提（根拠）と結論（主張）を有し、1つの論証を構成する各文は前提と結論としてのつながりがなくてはならない。たとえば、「すべての人間は死ぬ［第一前提］。ソクラテスは人間だ［第二前提］。ゆえにソクラテスは死ぬ［結論］」という論証は3つの原子文からなる。このように、2つの前提から1つの結論を導出する論理的推論を「三段論法」と呼ぶ。

複数の文が何組も連なっているのは論証とは言えない。何かを必ず主張するひとつひとつの文と、その主張の根拠を必ず示す1つ以上の文を含んだ複数の文が一組としてかたまったもの、それが論証である。

言葉のさまざまな用途

言葉は論証を組み立てる以外にも、たとえば主張（「今日は火曜日だ」）や質問（「今日は火曜日？」）、命令（「ドアを閉めて！」）、予測（「ドアの後ろにあるかも」）、説明（「だって、彼女がそこに置いたから」）などにも使われる。哲学者はこうした言語活動の他の用途と論証とを区別できなくてはいけない。

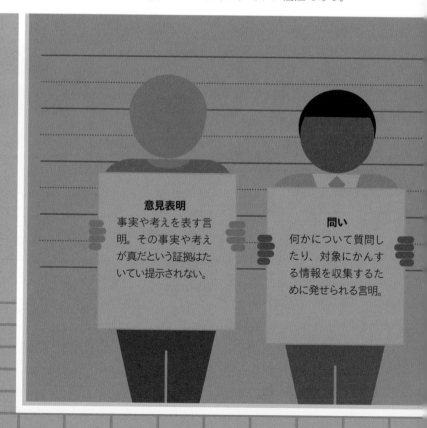

意見表明
事実や考えを表す言明。その事実や考えが真だという証拠はたいてい提示されない。

問い
何かについて質問したり、対象にかんする情報を収集するために発せられる言明。

論証でないものの見分け方

結論（主張）と前提（主張の根拠）を有することが論証の基本条件だ。次の2つの例のように、主張や根拠が示されていないものは論証ではない。

結論がない

「ソクラテスは図書館に行った。ソクラテスが外にいるときに嵐が来た。ソクラテスのオウムは嵐を怖がった」。これらの文には、主張も主張を裏づける根拠も示されていない。したがって、これは論証ではない。

条件文

「ソクラテスが人間なら、彼は死ぬ」。2つの原子文（「ソクラテスは人間だ」「彼は死ぬ運命にある」）のどちらも片方を根拠とする主張ではないため、論証ではない。これは——文全体が意見表明である——条件文だ。

「真理は友人同士の議論から湧き出る」

デイヴィド・ヒューム

命令
通例、誰かが他人に何かをしてもらうために発せられる言明。

予測
未来のどこかの時点で起きると思われることにかんして発する言明。

説明
起きたこと——たいていは、なぜ起きたかという理由——にかんする言明。

論証
ある文を土台にして（前提）別のある文を主張する（結論）一連の言明。

論証の分析

論証の分析には、前提と結論の特定、そしてその特定の妨げになる無関係・
不明瞭な部分をすべて削除していくことが必要だ。

単純な論証と複雑な論証

　ある文が前提と結論を有する論証（236-37頁参照）だとわかったら、次のステップではその文の結論の真偽を検証する。そのためには特定した前提と結論を論理学的な表現に整えなければならない（右の囲み参照）。あまりに単純すぎて、どこをどう分析すればいいかわからないような論証もあるが、私たちが日常生活で出会う論証の多くは、

たとえば、結論と無関係な情報を含んでいたり、意味が不明瞭な単語が含まれていたりしていて、もっと複雑だ。そうした複雑な論証は、無関係で混乱を招く枝葉末節をそぎ落とせば、前提と結論の実質が特定できる。

隠れた前提

　前提が省略されていたり、隠れていたりする論証もある。

複雑な論証の分析

私たちが日常生活で出会う論証の大半はきわめて複雑だ。結論と無関係な詳細や意味が不明瞭な単語が含まれていたりして、前提と結論の特定が難しい場合もある。下記の論証は非常に複雑だが、分析を進めていくことで、論理学的な表現へと分解し、理解可能にできる。

①赤が⑤敗退をまぬがれるのは、④彼らが青に勝ち、しかもその途中で④彼らが緑に負けなかった場合にかぎる。③対戦表を見たところ、④彼らが緑や青に勝たない②かぎり、④彼らの⑤敗北は避けられないし、③勝ったとしても緑が黄色に勝つのでなければならない②。緑は黄色に②勝ったら、④彼らが赤にも勝つことは③確かだ。

内容があまりに自明な前提などもそうだ。「雨が降っているから傘を持っていこう」という発言に、「濡れたくないから」という言葉をわざわざつけ足す必要はない。一方、賛否両論を呼ぶ可能性のある論点だという理由から、前提が隠されていることもある。その場合は、論証のうちに隠れている前提内容を補って私たちは考えなくてはならない。たとえば、「自分たちには子供がいないから、子供がいる人たちより課税額を低くするべきだ」という発言には、「国民は自分たちが利用するサービスのぶんだけ税金を払いさえすればいい」という意見の分かれる前提が隠されている。

論理学的な表現

論証を論理学的な表現に当てはめて分析するには、各前提が結論にどう結びつくか、論理的な順番でリストアップする必要がある。たとえば、「青チームが負ければ赤チームが勝ち進むことになっているので、青が負けたから赤が勝ち進む」という論証は、次のように分析できる。

> **第一前提**　青チームが次の試合で負ければ、赤チームは次の回へ勝ち進む。
> **第二前提**　青チームがその試合に負けた。
> **結論**　ゆえに、赤チームが勝ち進むことになった。

論証分析の6つのステップ

論証の分析で最初に行うのは結論と前提の特定だ。次に、本筋と関係のないまぎらわしい部分や修飾語句、同じ意味の言い換えなど、混乱を招く要因をそぎ落とす。そして最後に、反論がありうる（人から賛同を得られないかもしれない）前提が隠されていないか確認しよう。

① 結論を特定する
結論とは、その論証で提示されている主張のこと。結論の部分を見つけるには、「ゆえに」「したがって」などの言葉を目印にするといい。この論証では、「赤が敗退をまぬがれるのは、彼らが青に勝ち、しかも途中で緑に負けなかった場合にかぎる」が結論部分に当たる。

② 前提を特定する
この論証の前提（結論の根拠）は、「赤は緑や青に勝たないかぎり、彼らの敗北を避けられない」「赤は、緑が黄色に勝たないかぎり、敗北を避けられない」「緑は黄色に勝ったら赤にも勝つ」の3つ。

——————　第一前提
・・・・・・・・・・　第二前提
— — — —　第三前提

③ 不要な情報や語句をそぎ落とす
本筋と関係のない情報が前提の根拠（例：「対戦表を見たところ」）に当たる場合もあるが、前提そのものではないし、単なる言い回し（例：「は確かだ」）にすぎないこともある。こうした結論と無関係な部分はそぎ落とした方がいい。

本筋と関係のない
語句や情報

④ 代名詞を名詞に置き換える
代名詞を代名詞のままにせず名詞に置き換えることで、より論旨をつかみやすくなる。例文の最後の「彼ら」は「緑」を指し示しているが、他の「彼ら」は全て「赤」を指している。

「彼ら」＝赤

「彼ら」＝緑

⑤ 同じ意味をもつ異なる語句を統一する
この論証のなかでは、「敗退」と「敗北」は同じ意味だ。論証の内容をより明確に理解するには、同じ意味の語句の表現を統一した方がいい。

まったく同じ意味をもった、異なる語句

⑥ 賛否を呼ぶ、隠された前提を補う
ひとつ以上の前提が省略されていたり隠されていたりする論証は、（例文以外にも）たくさんある。賛否両論がある前提が隠されている論証は実際よりも説得力がありそうに見えてしまうため、隠された前提を見つけ出し、その内容を補ってから分析すべきだ。

論証を評価する

論証を評価するとは、それが健全な推論かどうか——結論が前提から導出
されていて、しかもその前提が真かどうか——を確認することだ。

良い論証とは

　結論が前提から導出された推論（236-37頁参照）は、「良い」論証ということになる。なおこの場合、前提内容が真であるか偽であるかは、良い論証であることと関係がない。良い論証でも、前提の一部ないし全部が偽という場合もあるからだ。たとえば、「すべての女性は不死である［第一前提］。ソクラテスは女性だ［第二前提］。ゆえにソクラテスは不死である［結論］」などの推論がそれにあたる。この2つの前提はどちらも偽だ。しかし、仮に前提が真であるならば結論も真になるという点では、この結論が前提か

ら導出されているのは間違いない——したがって、この推論自体は「良い論証」ということになる。反対に、結論が前提から導出されていない推論は「悪い論証」だ。結論が一連の前提から導出されている論証では、その前提が真だとわかれば結論に強い説得力が生まれる。良い演繹的論証（242-43頁参照）では、前提が真であるなら結論も間違いなく真となる。他方で、良い帰納的論証（244-45頁参照）ではどうなるかといえば、前提が真であるなら結論は（演繹的論証のように必ず確実とは言えないが）真である可能性が高い、ということになる。

論証の評価方法

論証の評価には2段階のプロセスを要する。（結論が前提から導出されている事実を確認することによって）推論が良い論証だとわかってから、（すべての前提が真なら結論は真、もしくは真の可能性が高いということを踏まえたうえで）その論証の前提の真偽を問う。良い論証で、かつすべてのその論証の前提が真であるなら、それは理想的な論証——「健全な」論証だ。

> 「［論理学は］創意と判断の技を提供する」

ソールズベリのジョン著『メタロギコン』（1159年）

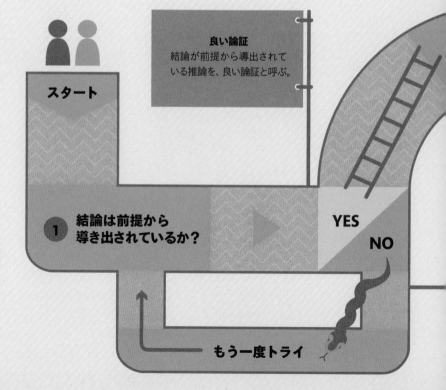

スタート

1　結論は前提から導き出されているか？

YES

NO

もう一度トライ

良い論証
結論が前提から導出されている推論を、良い論証と呼ぶ。

健全な論証

　良い論証だとわかったら、次はその前提の真偽を問う。とはいえ、これがそう簡単にはいかない。そこで、「良い論証」ということが大きな手がかりになる。

　良い演繹的論証で、かつ結論が偽なら、その前提のうちの少なくともひとつは偽だ（242-43頁参照）。つまり、偽の結論を有する良い演繹的論証は、ひとつ以上の前提が偽ということになる。ただし、帰納的論証はこれに当てはまらない。帰納的論証の場合は真の前提から導出された結論が偽である場合もあるからだ（244-45頁参照）。

　哲学者は論証の良し悪しを見分けるエキスパートだが、前提の真偽を見分ける専門家と言えるのは科学者だ（囲み参照）。理想的な論証とは、良い推論で、かつすべての前提が真であるもの。こうした論証は「健全な論証」と呼ばれる。健全な論証はすべて良い論証だが、良い論証がすべて健全とは限らない。良い論証でも前提が偽という場合があるからだ。

科学的方法

（通常、帰納的論証によって導かれる）科学的な仮説の真偽を見きわめるための科学的方法として、良い演繹的論証を用いる。たとえば1859年、数学者のユルバン・ルヴェリエは、下記の良い論証の結論が偽であることを発見した。

> **第一前提**：ニュートン力学が正しいなら、水星は円軌道を描いている。
> **第二前提**：ニュートン力学は正しい。
> **結論**：水星は円軌道を描いている。

ルヴェリエは、水星の軌道が円ではないこと（つまり、論証の結論が偽）に気づいた。これは、この良い論証の少なくともひとつの前提が偽であることを意味する。とすれば、私たちがニュートン力学を（水星が円軌道を描くという趣旨のものと）誤解していたか、もしくはニュートン力学が間違いだったということだ。のちにアインシュタインによって、水星が楕円軌道を描くのは太陽質量の影響であること（とニュートン力学が常に真ではないこと）が証明された。

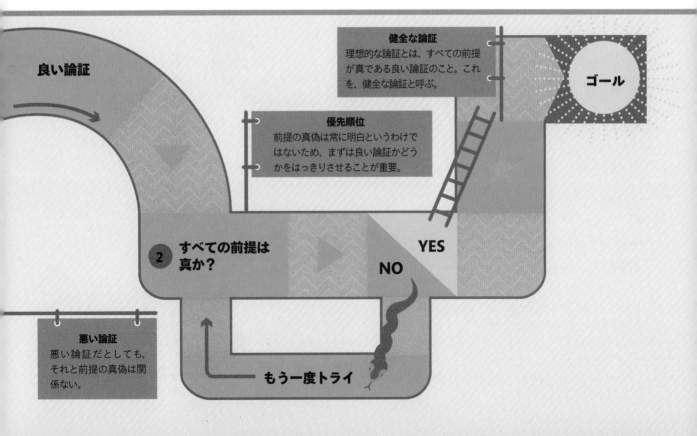

良い論証

健全な論証
理想的な論証とは、すべての前提が真である良い論証のこと。これを、健全な論証と呼ぶ。

ゴール

優先順位
前提の真偽は常に明白というわけではないため、まずは良い論証かどうかをはっきりさせることが重要。

② **すべての前提は真か？**

YES

NO

悪い論証
悪い論証だとしても、それと前提の真偽は関係ない。

もう一度トライ

演繹的論証

演繹という推論形式を最初に提唱したのは、哲学者のアリストテレスだ。演繹的論証は、妥当性があって前提が真であれば結論も必ず真になる、という構造構造で組みたてられている。

妥当な論証は良い論証

前提の真偽に関係なく、結論（主張）が前提（根拠）から導出されるのが良い論証だ（240-41頁参照）。良い演繹的論証は「妥当な」論証と呼ばれる。前提が真で結論が偽という状況が論理的に存在しない場合、かつその場合にかぎり、その論証は妥当とみなされる。

「妥当」という概念は誤解されがちだ。たとえば、偽の前提を有する演繹的論証は妥当とは言えないと思われるだろう。だが、所与の前提から結論を導き出せる（演繹可能な）かぎり——前提の真偽にかかわらず——その論証は妥当ということになる。

偽でも妥当

演繹的論証では、前提のみならず結論が偽であっても妥当だと言える。たとえば、「すべてのトラは縞模様だ［第一前提］。飼いネコは小さなトラだ［第二前提］。ゆえに、すべての飼いネコは縞模様だ［結論］」は、

もし、前提が真なら結論も真になるので「妥当な（良い）」演繹的論証だ。しかし、結論が真ではないから——すなわち、前提の少なくともひとつが偽であるので——「健全な」論証ではない（たとえ第二前提が隠喩的な真でも、事実とは異なる）。前提が真であること、結論が真の前提から導出されることが健全な論証の条件だ。

妥当性と真理

結論が偽でも妥当な演繹的論証は、少なくともひとつの前提が偽だと考えられる。つまり、妥当性と真理はイコールではない。妥当性は維持するのに役立つが、しかし妥当性が真理を生み出すわけではない。妥当な論証の前提が真であれば、論理的に保証されたその論証の結論も真である。これは、論証のきわめて有用な特性なので覚えておくのがよい。

1

妥当性
演繹的論証は妥当性があるかないかの二択。妥当性に度合いはない。

演繹的論証の評価

あらゆる論証と同様、演繹的論証も評価するにはまず、結論が前提から導出されているか確認しなければならない。これは、反例——前提はすべて真だが結論が偽という状況——が存在しうるか想像し考えることで答えが出せる。反例が存在しない場合、かつその場合にかぎり、その論証は妥当だと言える。真の前提と、その前提から導き出され、論理上真だと保証される結論を有するものは健全な演繹的論証だ。

「どの**優れた哲学者**も、少なくとも**半分は数学者**である」

ゴットロープ・フレーゲ

2 真理と確実性

妥当な演繹的論証の前提が真であるなら、その結論も必ず真となる。演繹的妥当性は（真である前提に基づいた）確実性を担保する。

演繹的論証の識別

演繹的論証には、帰納的論証（244-45頁参照）と区別するのに役立つ3つの特徴がある。

3 評価可能な「アプリオリ」

演繹的論証は、それを構成する語句を見るだけで妥当性が判断できる。その語句の意味さえわかれば（アプリオリな知識さえあれば）、予備知識は必要ない。

✓ チェックポイント

> **反例**とは、前提が真で結論が偽という状況のこと。反例が存在しない論証には妥当性がある。

> **アプリオリな知識**（68-69頁参照）とは、世界についての経験に依拠しない知識のこと。演繹的論証はアプリオリに評価されうるものであり、そうした評価を通して妥当か妥当でないかが判断されうる。

> **健全な演繹的論証**には妥当性があり、その前提は真だ。これは、その結論も真であることを意味する。

帰納的論証

帰納的論証は演繹的論証（242-43頁参照）とは違って、妥当性（240-41頁参照）をもちえない。帰納的論証においては、前提が真であっても、結論が真にならない場合があるからだ。

帰納とは

論証には演繹と帰納という2つの種類がある。演繹的推論は確実性を担保する。なぜなら、良い（妥当な）演繹的論証では、前提が真なら結論も必ず真になるからだ。たとえば、「すべての人間は死ぬ。ソクラテスは人間だ。ゆえにソクラテスは死ぬ」という演繹的論証はその一例だ。しかし、このことは帰納的論証に当てはまらない。帰納的論証においては、前提が真でも偽の結論が導き出されうる。良い帰納的論証かどうかの判断に妥当性の有無は関係ない。しかし前提が真なら結論も真となることの可能性の度合いを判断することによって、私たちはその帰納的論証の説得力を評価できる。

帰納的論証のタイプ

結論が前提から論理的に導出される演繹的論証とは違い、帰納的論証はどんなタイプであっても（囲み参照）仮定に基づく。過去の事象から一般的な法則を仮定することを「帰納的一般化」、2つの事象の因果関係を仮定することを「因果的一般化」、権力のある人の言説は正しいという仮定のもとに主張を正当化することを「権威に訴える論証」、2つの事象の類似点を見出し、他にも共通項があると推論することを「類推による論証」という。他に、個別の事象を説明する仮説を立て、それが他の事例とも合致するかどうかを推定して最も適切な説明を導出しようとする「仮説形成的推論（アブダクション）」という種類もある。

帰納論証の評価

妥当性のない帰納的論証も、説得力の強さ弱さで評価できる。説得力が強ければ、結論が前提から導出されている可能性がより高い。演繹的論証とは違い、帰納的論証は「先験的に（アプリオリ）」は、言い換えれば前提と結論だけをベースには評価することはできず、私たちが論証を実際に評価するにはそのテーマにかんする背景知識が必要になる。たとえば、「この道路は私が車で通るとき、いつも渋滞している。だから明日も渋滞しているだろう」という論証を評価するには、その論証の発話者がどれくらいの頻度でこの道路を使っているか、渋滞の悪化が一時的に生じる状況も考慮されているのかどうかという点を確認しなければならない。こうした予備知識があれば、説得力のある論証かどうかの判断をよりよく行える位置に私たちは立つことができる。

説得力の弱い論証

「今年の6月30日は晴れていた。だから、来年の6月30日も晴れるだろう」。天候を予測することはきわめて難しいため、この結論が前提から導出されたとは言いがたい。

ありえそうにない結論

帰納的論証のタイプ

帰納的論証にはさまざまなタイプがある。それぞれのタイプは、その論証タイプの評価にかかわる問いと結びついている。

タイプ	例	問い
帰納的一般化	彼女に電話するといつも留守電なので、彼女の電話は常に留守電になっているに違いない。	「私」はスーに何度、電話をかけたのか？　スーは「私」を避けたがっているのか？
因果的一般化	スーに電話すると私はいつも緊張するから、スーに電話するということが私を緊張させるのだ。	その行為は常に「私」を緊張させるのか？　他に「私」を緊張させるものはないか？
権威に訴える論証	スーが私に哲学は死んだと言った。だから、哲学は死んだのだ。	スーは哲学史の専門家なのか？
類推による論証	哲学は数学に似ている。数学は簡単だ。ゆえに哲学は簡単だ。	哲学と数学に相違点はないか？　数学はすべて簡単なのか？
仮説形成的推論（アブダクション）	電話が鳴っている。スーが私のメッセージを聞いたのかもしれない。だから電話をかけてきたのはスーだ。	誰か他の人間が「私」に電話をかけてきた可能性はないのか？

ある程度の説得力がある論証

「レオの天気予報だと明日は晴れる。だから、明日は晴れだ」。この論証の説得力は、レオの予報の信頼性に依存する——その信頼性が高いのであれば、これは説得力のある論証だと言える。

ありうる結論

説得力の強い論証

「レオの天気予報はいつも信頼できる。だから、今回の予報も当たるに違いない」。この論証の前提には、この結論が現実になりうる十分な根拠が示されている。

もっともな結論

誤謬推理

良い論証であると誤解されやすい（誤った推論に依拠した）悪い論証を「誤謬推理」という。さまざまなタイプの誤謬推理を認識することで、私たちは悪い論証を見抜け、よりよく推論できる。

誤謬推理は、偽なる信念ではない

誤謬推理は日常会話では偽なる信念と混同して用いられているが、この2つは別ものだ。誤謬推理は悪い推論に依拠していながら良い推論に見える論証のことである。ときに人は意図的に間違った説を展開して相手を惑わそうとするが、意図せぬ誤謬推理も存在する。

誤謬推理には、論証の組み立て方が間違っているものや論証の中身自体が間違っているものなど、さまざまなタイプがある。誤謬推理は良い論証と間違いやすいため、論理的で正しい推論を展開するには誤謬推理の基本的なタイプをあらかじめ理解しておくべきだ。

形式的誤謬推理
推論パターンや論理的構造に欠陥がある論証。前提や結論の中身とは関係がない。

良い論証と悪い論証

論理学では、妥当で単純な良い論証を「モーダス・ポネンス」と言う。モーダス・ポネンスの第一前提（236-37頁参照）は条件文（「もし……ならば〜だ」）であり、第二前提は第一前提の条件節（「前件」）、そして結論は第一前提の帰結節（「後件」）だ。モーダス・ポネンスでは前提が真なら結論も必ず真となる。

「後件肯定の誤謬推理」は「モーダス・ポネンス」と間違われやすいが、この種の誤謬推理では第二前提が前件ではなく後件になっている。その場合、たとえ前提が真であっても結論は偽になりうるから、これは悪い論証だ。下記の例を見てみよう。シャツが体に合わないのは小さすぎるからとは限らない。大きすぎることが理由の場合もある。

「モーダス・ポネンス」	後件肯定の誤謬推理
第一前提：もし、このシャツが小さすぎるのなら体に合わない。	**第一前提**：もし、このシャツが小さすぎるのなら体に合わない。
第二前提：このシャツは小さすぎる。	**第二前提**：このシャツは体に合わない。
結論：ゆえにこのシャツは体に合わない。	**結論**：ゆえにこのシャツは小さすぎる。

非形式的誤謬推理
形式的には妥当だが、推論の中身そのものに欠陥がある論証。推論パターンや論理的構造を変えても誤謬推理は消えない。

誤謬推理の分類

アリストテレスは13の誤謬推理を特定し、それを2種類に大別した。推論パターンが間違っているものを「形式的誤謬推理」、形式的には妥当だが、前提の内容が偽であるために全体が偽となるものを「非形式的誤謬推理」と呼ぶ。この大まかな2種類の区分は現在でも使われている。

後件肯定
後件（帰結節）が肯定されれば前件（条件節）も肯定されると断定すること（囲み参照）。これは、反例（242-43頁参照）によって反証されうるため、悪い論証。

前件否定
前件が否定されれば後件も否定されると想定すること。たとえば、「もしこのシャツが小さすぎるなら体に合わない。このシャツは小さすぎない。ゆえに体に合う」という論証は、「このシャツは小さすぎないけれど、大きすぎるから体に合わない」という反例によって反証されうる。

連言錯誤
2つの事象が同時に発生する確率を、どちらか一方の事象が発生する確率より高いと断定すること。2つの事象にどんなに深いつながりがあるように見えたとしても、それらが同時に発生する確率より、1つの事象が発生する確率のほうが必ず高い。

多義語の誤謬推理
複数の意味をもつ語（句）を用いて論証を組み立てること。たとえば、「私は暑い日にクールな（涼しい）服を着る。おしゃれな服はクールだ（かっこいい）。ゆえに私は暑い日にはおしゃれな服を着る」という論証では、「クール」という言葉の意味が途中で変わっている。

わら人形論法
反論に利用するために、相手の主張を歪めたり論点をすり替えたりすること。たとえば、子供は学校の制服を着るべきだというジョーの発言を、ミアが子供に自己表現は早いという趣旨にすり替えることによって、ジョーが不必要な説明を余分にしなければならなくなる。

循環論法
証明すべき結論をその前提として用いる論法。たとえば、「すべてのサンダルは靴だ。ゆえにサンダルは全部、靴である」という論証は妥当（242-43頁参照）ではあるが、前提と結論が同じであるため、何の有用性もない。

形式論理学

論証を評価する最善の方法のひとつは、論証を「論理式」という一連の記号に当てはめることだ。それによって推論の曖昧な部分が取り除かれ、論証の論理的構造が明確になる。

自然言語を変換する

　日常生活に由来する言葉である自然言語を用いた論証を、論理式に当てはめるには、自然言語の単語を論理記号に置き換えなくてはならない。これらの記号はその論証のさまざまな要素とその要素間の関連性を示す

ものだ。形式化というこのきわめて「機械的」なシステムによって、論証の評価や比較ができるようになる。文字を記号に変換することで、論証の論理構造に焦点が当てられるからだ。

　形式論理学の基礎的部門である「命題論理」は、論証をできるだけシン

プルな言明——要素命題——に分解する。だが、多くの論証は命題よりも細かい部分要素が命題の妥当性を担保しているため、要素命題に分解できない。そのような場合には、述語論理を用いて論証を分析できるときもある。形式論理学において、述語

論証の形式化と検証

命題論理や術語論理を用いて論証を論理定式に当てはめられれば、シンプルな法則に従ってその論証を評価できる。その法則は論証を形式化したときのみ適用されうる。

命題論理

次の単純な演繹的論証は命題論理に置き換えられる。
第一前提：ヒマワリの花が開いているなら、太陽が出ている。
第二前提：ヒマワリの花が開いている。
結論：太陽が出ている。

要素命題に「命題変数」を割り当てる

論証を命題論理に当てはめるには、各要素命題に「命題変数」を割り当てる。この例文の命題変数はPとQ。

P：ヒマワリの花が開いている。
Q：太陽が出ている。

命題を命題変数に置き換える

文字の代わりに命題変数を用いて、論証の論理的構造を把握する。この論証は条件文なので、条件の論理定項で表す（囲み参照）。

論理定項

第一前提：もしPならばQ
第二前提：P
結論：Q

論理定項の記号と丸括弧を挿入する

「もし」と「ならば」という論理語（囲み参照）を論理定項に置き換えて記号化し（矢印でつなげ）、その矢印がどの命題変数を指すのか明示するために丸括弧を挿入する。

第一前提：(P→Q)
第二前提：P
結論：Q

シークエントで証明過程を示す

左辺が真で右辺が偽という状況が存在しないことを示す記号、二重ターンスタイル⊢を入れる。こうして前提と結論の関係性を形式化する。

(P→Q)、P ⊨ Q

論理は命題論理の次にシンプルな基礎的部門である。

形式論理学の限界

多くの論証は、形式言語に変換できない。帰納的論証（244-45頁参照）を形式化することは不可能であり、また多くの演繹的論証（242-43頁参照）も命題論理や術語論理のシンプルな言語に形式化してまとめることはできない。

論理定項

論理定項とは固定された意味を有する語だ。形式論理学では記号によって表される。この記号にはさまざまなタイプ（表記上の変種）があるが、ここでは最も一般的な定項を紹介しよう。

定項	意味	記号
否定	「Aではない」	～
連言	「AかつB」	&
選言	「AまたはB」	∨
条件法	「AならばB」	→
双条件法	「Aの場合かつこの場合に限りB」	↔

第一前提：すべての水仙は黄色だ。
第二前提：その花は水仙だ。
結論：その花は黄色だ。

術語論理

左記の例のような一部の論証の内実は命題論理に当てはめられず、このままでは論理構造がわからない。したがって——命題の中身まで見て推論の正しさを評価する——述語論理に当てはめなければならない。

Dx：xは水仙だ。
Yx：xは黄色だ。
A：その花。

要素命題に命題変数を割り当てる

その論証の各要素命題に命題変数を割り当てる。ここではYは「黄色だ」を意味し、Dは「水仙だ」、Aは「その花」を意味する。そして、xはY（黄色）でありD（水仙）でもある未詳の事物を指す。

第一前提：∀x (Dx→Yx)
第二前提：Da
結論：Ya

論理的構造を表示する

論証の論理的構造を明らかにするために、ここでも形式化が必要になる。第一前提の∀xは「すべてのxについて」を意味し、(Dx→Yx)は「もしxが黄色ならば、xは水仙である」を意味する。

∀x(Dx→Yx), Da ⊢ Fa

シークエントで証明過程を示す

最後に、その論証を述語論理の「シークエント」で表現し、前提と結論の関係性を形式化する。ここでは右辺が左辺によって証明可能なことを示す記号、ターンスタイル⊢を用いる。

索引

※**太字**は主な解説ページ

あ

愛　　26, 27
アイデンティティ、—と自由　　**126-27**
アインシュタイン、アルベルト　　100, 101, 107
アウグスティヌス、ヒッポの　　46, 226
アキレスと亀　　**24-25**
アクィナス、トマス　　46, **48**, 200, 226
アドラー、アルフレッド　　100, 101
アドルノ、テオドール　　134, 135
アナクサゴラス　　**28-29**, 161
アナクシマンドロス　16, **18-19**, 21
アナクシメネス　　16
アファーマティヴ・アクション　　228, 229
アプリオリ（先天的）な知識　　**68-69**, 243
アベラール、ピエール　　46
争い　　26, 27
アリストテレス　15, 16, 20, 21, 29, 32, **38-45**, 46, 48, 50, 51, 60, 71, 86, 106, 145, 156, 162, 168, 201, 233, 234, 242, 247
　徳倫理学　167, 176, **180-81**, 182, 184, 195
アルケー　　16, 18, 22
アンセルムス、カンタベリーの　　46, 47, 89
安全、—と自由　　216-17
反定立（アンチテーゼ）　　70, 72, 73, 75
安楽死　　**192-93**

い

生きられる身体　　130, **132-33**
意見表明　　236, 237
「意志」　　**161**
意識　70, 97, 145, 147, 149, 157, 159, 160, 161
　時間意識　　**120-21**
　—と安楽死　　192-93
　—と自由　　126-27
　—の現象　118, 119, 122
　—の本性　　**108**
　理論　　116-17
意識のハード・プロブレム　　**147, 160-61**
意志決定　188, 206
　客観的な政治判断　　**222-23**
　—と道徳ルール　168, 169
異性愛　　140
痛み（苦痛）　146-147, 148-49, 150, 152, 160, 192-93
　—と安楽死　　192-93
　動物の—　　190-91
異端　　58
一元論　　15, 145
　実体　　**58-59**, 150
　パルメニデス的—　　23
　ラッセル的—　　160
一般意志　　**206-07**
イデア、—界　　**34-35**, 36, 37, 94
意図　　153
意味
　写像理論　**90-91**, 94, 96, 104
　—と観察　　**92-93**
　—と慣習　　149
　—と文脈　　99
　—と論理　　88-99
　—への問いかけ　　138
意味論　　158
イメージ　　31, 36
因果性　　15, 44, 67
因果的一般化　　244, 245
因果律　　147, **152-53**

う

ヴィーガン　　190
ヴィトゲンシュタイン、ルートヴィヒ　85, **90-91**, 92, 94, **96-99**, 104, 145, **148-49**, 150, 151
ウィリアム、オッカムの　　46, **49**
ウィーン学団　　**92-93**, 94
ヴェサリウス、アンドレアス　　50

ヴォーカンソン、ジャック・ド　162
ヴォルテール　　115
宇宙　　21
　天動説　　**42-43**
　—とモナド　　62
　—の起源としくみ　16, **18-19**, 22, 26, 28, 44, 46
　—の本質　　15
　宇宙空間　　19
宇宙のサイクル　　26-27
ウルストンクラフト、メアリ　　228, 229
運動
　原子の—　　30
　—の不可能性　　24-25, 30

え

永遠の創造　　46
エイヤー、A・J　　92
エネルギー　　26
エポケー　　**118**, 119
エリウゲナ、ヨハネス・スコトゥス　　46
エリート　200, 201, 218, 219
演繹（法）　52-53, 69, 233
演繹的論証　233, 240, 241, **242-43**, 244, 249
延長、—と思考　　**58-59**
エンペドクレス　　**26-27**

お

王権神授　　200, 205
黄金律　　**168**, 169
オクターブ　　**20**
オースティン、ジョン・ラングショー　　**104-05**
同じ意味の言い換え　　239

か

懐疑　　**52-53**, 54, 55, 97
階級闘争　　**74-75**, 219
「精神」（ガイスト）　70, 71, 72, 73, 74, 94
回復が見込めない植物状態　　192
解放　　134
解剖学　　50
科学
　科学的真理　　**102-03**, 107

科学的方法　　**241**
　哲学と—　　94, 102
　—と疑似科学　　**100-101**
　—と客観性　　108
　—とわかりやすさ　　162-63
　パラダイムシフト　　**106-107**
科学革命　**50-51**, 52, 145, 162
格差原理　　222, **223**
学習　　60-61
革命　73, 218, 219, 221
隠れた前提　　239
仮言命法　　185
火星　　49, 51, 209
課税　209, 215
仮説　　241
仮説形成的推論（アブダクション）　　244, 245
価値、—と事実　　**178-79**
価値判断　　**94**
仮定　49, 65, 106, 118, 244
寡頭政治　　201
カトリック　46, 48, 50, 58, 162
カーネマン、ダニエル　　235
家父長制　110, 141, **228-29**
神
　善なる—　　53
　創造主としての—　46, 48, 53, 58
　—と君主制　　200
　—と実体　　59
　—と世俗化　　79
　—の属性　　58
　—の存在　15, 46, 47, 56, 77, 89, 188
　—の存在論的証明　　**46**
ガリレオ・ガリレイ　40, **50-51**, 56, 145, 163
カルナップ、ルドルフ　**94**, 150
感覚　32, 34, 35, 36, 38, 39, 56, 66, 147, 148, 157
　当てにならない—　　52, 53, 54, 55
　—と知覚　　108
　—と二次性質　　61
関係、—のカテゴリー　　67
観察　50-51, 52, 54, 100, 187
　オッカムの剃刀　　**49**

個人の―　　　　　　136, 137
　　　―と意味　　　　**92-93**
　　　―と道徳的真理　　176, 177
監視　　　　　　　　　136, 137
感情　　　　　　　　　190
観点　　　　　　　　　**108-109**
カント、イマヌエル　15, 65, **66-69**,
　　71, 85, 115, 161, 167, **184-85**,
　　　　　187, 190, 191, 215
観念　　　　　　　　　39
　　感覚による―　　　60
　　生得―　　　　　　60, 61
　　道具としての―　　**80-81**
　　―と事実　　　　　64-65
　　内省による―　　　61
観念論　　15, 70, 74, 85, 115

き

機械　　　　　　　　　54, 55
　　知性　　　154, 156-57, 158
　　―としての身体　　**56-57**
議会　　　　　　　　　203
危害原理　　　　　　　212, 213
機械のなかの幽霊　　　**150**, 152
幾何学　　16, **20-21**, 34, 54
規格化（標準化）　　　**136**, 137
記号　　　　　　　　　248, 249
疑似科学　　　　　　　**100-01**
記述、―理論　　　　　**88-89**
貴族　　72, 73, 200, 201, 218
規則功利主義　　　　　186, 187
軌道、楕円―　　　　　51
帰納（法）　　39, 51, 52, 65
機能主義　　**156-57**, 158-59
帰納的論証　　233, 240, 241,
　　　　　　244-45, 249
義務　　　　184-85, **210-11**
義務、動物にたいする　191
義務論　　176, **184-85**, 190,
　　　　　　192, 194
客観性
　　―とジェンダー先入見　110, 111
　　―と政治判断　　　**222-23**
　　―の限界　　　　　**108-09**
　　ポストモダニズム　138
教育　80, 136, 137, 207, 228
共感　　　　　　　　　162
共感力　　　　　　　　183

共産主義　　　　74, 75, 219
共同体主義　　　　　　216, 217
恐怖　　　　　　　　　124
　　―からの自由　　　214
キリスト教　46-7, 52, 73, 78,
　　　　　　79, 226
規律訓練型権力　　　　**136-37**
規律の遵守　　　　　　136
キルケゴール、セーレン　58
金星　　　　　　86, 87, 152

く

空間と時間　　　66, 67, 69
空気　　16, 17, 31, 42, 43
空虚　　　　　　　　　30
偶然的真理　　　　　　68
偶有的特性　　　　　　39
クオリア　　　　　　　**146**
クローン作成　　167, **194-95**
クワイン、ウィラード・ヴァン・オーマン
　　　　　　102-103
君主制　72, 73, 200, 201, 202-203,
　　　　　　205, 218
クーン、トマス　　　　**106-07**

け

経験　38, 64, 66, 69, 115, 146,
　　147, 148, 150, 152, 183, 187
　　生きられる―　　128, 129
　　―の限界　　　　　124
経験主義　15, 32, **38**, 39, 50, 52,
　　56, **60-61**, 63, 66, 81, 85, 115,
　　　　　132, 133
傾向　　　　　　　　　184
経済の力　　　　　　　74-75
形式的誤謬　　　　　　246-47
形式論理学　　　　　　**248-49**
形而上学　15, 64, 91, 97, 145
　　―の追放　　　**94-95**, 138
形相因　　　40, 44, 45, 50
形態
　　―と機能　　　**40-41**, 48
　　―と内因的な目的　44-45
刑務所　　　　　　　　136, 137
啓蒙思想　50, 206, 224-25
結果優先　　　　　　　186
欠陥がある論証　236, **237**
結合　　　　　　　26, 30

決定論　　79, 172, 173, 175
欠乏、―からの自由　214, 215
結論
　　―の真偽　　　　　244-45
　　論証　　　　　　　236-49
ケプラー、ヨハネス　50, 51, 145
権威主義　　　　　　　215, 216
権威、―に訴える論証　244, 245
原印象　　　　　　　　120, 121
原因と結果　　　　　　50
言語
　　―ゲーム　　　　　**98-99**
　　自然―の変換　85, 233, 248-49
　　私的―の不可能性　**96-97**
　　―哲学　　　　　　86-99
　　―と論証　　　　　236-37
　　―の限界　　　145, **148-49**
　　―の誤用　　　　　97, 150
　　―の役割　　　　　104-05
　　―の論理　　　　　94
　　論理の理解と言葉の理解　235
幻肢　　　　　　　　　133
現実　　　　　　　　　36, 37
　　二元論　　　　　　**146-47**
　　ひとつだけの実体（実体一元論）
　　　　　　58-59
　　プロセスとしての―　**70-71**
現実主義　　　　　　　**226-27**
原子文　　　　　　　　236
現象学　115, **118-19**, 126, 136
　　生きられる身体の―　**132-33**
　　実存主義的―　　　122
検証原理　　　　　　　92, 94
現象、心的　117, 132, 133
原初状態　　　　　　　222, 223
原子論　　　　　　　　**30-31**
原子論者　　30, 40, 44, 50, 152
権利　　　　　　　　　215
　　個人の―　　　　　**212-13**
　　自然権　　　　　　220
　　死ぬ―　　　　　　193
　　女性の―　　　　　**228-29**
　　動物の―　　　　　**190-91**
　　―の制限　　　　　**216-17**
原理、―とルール　　　**168-69**
権力
　　規律訓練型―　115, **136-37**
　　力への意志　　　　**78-79**

言論
　　言語の役割　　　　104-05
　　―の自由　　205, 213, 214,
　　　　　　216, 217

こ

行為功利主義　　　　　186, 187
交換　　　　　　　　　208, 209
後件肯定　　　　　　　246-47
合成物　　　　　　　　**43**
構造主義　　　　　　　115
行動
　　―と道徳性　　　　168
　　―と理性　　　　　235
行動主義　145, **150-51**, 152, 156
幸福
　　最大多数の最大幸福　168,
　　　176-77, 179, **186-87**,
　　　190-91, 192-93, 194, 209
　　量か質か　　　　　186
功利主義　115, 167, 168, 176-77,
　　　179, **186-87**, 190, 192-93,
　　　194-95, 209
合理主義（理性主義）**52-55**, 60, 66
国際連合憲章　　　　　227
心→「精神」を参照
故殺　　　　　　　　　191, 192
個人
　　―の権利　　　　　216-17
　　規格化（標準化）　136
個人心理学　　　　　　100, 101
国家
　　―権力　　　　　　205, 221
　　―の転覆　　　　　218-19
　　―の役割　　　　　220, 221
国家安全保障　　　　　216, 217
言葉
　　言語ゲーム　　　　**98-99**
　　行為としての言語活動　104-05
　　写像としての―　85, **90-91**, 96
　　―とルール　96-97, 98, 148
　　―の意義と意味　**86-87**, 98
　　―の意味　　　　　138
　　―を記号に変換する　248, 249
誤謬推理　　　　25, **246-47**
個物　　　　　　34, 35, 38
コペルニクス、ニコラウス　42, 50
コンセンサス　　　　　134

コンピューター・サイエンス　156-57, 233

さ

財産
　所有権　199, 208-209, 210
　一の保護　204, 205
最大多数の最大幸福　176-77, 179, **186-87**, 190-91, 192-93, 194, 209
差延　138
錯覚　23, 24, 36, 53, 152
差別からの保護　216
サール、ジョン　**158-59**
サルトル、ジャン＝ポール　115, **126-29**, 136, 167, **188-89**
三段論法　233
賛否を呼ぶ前提　239

し

死
　安楽死　**192-93**
　一に面する生　**124-25**
ジェイムズ、ウィリアム　**76-77**
ジェファソン、トマス　205
ジェンダー　136, 140-41, 229
ジェンダー・アイデンティティ　**130-31**, 140-41
ジェンダー先入見　110-11
ジェンダー役柄　141
ジェンダー論　135
時間　25, 106-107
　一意識　**120-21**
　一と空間　66, 67, 69
自己
　一と他者　128-29
　非物体的な一　53
　本来的な一　124, 125
思考
　客観的な一　108
　道具としての観念　**80-81**
　一と延長　**58-59**
　一と存在　52, 53, 54, 55, 149
　内的発話としての一　**150**
　理性　15, **234-35**
志向性　**116-17**, 132
自己規制　136
自己欺瞞　127, 131, 188, 189

自己にかんする行為　213
自己認識　124, 128, 129
自己批判　228
自己防衛　226
自殺、一ほう助　170, 192, 193
事実
　道徳的一　176, 177
　一と観念　**64-65**
事実と価値の区別　**178-79**
自然
　一界の目的　**44-45**
　一法則　50-51, 57, 146, 173
自然言語　248-49
自然主義　**80**
　生物学的一　**158-59**
自然主義的誤謬　177
自然主義的二元論　147
自然状態　202, 203, 204, 205, 206, 208, 210
自然淘汰　80
事前のプログラミング　57, 58-59, 157
実験　50, 51, 52, 63
実験、動物一　191
実証　**100**, 151
実在　23, 24, 36-37, 46-47, 67, 70, 116-17
実存
　身体的一　131
　一と本質　127, 130
　人間の一　**122-23**
　本来的な一　124
実存主義　115, 122-3, 126-27, 130, 136
　一の倫理学　**188-89**
実体
　一元論　**58-59**, 150
　一と形相　40, **41**, 48
　一と原子　31
　物質的な一と非物質的な一　54, 55, 56, 58
　無限の分割可能性　29
質料因　40, 44, 45, 50
質　67
私的言論　**96-97**, 150
視点　108
　一とジェンダー　110, 111
死のほう助　192, 193

死に面する生　**124-25**
資本主義　**75**, 134, 136, 219, 220-21
市民政府　204-207
市民同士の争い　217
市民、一の権利　217
示されること　91
社会　57
　規範と制度　134, 135
　正義原理　222
　変化への対応　**218-19**
　理想一　72, 74
社会化　130
社会契約　202, 203, 204, 205, 206, 208, 209, 210, 218
社会主義　75, 219
社会的条件　130
社会的構築物　130, 140, 141
社会変化　134, 217
ジャクソン、フランク　146
自由
　個人の一　206, 207, **212-13**
　自然状態における一　204
　自由原理　**222-23**
　女性の一　130, 131
　選択する一　59, 188
　一とアイデンティティ　**126-27**
　一と安全　216-17
　一と「他者」　129
　一の限界　215
　一の種類　**214-15**
　一の進化　72
　一の度合い　**216-17**
　一の分配　222
　批判理論　115, 134-5
自由意志　78, 79, 130, 167, **172-73**, 175
宗教的信念　**77**, 78
　信仰の自由　205, 213, 214, 216
自由原理　**222-23**
自由至上主義　210, 216, 217
自由主義　115, 134
自由主義的な理性　134
羞恥心　128
重力　51, 163
主観性　108, 115, 119, 148, 150, 159, 160, 188, 222, 224

種差別　**191**
主知主義　132, 133
主張　236, 237
述語論理　248-49
ジュネーヴ諸条約　227
種、一の起源　27
循環論法　247
松果体　**54**, 146
瘴気説　154-55
消極的自由　214-15
消去主義的唯物論　**154-55**
上下関係　138, 140, 222
条件文　237
情動　117, 153
　感情と道徳性　174, 176
　理性と一　**206**
情念　182, 183, 184
職場　136, 137
植民地政策　208
女性
　男性の「他者」としての一　130
　一と家父長制　**228-29**
　一にたいする抑圧　111, 130, 131, 140, 141
　一の解放　80
　→「フェミニズム」の項も参照
女性になること　130-31
処罰　136-37
ショーペンハウアー、アルトゥール　115, 161
ジョン、ソールズベリの　240
ジョン、ロック　15, 32, 52, **60-61**, 64, 66, 81, 170, 171, 199, **204-205**, 206, 208-209, 210, 220
ジレンマ、道徳的一　168
進化　80, 81
　一と道徳性　175
シンガー、ピーター　191, 193
神経科学　155
神経科学還元主義　159
信仰　46, 55, 77
人工知能　156-57
人種　141
人種差別論　135
心身平行説　59, 153
身体
　生きられる一　**132-33**
　機械としての一　**56-57**

精神と物体（身体） **54-55,**
145, **146-47,** 149, 150,
160, 162
　―の本性 **162-63**
人体
　―とクローン作成 194-95
　―と知覚 132-33
診断技術 194
心的現象 116-17
心的状態 116-17, 152-53,
154, 157
総合（ジンテーゼ） 70, 72, 73, 74
信念
　宗教的― **77**
　対象が意識の外に存在するという
　　思い込み 118
　道徳的― 176-77
　　と理性 234
　　の正当性 76-77
心脳同一説 56, **152-53,** 154
人民主権 **206-07**
真理
　科学的― **102-03**
　観念間の関係 64, 65
　客観的―と主観的― 199,
224-25
　道徳的― **176-77,** 179
　―と言語 94-95, 138
　―と事実 63
　―と妥当性 242
　―と理性 54, 63
　―の価値 **78-79**
　―の「現金での価値」 77
　―の種類 **68-69**
　分析的― **102**
　有用な― **76-77,** 80
心理学
　科学― 116
　行動主義― 151
　日常― **154-55**
心理療法 97

す

随伴現象説 **147**
数学 20-21, 65, 85, 102-103, 243
スキナー、B・F 151
スクルートン、ロジャー 191
スコトゥス、ヨハネス・ドゥンス 46

スコラ哲学 **46-47,** 48, 116, 162
スタンドポイント理論 110, **111**
スピノザ、バルーフ・デ 15, 50,
58-59, 153
スマート、J・J・C **152**

せ

生
　死に面する― **124-25**
　生存権 191
　人間の命の尊厳 192-193
正義 222
政治 **200-29**
性質、一次―と二次― 61
政治哲学 **198-229**
　客観的な政治判断 **222-23**
　権利の制限 **216-17**
　自由と権利 **212-13**
　自由の種類 **214-15**
　女性と家父長制 **228-29**
　所有権 **208-209**
　人民主権 **206-207**
　人民による政治 **204-205**
　絶対君主制 **202-203**
　正しい戦争 **226-27**
　同意と義務 **210-11**
　どのような者が国を統治すべきか？
200-201
　パースペクティヴィズムと政治
224-25
　働くことと人間の本性 **220-21**
　変化への対応 **218-19**
生殖型クローニング 194, 195
精神（魂）
　宇宙意識 160
　―が形づくる世界 **66-67**
　機能主義 **156-57,** 158-59
　行動主義 **150-51,** 156
　心と脳 56
　心の哲学 97, **144-63,** 145
　消去主義的唯物論 **154-55**
　心的対象 **116-17**
　心脳同一説 **152-53,** 154, 156
　生物学的自然主義 **158-59**
　他者の心 128
　魂の種類 42
　魂のもと 152
　魂の輪廻転生 20

―と身体 53, **54-55,** 56, 58-59,
145, **146-47,** 149, 150,
160, 162
―と物質 145, 160, 161, 163
―と物体 54-55
「二重過程」理論 **234-35**
生成、―の概念 **70,** 71
正戦 **226-27**
正当性 200, 208
生得観念説 **60-61**
生得的な知識 **37,** 38
生得的な認識形式 66-67
性と生殖にかんする権利 216
聖なる数 **20-21**
生物学 19
生物学的基盤論 141
生物学的自然主義 **158-59**
聖変化 41, **48**
生理 154
責任 126, 188, 189
セクシュアリティ 136
世俗主義 78, 79
積極的安楽死 192, 193
積極的自由 214-15
セックス、―とジェンダー 130,
140, 141
絶対君主制 72, 200, **202-203**
絶対知 70, 71, 72
説明 236, 237
ゼノン、エレアの **24-25**
善悪 78, →「道徳性」の項も参照
選挙権 216
選挙による同意 **210**
前件 246-47
専制政治 201, 205, 219
戦争犯罪 227
全体主義 78, 115, 134
選択
　―する自由 59, 188-89, 213
　責任ある― 188-89
前提
　―の真偽 240, 241, 242-43,
244
　論証 236-49
先天性疾患 194
先入見
　と二項対立 138
　ジェンダー― 110-11

主観的観点 108

そ

相続 208
束縛、のない状態としての自由
214, 215
ソクラテス 29, **32-33,** 200
ソクラテス的アイロニー 32
存在 23, 34-35, 38-41, 44-47,
52-55, 70-71, 88-89, 122-23,
128-29, 138-39
　死‐へ向かう‐存在 124-25
　世界‐内‐存在 123, 132
　即自存在 126, 129
　対自存在 126, 129
　―の概念 70
　―の本性 122, 124
存在論 11, 23

た

第一原因 45
第五元素 16, 43
体細胞核移植（SCNT） 195
対象
　志向的（心的）― **116-17**
　志向的―と現象 118, 119
　無生物 126
対象化 128, 129
態度、自然的と現象学的 118-19
代表制民主主義 207
代名詞から名詞への置き換え 239
太陽 18, 19, 42, 43, 49
大陸哲学 **114-40**
対立物の戦い 22
大量消費 134
ダーウィン、チャールズ 77, 80
多義語の誤謬 247
現存在（ダーザイン） 123, 124
「他者」 **128-29,** 130
多数決原理 205
脱構築 **138-39**
妥当性、―と真理 242
食べ物 29
タレス、ミレトスの **16-17,** 18, 19,
70, 160
探求、―のプロセス 81
ダンシー、ジョナサン 168, 169
男性優位の社会 110, 111, 130, 140

ち

知覚　31, 60, 61, 66, 116, 118, 122, 123, 152, 154, 159

　　ーの現象学　**132-33**

地球　16, 17, 18, 19, 21

知識

　　アプリオリ（先天的）なーとアポステリオリ（後天的）なー　**68-69**, 243

　　演繹的な推論によるー　52-53

　　経験知　39, 60

　　検証可能なー　119

　　信念の網　102-103

　　生得的なー　**37, 38**, 60, 61, 69

　　知と権力　136

　　道徳的ー　170-71, **174-75**

　　ーと客観性　108

　　認識の限界　66

　　認識論　64

　　ーの獲得　32, 38

　　ーのカテゴリー　174

　　ーの実用性　81

　　フェミニスト認識論　**110-11**

知性　151, 154, 156-57, 158

　　人工知能　156-57

知性的徳　180

地動説　42, **49**

チャーチランド、ポールとパトリシア　154

チャーマーズ、デイヴィッド　147, 160

中国語の部屋　**158-59**

抽象的概念　35

中庸　**180**

チューリング、アラン　**156, 157**

チューリングテスト　**156-57**, 158

超越論的観念論　66-67, 68

超人　78

調和　72

　　天体のー　21

　　予定調和説　**153**

直感的な反応　234

チョムスキー、ノーム　61, **162-63**

治療型クローニング　194-95

つ・て

ツァイトガイスト（時代精神）　**73**

月　18, 42, 43

定言命法　185

デカルト的二元論（心身二元論）54

デカルト、ルネ　15, 32, 50, **52-55**, 56, 58, 60, 62, 63, 71, 81, 85, 97, 145, **146-47**, 148, 149, 152, 160, 162, 163, 190

テクノロジー進歩　135

定立（テーゼ）　70, 72, 73

鉄　31

哲学の創設　**14-81**

テトラクテュス　21

デネット、ダニエル　154

デモクリトス　**30-31**

デューイ、ジョン　**80-81**

デリダ、ジャック　**138-39**

テロリズム　216, 217

天体　18, 21, 42, 45, 56

天動説　**42-43**, 50

天文学　42-43, 49

と

ト・アペイロン（無限定なもの）　18, 19

問い　236

同意　204, 205, 208, **210-11**

道具主義　**80-81**

洞窟の比喩（プラトン）　**36-37**

道具的理性　134

統語論　158

同心円　43, 108

統治者　200-203

道徳性　167

　　安楽死　**192-93**

　　義務論　**184-85**

　　クローン作成　**194-95**

　　功利主義　**186-87**

　　事実と価値の区別　178-79

　　実存主義の倫理学　**188-89**

　　正しい戦争　**226-27**

　　動物の権利　**190-91**

　　徳倫理学　**180-81**

　　ーと個人　78-79

　　ーと自由意志　**172-73**

　　ーと道徳的知識　174-75

　　ーと法律　**170-71**

　　ヒュームの倫理学　**182-83**

　　ルールと原理　**168-69**

道徳的個別主義　**168**, 169, 170

道徳的事実　176, 177

道徳的指針　170

道徳的ジレンマ　168

道徳的信念　**176-77**

道徳的真理　**176-77**

道徳的知識　170-71, **174-75**

道徳的ニヒリズム（虚無主義）　**175**, 176

道徳的判断　182-83

道徳的普遍主義　168-69, 170

道徳認識論　170

道徳法則　176-77, **184-85**

道徳ルール　168-69

動物　54, 126

　　ーの権利　167, **190-91**

　　ーの理性　234, **235**

動物にたいする残酷な行為　190, 191

動力因　41, 44, 50

ドーキンス、リチャード　195

徳倫理学　176, **180-81**, 182, 184, 191, 195

どこでもないところからの眺め　108, 109

富の分配　74, 75, 199, 209, 222, 223

奴隷道徳　78-79

に・ぬ・ね・の

二元論　15, **35**, 145, **146-47**, 150, 159, 160

　　心身ー　54, 55, 56, 62, 152

　　性質ー　59

二項対立　138

二重結果の原則　193

二世界論、プラトンの　**34-35**

ニーチェ、フリードリヒ　15, **78-79**, 115, 136, 224, 225

日常言語学派　**105**

日常心理学　**154-55**

二分法のパラドクス　24

ニュートン、アイザック　50, 63, 101, 106-107, 162, 163, 241

人間の権利　204

人間の実存　**122-23**

人間の本性、働くこととー　**220-21**

認識論　15, 39, 64

　　フェミニストー　**110-11**

ヌース　28, 29

ネーゲル、トマス　**108-109**

脳

　　機能主義　157, 158-59

　　心脳同一説　**152-53**, 154, 156

　　ーと心　56, 147

ノージック、ロバート　210

は

排除、不要な情報や語句の　239

ハイデガー、マルティン　115, **122-25**, 132, 138

ハキム、キャサリン　228

バーク、エドマンド　**218-19**

ハクスリー、T・H　147

バークリー、ジョージ　15

ハース　21

パース、チャールズ・サンダーズ　**76-77**, 80, 163

パースペクティビズム　79, **224-25**

働くこと、ーと人間の本性　**220-21**

発話行為　104-105

発話内行為　104-105

発話媒介行為　104-105

ハーディング、サンドラ　111

パトナム、ヒラリー　152, 157

バトラー、ジュディス　136, **140-41**

パノプティコン　137

ハーバーマス、ユルゲン　134, 135

パラダイムシフト　**106-107**

パラドクス　**24-25**

バーリン、アイザイア　**214-15**

パルメニデス　**23**, 24, 26, 28, 30

反逆　171, 205, 221

ばんざい・くたばれ説　**174**

反射作用　234

反証　**100**

汎心論　**160-61**

汎神論　**58, 59**

判断

　　アプリオリな総合的言明　69

　　主観的なー　119

　　対象が意識の外に存在するというー　118

—の機能性　　　　　81
道徳的—　　　　　168
不滅の種子　　　　**28-29**
反例　　　　　242, 243
反論　　　　　　　236

ひ

火　　16, 17, 18, 19, 42, 43, 45
美学　　　　　　　94
非形式的誤謬　　　246-47
非存在（無）　　　　70
ピタゴラス　　　　**20-21**
羊のドリー　　　　**195**
必然的真理　　　　68
ヒト胚のクローン作成　194
非認知主義者　167, 174, 176,
　　　　　　182, 191
非犯罪化　　　　　193
批判理論　　115, **134-35**
非物質的世界　　　55
ヒューム、デイヴィッド　15, **64-65**,
　　71, 92, 178, 237
—の倫理学　167, **182-83**, 195
ヒュームのフォーク　64
病原菌説　　　　　155
表現、—の自由　214, 215, 216
表象　　　　　　　117
平等、男女の　　　229

ふ

ファイグル、ハーバート　**152-53**
不安の正体　　　　**124**
フィロラオス　　　21
フェミニズム　135, **228-29**
　ジェンダー・アイデンティティ
　　　　　　130-31
　第三波—　　　**141**
　フェミニスト認識論　**110-11**
　ポストモダン・フェミニズム
　　　　　　140-41
不可侵の権利　　　205
フーコー、ミシェル　115, **136-37**
不死　　　　　　　55
不治の病　　　　　192
プシュケー　　31, 35, 42
普通でない行動　　136
フッサール、エトムント　115,
　　118-21, 122, 126, 133

物質　　　　　　　150
　—と形態　　40, 41
　—と精神　145, 160, 161, 163
　—の状態　　　16
物質的世界　　　　55
物神崇拝　　　　　221
物理主義　　56, 152, 153
物理的、一な法則　56, 102, 106-107
不動の動者　　　**45**, 46
不妊治療　　　　　194
不平等　　　　　**171**, 223
普遍的な本質　　　38
普遍法則の方式　　185
不要な仮説　　　　49
プラグマティズム　**76-77**, 80-81
ブラックバーン、サイモン　183
プラトン　15, 23, 29, 32, **34-37**,
　38, 46, 71, 94, 199, 200, 201
フランクフルト学派　134, 135
フランクリン、ベンジャミン
　　　　　　216-17
プレイス、U・T　　**152**
フレーゲ、ゴットロープ　85, **86-87**,
　88, 94, 152, 233, 243
ブレンターノ、フランツ　**116-17**
プロイセン王国　　72, 73
フロイト、ジークムント　100, 101,
　　　　　　130
フロム、エーリッヒ　135
文
　疑似命題　　　94
　原子文　　　236
　事実確認的発言と行為遂行的発言
　　　　　　104
　条件文　　　237
　統語論と意味論　158
文化的条件づけ　131, 153
分析的真理　　**102**, 176
分析的な判断　　　234
分析哲学　　　　**84-111**
分離　　　　　26, 30

へ

ヘイトスピーチ　214, 216
平和主義　　　　**226-27**
ベヴァリッジ、ウィリアム　214
ヘーゲル、ゲオルク・ヴィルヘルム・
　フリードリヒ　15, **70-73**, 74, 80,

　　　　　　94, 115
ベーコン、フランシス　50, 51,
　　　　　52, 60
ベジタリアン　　　190
ヘラクレイトス　**22**, 23, 27
変化
　絶えざる—　22, 26, 27
　という錯覚　23, 24, 30
　への対応　　**218-19**
ベンサム、ジェレミー　137, 186
弁証法　　32, 70, 72, 74

ほ

崩壊　　　　　　　30
法の支配　　　201, 205
法律
　—と安楽死　　193
　—と倫理学　**170-71**, 176
ボエティウス　　　46
ボーヴォワール、シモーヌ・ド
　　　　　115, **130-31**
星　　　　　18, 21, 43
保持　　　　　120, 121
保守主義　　　218, 219
ポスト構造主義　　115
ポストコロニアル理論　135
ポストモダニズム　136, **138**
　ポストモダン・フェミニズム
　　　　　　140-41
ホッブズ、トマス　54, **56-57**, 59,
　60, 152, 156, 199, **202-203**, 204,
　206, 208, 210, 217, 220
ポパー、カール　**100-101**
ボーム、デヴィッド　161
ホルクハイマー、マックス
　　　　　　134, 135
本質主義　　　　140-41
本質的特性　　39, 48
本質、—と実存　126, 127, 130

ま

マイノリティ　214, 216, 217
　—の権利の保護　216
マルクス、カール　15, **74-75**, 100,
　101, 115, 135, **218-21**, 222
マルクーゼ、ヘルベルト　135

み

水　　16, 17, 19, 31, 42, 43, 45
未来予持　　　120, 121
ミル、ジョン・スチュアート　174,
　186, 187, **212-13**, 214, 228
ミレトス学派　　16, 21
民主主義　73, 78, 80, 200, **207**,
　210, 212, 225

む

ムーア、A・W　　108
ムーア、G・E　　177
無意味　　　　90, 91
無根拠　　　　　　124
無神論　　　　　　78
無政府主義　　216, 217
無知のヴェール　　222

め

名称　　　　　　　39
　—と意味　　　**86**
命題、言明
　分析的言明と総合的言明
　　　　　68-69, 102
　有意味な命題と無意味な命題
　　　　　90-91, 92-93
命題論理　　　248-49
　—と述語論理　248-49
命法　　　　　　　185
名誉政治　　　　　201
命令　　　　　　　236
メルロ＝ポンティ、モーリス
　　　　　　132-33

も

目的　　　　　　**44-45**
目的因　　41, 44, 45, 50
目的自体の方式　　185
目的論　　　　　**44-45**
モーダス・ポネンス　246
モナド　　　　　**62-63**
物自体　　　　　**66**
問題解決　　　80, **100**

や・ゆ・よ

役割を演じる　126-27
唯物論　54, 74, 78, 150, 152-53

消去主義的—　**154-55**
誘因、—と行動　182
夢　52
様相　67
抑圧　221
　ゲイとトランスジェンダーに
　　たいする—　140
　女性にたいする—　111, 130,
　　131, 140, 141
予測　236, 237
4つの自由　214-15
四原因　**40-41**, 44-45, 50
四元素　16-17, **26-27**, 42, 43

ら

ライプニッツ、ゴットフリート
　15, 50, 60, 62-63, 65, 153, 159
ライル、ギルバート　**150-51**, 152
ラッセル、バートランド　25, 85,
　　88-89, 94, 115, 160

り

リオタール、ジャン＝フランソワ
　　224, 225
理解
　「直感」のカテゴリー　**66-67**
　理解の本性　15, 105, 159
リーガン、トム　191
理性　46, 54, 55, 69, 233, **234-35**
　生得的な—　60, 61
　道具的—と対話的—　134
　動物の—　190, 191
　—と生存本能　80
　—と道徳性　172-73, 174
理性主義（合理主義）　15, 32, 38,
　　56, 66, 81, 85, 115, 206
利他主義　175
リベラルな文化主義　216, 217
量　67
良心、—の呼び声　124
倫理学　**166-95**
　価値判断　94
　実存主義の—　**188-89**
　—と法律　**170-71**
　ヒュームの—　**182-83**
　→「道徳性」の項も参照
倫理的徳　180, 181

る

類推、—による論証　244, 245
ルヴェリエ、ユルバン　241
ルソー、ジャン＝ジャック　115,
　　206-207
ルネサンス　46, 50
ルール、—と原理　**168-69**

れ

レウキッポス　30
歴史
　階級闘争　**74-75**
　—とガイスト　**71**, 72
　—と進歩　**72-73**
　—によって形づくられた人間の
　すべての活動　80
連言錯誤　247

ろ

労働　74, 75, 208, 209, 219,
　　220-21
ロゴス　**22**
ロッジ、ヘンリー・カボット　215
ローティ、リチャード　224, 225
ロールズ、ジョン　**222-23**
論証
　演繹的—　233, **242-43**
　帰納的—　233, **244-45**
　健全な—　240, 241, 242
　誤謬推理　246-47
　妥当な—　242, 244
　—の研究　234-35
　—の定式化と検証　**248-49**
　—の分析　**238-39**
　良い—と悪い—　240-41, 242,
　　246
　—を評価する　**240-41**
　—を見分ける　**236-37**
論理学　**232-49**
　演繹的論証　**242-43**
　帰納的論証　**244-45**
　基本的論理　88-89
　形式—　233, **248-49**
　誤謬推理　246-47
　—と言語　94
　—と信念の網　102-103
　—と数学　85

理性　**234-35**
　論証の分析　**238-39**
　論証を評価する　**240-41**
　論証を見分ける　**236-37**
論理規則　238, **239**
論理実証主義　85, 92-93, 102, 161
　vs. 現象学　119
論理定項　**249**
論理的原子論　90-91
論理的行動主義　150, 151

わ

惑星　21, 43, 56
ワトソン、ジョン・B　151
わら人形論法　247

謝辞

本書の編集に際して、以下の方々に
お世話になりました。ドーリング・
キンダスレー社より心よりお礼申し
上げます。

編集協力：Hugo Wilkinson
デザイン協力：Phil Gamble
校正：Alexandra Beeden, Katie
John
索引作成：Helen Peters

図版の掲載許可をいただいた以下の
方々にも感謝申し上げます。
p.65 右下　123RF.com: loganban
p.86 下　123RF.com: Panagiotis
Karapanagiotis
p.100 下　Alamy Stock Photo:
Goeff Marchall
p.131 右上　Alamy Stock Photo:
PhotoAlto
p.137 右下　Getty Images:
Underwood Archieves
p.141 右上　123RF.com:
Francesco Gustincich/develop
p.171 右下　Alamy Stock Photo:
Michael Kemp
p.191 右下　123RF.com: Andor
Bujdoso/nd3000
p.195 右上　Alamy Stock Photo:
ilpo musto
p.210 左下　Getty Images: Hill
Street Studios
p.235 上中央　Getty Images:
Mike Powell

その他の図版についてはドーリング・
キンダスレー社が権利を有します。
ⓒ Dorling Kindersley
詳細はこちら：
www.dkimages.com